개정증보

예비교사를 위한

교육사회

이훈병 · 황성원

창지사

머리말

교육의 기원은 언제부터인가? 막연히 인류의 탄생부터라고 말하는 것은 교육의 개념과 중요성을 모호하게 한다. 그리고 교육을 이해하는 것을 매우 어렵게 하는 일 중 하나이다. 교육의 의미와 목적, 그리고 중요성 측면에서 볼 때 교육은 사회의 출현과 맥을 같이 한다고 할 수 있다. 현대사회에서 발생하는 대부분의 문제는 교육의 문제와 직·간접적으로 관련되어 있고, 교육의 문제 또한 사회적, 문화적, 역사적 문제와 관련되어 있다. 따라서 교육현상에 대한 사회과학적 이해가 중요하다. 즉, 교육은 사회적, 문화적, 역사적 맥락 속에서 이해되어야 하고 설명되어져야 한다.

특히, 미래 세대 교육을 담당하는 교사들에게는 교육에 대한 관점과 이해가 더욱 중요하다고 할 수 있다. 사범대학 학생, 교직과정 이수자, 그리고 교육에 관심 있는 학생들이라면 교육에 대한 올바른 관점과 시대적, 문화적, 역사적 흐름 속에서 교육의 의미를 생각해 보고 올바른 교육이란 무엇인지, 우리 사회에 적합한 교육모델은 무엇인지 등을 고민해 볼 필요가 있다.

이에 교육사회학 강의의 중요성이 있다. 교육사회학 관련 책들은 교육학 관련 다른 영역 보다 저자들의 관점과 학문적 다양성에 따라 내용 구성과 내용의 해석에 다소 상이한 체계를 갖는다. 이러한 문제로 교육사회학을 강의하는 대부분의 교사·강사들은 교재 선택에 어려움을 겪는다.

개정 『예비교사를 위한 교육사회』는 총 5장으로 구성되어 있으며, 전체적으로 내용을 보강하였다. 특히 새로운 관심 내용이 될 만한 지역사회, 거버넌스 관련 내용을 추가하였다.

본 저서는 교육사회학의 전통 이론들보다는 교육과 사회를 이해하는 데 초점이 맞추어져 있다. 내용을 전개하면 내용의 흐름 상 설명하지 못하고 넘어가는 용어들은 용어정리를 따로 두어 설명하였고, 각 장의 마지막에는 토론 문제를 제시하여 개인과 교육, 교육과 사회, 사회문제와 교육 및 사회 등을 고민해볼 수 있도록 구성하였다. 토론 문제는 예시로서 그때그때 대두되고 있는 교육현상과 사회문제로 재구성하여 사용하면 된다.

제1장과 제2장은 교육과 사회에 대한 기본 이론을 중심으로 구성하였다. 제1장 교육사회학의 발달은 교육과 사회학에 관련된 이해를 위한 주요 개념 중심으로 설명하였다. 제2장 교육사회학 이론들로 기능론과 갈등론을 중심으로 교육사회학의 주요 이론들이 갖는 교육과 사회에 대한 기본 개념과 주요 쟁점들을 다루었다. 제3장부터 제5장까지는 현대사회에서의 교육과 사회이슈를 연결지어 다루었다. 특히 최근 새롭게 이슈가 되고 있는 E.S.G문제와 공정무역을 사회문제해결 측면에서 살펴보았다. 제3장에서는 교육팽창과 교육평등의 문제를 통해 우리가 처한 상황은 교육인플레이션이 아닌가? 과연 평등한 교육을 받고 있는가? 등의 문제를 고민해 보았다. 제4장은 문화와 교육으로, 문화는 교육과 어떤 밀접한 관련이 있는지, 문화는 교육 속에서 어떤 형태로 다루어지는지 등을 설명하였다. 끝으로 제5장 현대사회와 교육에서는 정보사회 패러다임, 지역사회와 거버넌스, 다문화현상, ESG, 공정무역, 그리고 평생교육 쟁점을 교육과 관련지어 설명하였다.

저자들은 개정판을 통해 예비교사들이 나는 왜 교육을 받고 있는가? 사회를 어떻게 바라볼 것인가?, 사회 속에서 교육이란 무엇인가? 지역사회와 교육은 어떤 관계가 있는가? 등을 고민해 봄으로써 교육에 관한 인식의 폭을 넓히는 계기가 되길 기대해 본다.

2023년 1월

이훈병 · 황성원

차 례

〈표 차례〉

[그림 차례]

CHAPTER 1

교육사회학의 발달

Sociology of Education

1 교육과 사회화

인간은 사회적 동물이라고 한다. 우리는 삶을 살아가며 무수히 많은 사람을 만난다. 부모, 가족, 이웃, 친구를 포함한 사회적 관계의 형성은 인간이 사회를 떠나서 살아갈 수 없는 존재임을 명백히 밝혀준다. 이를 학문적으로 정의한 학자가 프랑스의 Auguste Comte이다. Comte가 살던 시대는 1830년, 1848년 2번의 사회혁명이 일어났던 혼란기였다. Comte는 혼란기를 겪으면서 사회를 과학적으로 탐구하는 새로운 과학의 필요성을 주장하였고 인간의 집단을 뜻하는 라틴어 Socius와 이를 연구한다는 의미의 Logos를 결합한 사회학(sociology)이라는 용어를 처음 사용하였다.

사회화 개념을 교육과 연관하여 언급한 학자는 Emile Durkheim이다. 그는 프랑스의 사회학자로서 사회화는 사회생활을 경험해 보지 못한 어린이가 성인이 되기 위해 필요한 사회의 규범, 가치관, 관습, 행동양식 등을 내면화하는 것이라고 정의하였다(이종각, 2012; 최기영, 2006)

이종각(2012: 51)은 사회화를 자신이 속한 사회와 집단이 추구하는 삶의 방식을 배우는 과정이라고 하였다. 다시 말해서 '인간이 그 사회가 옳다고 보는 사고방식과 행동, 가치 및 태도를 배워 자신의 것으로 내면화함으로써 그 사회가 요구하는 생활양식에 따라 행동하게 되는 과정'이라고 한다.

교육과 사회화를 동일한 개념으로 보면서, 사회화는 인간이 태어나 한 사회에 필요한 것을 학습·적응하면서 사회적 존재로 성장해 나가는 과정을 의미한다. 사회적 존재로서 자신이 속한 집단에 원만히 적응할 수 있고, 더 나아가 바람직한 사회인으로서 살아가도록 부모를 포함하여 주위의 인적 물리적 환경을 구축해야 한다. 인적 물리적 환경에는 가족, 학교, 또래집단, 사회교육기관, 사회단체 등이 있겠다. 그렇다면 교육과 사회화의 관련성은 무엇일까? 좀 더 자세히 이해하고자 각각의 용어를 설명코자 한다.

1. 교육

교육은 보통 인간 행동의 바람직한 변화를 목표로 하고 있다. 수많은 전문가가 교육에 대해 정의하고 있지만 한마디로 요약하기는 쉽지 않다. 일반적으로 교육은 조작적, 규범적, 기능적으로 정의할 수 있다.

첫째, 교육은 인간 행동의 바람직한 변화라는 것은 조작적 정의에 가깝다. 교육은 교육의 대상인 인간이 일정한 의도와 계획대로 변화하도록 도와주고, 지원해주는 활동이라고 본다. 여기에서 강조하는 주요 용어는 의도와 계획이라 할 수 있으며, 바람직하고 긍정적인 인간의 내적 변화를 최종 목적으로 삼는다.

둘째, 교육에 대한 규범적 정의는 학습자를 위해 교육적 가치에 준해서 이루어지는 교육활동을 말하며, 교육 전반 현상의 가치 추구와 관련지어 정의한다.

셋째, 교육에 대한 정의는 기능적 성격으로, 교육 자체에 대한 진정한 의미와 가치의 탐색보다 어떤 목적이나 목표를 달성하기 위한 교육을 말한다. 교육은 목적 달성을 위한 수단이나 방법으로 정의된다. 국가와 사회의 발전을 위해 교육이 필요하다는 관점이나 경제발전을 위해 인력을 양성하는 관점은 기능적 정의에 가깝다.

이종각(2012)은 교육사회학적인 관점에서 교육은 인간과 사회에 대한 의미를 이해하는 것이라 말하면서 교육의 목적과 기능을 살펴봐야 한다고 하였다. 교육의 목적을 개인 수준과 사회 수준에서 접근하여 그 차이점을 구분하였다. 개인 수준에서 교육의 목적은 개인의 문제해결능력을 키우는 것이라는 입장과 개인을 건강한 시민과 직업인으로 양성한다는 입장이 공존하지만, 성격은 완전히 다르다고 하였다. 이유는 전자가 개체적 목적을 더 중시한 반면, 후자는 사회적 존재로서의 개인에 비중을 더욱 두었기 때문이다.

사회 수준에서의 교육 목적은 사회를 유지하기 위함이거나 사회를 최종적으로 개선하려는 목적을 갖고 있다. 다시 말해 교육의 목적은 안정화와 재생산인가 아니면 개선과 개혁이 목적인가?

다음은 교육과 사회화의 관계를 설명하고자 사회화의 개념과 정의, 그리고 특성을 자세히 살펴보고자 한다.

2. 사회화

1) 사회화 이론

사회화(socialization)는 집단 또는 사회에서 한 구성원이 되어가는 일련의 과정이다. 사람들은 출생부터 노년까지 사회의 일원으로서 살아가며 인적 또는 물리적 환경과 지속적인 상호작용을 한다. 즉, 사회화는 생물학적 존재였던 인간이 사회에서 더불어 살아가고, 사회적인 존재로 발달해가며 자아를 형성해가는 과정을 말한다(주동범 외, 2013: 58).

최기영(2006)은 사회화를 사회학, 심리학, 사회심리학 세 가지 관점에서 접근하였다.

첫째, 사회화에 대한 사회학적 관점에는 구조기능론적 접근과 갈등론적 접근, 문화인류학적 접근이 있다. 구조기능론은 사회 전체를 사회의 각 부분이 서로 관련되어 기능할 때 존재할 수 있다는 입장에 기초한다. 따라서 사회화를 사회의 여러 제도에 배어 있는 규범, 가치관, 관습을 내면화하여 사회구성원의 역할을 수행할 수 있는 능력을 기르는 것이라고 본다. 가장 전통적인 사회화의 정의이기도 하다.

갈등론적 관점에서 사회화는 위 접근에 대한 비판에서 시작한다. 단순히 내면화하는 것으로 사회화를 정의할 것이 아니라 개인의 의지나 욕구를 반영하는 사회화 과정에 관심을 가져야 한다. 말하자면 갈등론적 관점은 사회적 구조에 초점을 맞추기보다 좀 더 개혁적이고 비판적으로 사회를 바라보도록 유도한다.

문화인류학적 접근은 사회화를 문화적 유산의 전달과정이라 한다. 여러 종족의 삶이 반영된 사회화는 매우 다양하며, 다음 세대로까지 이어진다는 것이 특징이다. 다양성에 기반을 둔 종족의 사회화 과정은 일정 집단의 문화 형성에 매우 중요한 영향력을 행사한다고 보았다. 이는 더 나아가 인간의 성격 형성에도 사회화가 영향을 준다고 하였다. 그렇기 때문에 개인 간 유전이나 환경의 차이에도 불구하고 동일한 문화권에서는 비슷한 인성을 가진다는 것이다.

둘째, 심리학적 관점으로 모두 네 가지를 소개할 수 있다. 정신분석학적 접근, 사회학습론적 접근, 성숙론적 접근, 인지발달론적 접근을 말한다. 정신분석학적 접근은 인간의 성격 형성과정을 미시적으로 들여다보았다. Freud의 심리성적 발달단계에 따라 성격은 다르게 형성되지만, 초기 생애의 기본적 욕구와 부모-자녀 간 관계를 중시하였다. 반면 Erikson은 심리사회적 단계를 전 생애주기로 제시하고, 긍정적인 면과 부정적인 면을 제시하여 그 가운데 자아 정체감이 발달한다고 보았다. 예를 들어 0~1세는 타인과 환경에 대한 신뢰감을 긍정적으로 형성하거나 반대로 불신감을 갖게 되는데, 이런 양면적인 과정에 어떻게 노출되는가에 따라 자아형성이 다르게 이루어진다고 하였다.

사회학습론적 접근은 행동주의에 바탕을 두고, 환경의 영향을 매우 강조한다. 사회는 개인에게 바람직한 행동을 여러 종류의 보상으로 강화할수록 보상받은 행동을 자주 한다는 이론이다. 이때, 모델링, 모방, 대리학습 등이 필요하다.

성숙론적 접근은 인간에게 타고난 유전적 특성이 발달 단계에 따라 일정한 순서대로 나타나는 것을 말한다. 이 접근에서 사회화는 성장하며 경험하는 모든 사회적 경험을 의미한다.

심리학적 관점의 마지막은 인지발달론적 접근이다. 이 접근은 인간이 자신의 유전적 요소를 넘어 환경에 반응하여 자신에게 유리하게 환경을 새롭게 구성해 간다는 관점이다. 동화와 조절의 과정을 통해 환경에 대한 인지적 평형상태를 유지하려 하며, 그 가운데 새로운 인지적 갈등이 생기면 인지 도식의 균형이 깨지고, 새로운 동화와 조절의 과정을 거쳐 인지적 안정 상태를 다시 찾는다. 이러한 과정을 통해 인간과 환경의 상호작용은 지속적인 행동의 변화를 불러일으킨다.

셋째, 사회심리학적 관점에는 대표적으로 상징적 상호작용론이 있다. Mead, Blumer, Cooley가 대표 학자이다. 이들은 인간의 상호작용 양상을 가까이 들여다보고자 했으며, 사회화 과정이란 사회적 관계를 형성하여 상호적 역할을 이해하고 해당 역할을 수행하는 과정이라고 정의하였다. 다시 말해서 상징적 상호작용은 유기체인 인간이 개인적으로는 생존하기 어려우므로 집단적으로 상부상조하는 것을 전제로 이해한다. Mead의 자아는 'I'와 'me'로 구분되어 'I'는 주체로서의 나, 'me'는 자율성이나 창의성이 상실된 환경에 지배를 받는 상태이다. 'I'는 타인의 가치와 태도를 자신의 것으로 만들어 행동하는 주체를 말한다. 또 다른 대표학자 Cooley는 자아의 형성과정이 복잡하고, 주변 사람들의 생각과 판단에 따라 결정되므로 이를 거울자아라고 불렀다(주동범 · 김정희 · 정일환, 2013: 65).

2) 사회화 정의

사람은 태어나면서부터 사회적 관계를 형성해가고, 교육을 통해 사람다운 사람으로 성장한다. 갈등이 생기면 우리는 어느 정도 합의할 줄도 안다. 가정에서는 부모의 보호 아래, 사회에서는 교사와 또래집단의 영향에서 자라면서 사회가 전수하는 지식, 규범, 가치관, 생활양식, 행동방식을 배운다. 이런 문화적 요소를 내면화하는 과정이 바로 사회화이다.

사회화의 역할은 개인적 측면과 사회적 측면에서 볼 수 있다. 개인적 측면에서 사회화는 한 인간으로 하여금 일정한 사회화 과정을 거치도록 하고 자신만의 독특한 개성과 자아를 형성하여 사회 속에서 타인과 구별되도록 한다. 또한 사회적 측면에서 사회화는 인간에게 자신이 속한 사회의 문화를 익히도록 하여 한 사회에 적응하도록 하는 것뿐만 아니라 사회를 지속적으로 유지하고 발전시켜 간다.

정리하면 사회화는 사회의 한 구성원이 사회가 요구하는 사회인으로 적응해나가고 사회발전에 이바지해 나가는 과정이다. 이를 세 가지 용어로 축약하여 문화접변 현상, 인성형성 과정, 개별화 과정이라 정의할 수 있다(황성원, 1997: 164-

168; Houssaye, 2005). 학교 중심의 사회화 과정을 예로 들어 설명하면 아래와 같다.

첫째, 문화접변 현상은 아동이나 청소년이 갖는 하위문화를 학교문화에 적응하기 위해 변형시킨다는 뜻으로 타 문화의 가치 체계, 언어 및 표현, 인지 양식, 지식, 감정조절법 등을 동화한다고 말할 수 있다. 차경수·최충옥·이미나(2002)는 학교의 문화 전수 기능을 정의하면서 문화전계(enculturation)과 문화접변(acculturation) 두 가지 현상을 설명하였다. 다양해지고 급변하는 현대사회에서는 타문화의 영향력이 강해지면 결국 자신이 본래 갖고 있던 문화유형이 변화한다고 보는 문화접변 현상이 더욱 설득력이 있다. 다시 말하면 학생 고유의 문화는 학교문화의 영향을 받으면서 학교에서 추구하는 가치와 문화에 동화될 수밖에 없다는 뜻이다.

둘째, 인성 형성의 과정은 아동의 내면적인 과정으로 학교 사회화를 통해 학생 자신의 성격과 개성, 즉 정체성을 만들어가는 것을 말한다. 타인을 모방하고 동일시하는 과정은 사회적 상호작용의 시작이며, 원활한 의사소통을 통해 타자와 조화로운 삶을 이루고 사회구성원의 인성발달을 도모한다. 이와 같은 사회학습은 아동의 인지적 정서적 발달을 균등하게 해준다. 학교는 아동 개인이 모여 상호작용 하는 곳이며, 사회성은 개인과 환경의 활발한 상호작용이 이루어질 때 최대한 발달한다.

셋째, 개별화 과정은 아동과 청소년이 한 개체로서 타인과 자신이 속한 사회에 일정 권리를 요구하고, 그에 따르는 임무를 수행하며 자신만이 갖게 되는 개별성을 구축하는 것을 말한다. 가정이나 학교, 또래집단, 여러 단체 등에서 부여받은 역할을 학습하거나 민주시민으로서 사회에 봉사하고, 사회의 발전을 위해 노력하는 자세를 포함한다. 따라서 개별화는 사회구성원의 역할과 기능을 통해 장차 민주시민으로서 성장하는 기틀을 마련하는 과정이다. 다른 말로 바꾸면 '정치사회화'라고 정의할 수도 있다. 학교 내의 사회적, 경제적, 정치적 성격을 띤 체제를 부각하여 그와 관련한 부분을 지식, 기술, 태도로 학습하는 과정이다.

지금까지 학교 중심의 사회화를 세 가지 용어로 정의하였다. 세 가지에는 학교 내의 문화접변 현상, 자아 정체성을 발견하는 인성형성 과정, 그리고 사회구성원으로서 미래 사회를 준비하는 개별화 과정이 있다. 실제 현장에서 볼 때, 세 가지 분야의 사회화가 균등한 비중으로 존재한다고 볼 수 있지만 사실상 그렇지는 않다. 문화접변 현상이 지식과 가치 전수에 해당한다면 인성형성의 과정은 아동에게 정체성을 확립해주며 성격 형성에 도움을 준다. 개별화 과정은 아동이 사회적 역할을 수행한다는 관점 아래 규칙을 존중하는 책임감 있는 사회적 인간으로서 성장한다는 입장이다. 결국, 현실에서 볼 수 있는 학교는 지식 전달 중심의 문화접변 현상이 가장 지배적이고, 이는 유치원과 초등학교보다 중고등학교로 갈수록 심해지고, 인성형성의 과정은 유아기부터 점점 많은 학교에서 강조하고 있지만 가정의 협조 없이는 여전히 어려운 문제로 남아 있어 학교의 역량을 이 부분에서 그렇게 크지는 않다고 생각한다. 개별화 과정은 학생들의 사회적 역할을 통해 학교운영이나 집단생활에 의견을 제시하고 구성원들이 의견을 수렴하는 일련의 민주적인 절차를 통한 사회참여를 학교 내에서 경험하는 것인데 개별화 과정 역시 우리나라 학교에서는 그렇게 비중을 두지 못하고 있다고 생각한다.

2 교육의 사회적 기능

앞서 언급하였듯이, 인간은 사회적 동물로서 주변 인물과 사회적 관계를 형성해가며 여러 활동을 하고 있다. 어떠한 자리에서 자신의 역할을 하다 보면 예상하지 못했던 일들이 발생한다. 그렇기 때문에 인간 사회에서 원만히 제 역할을 수행하며 살아가려면 어느 정도의 지식, 기술, 태도가 필요하다. 그런데 지식과 기술, 태도는 저절로 학습되는 것이 아니라 교육을 통해 가능하다. 이렇게 교육은 우리에게 매우 기초적인 활동이자 동시에 필수적인 활동이다.

교육은 남과 더불어 배울 때, 가장 큰 효과가 있다. 사회라는 큰 구조 안에서 주변인과 상호작용하면서 작은 영향을 주고받을 때, 교육과 사회는 매우 밀접한 관계를 유지한다.

이종각(2012: 50)은 교육과 사회의 관계를 모두 세 가지로 정의하고 있다.

첫째, 교육과 사회의 기본적 관계를 말한다. 교육은 사회적 속성을 타고난다. 교육활동 자체가 사회적 기능을 수행하므로 교육과 사회의 관계는 그야말로 뗄 수 없는 관계임이 분명하다. 예를 들어 교육은 근본적으로 인간 사회 안에서 구조적으로 실행되고 있으며, 아울러 인간 사회의 내면적 심리와 상호관계를 이해하기 위해 그들이 살아가는 사회에 대한 선행적인 이해가 없다면 의미도 없어진다.

둘째, 교육과 사회의 수동적 관계이다. 다시 말하면 교육은 사회로부터 영향을 받는다. 사회는 정치, 경제, 문화, 사회를 포괄하고 있으며, 이런 사회적 배경에 따라 교육의 비중이 달라진다. 이종각(2012: 50)은 교육이 '포로나 꼭두각시와 같은 피구속적인 활동의 산물'이라고 말한다. 이 말은 사회가 각본을 짠 그대로 학교, 교사, 학생, 학부모들이 따라가고 있을 뿐이라는 의미이다.

셋째, 교육과 사회의 능동적 관계를 볼 수 있다. 이는 교육이 사회의 변화와 발전에 영향을 미친다는 의미로, 교육을 받은 사람으로서 지식인이나 지성인은 교육 정책이나 제도를 개선하고 더 나아가 사회가 진보하는 데 일조한다는 것이다. 교육 행위자인 교사, 학생, 교육행정가, 학부모들은 수동적인 입장에서 벗어나 적극적인 참여와 혁신을 통해 교육개혁을 시도할 때, 비로소 능동적 관계를 형성하게 된다(이종각, 2012: 51).

교육의 사회적 기능은 교육기관마다 달라지므로 가정, 학교, 대중매체의 기능을 살펴보자. 가정은 1차적 사회화 기관이고 학교와 대중매체는 2차적 사회화기관으로 분류된다.

〈표 1-1〉 사회화 기관 구분

1차적 사회화 기관	구분	2차적 사회화 기관
자연발생적	형성	인위적
대면적, 인격적 관계	관계	공식적, 형식적 관계
성장기의 정서발달에 영향	영향	사회생활에 영향
가정, 또래집단, 지역사회	대표기관	학교, 회사, 대중매체, 정당 등

출처: 정하성(2009). "한국청소년의 사회화 과정의 문제점과 정책과제". 한국청소년학회 2009년도 추계학술발표대회. p. 16.

1. 가정

가정은 인간이 태어나서 부모와 함께 가장 중요하고 결정적인 사회화 경험을 하는 곳이다. 부모와의 애착 관계를 안정적으로 형성하여 심리적이며 정서적인 편안함을 유지하고, 아이가 성인이 되어 어떠한 인간관계를 유지할 것인지에 대한 기초적 토대를 만들어 주는 가장 기본적인 1차적 사회화 기관이다. 1차적 사회화 기관은 가정, 또래 집단, 지역사회 등이 포함되며, 주로 유아기와 유년기에 기초적인 사회적 행동을 학습하는 데 큰 역할을 한다.

가정에서의 사회화는 부모와 자녀의 양육태도에 기인한다. 가정은 아이에게 언어, 예절 등 평생 동안 살아가는 데 필요한 기본적인 기능과 태도를 길러주며, 세상을 바라보는 눈을 키워준다. 그래서 부모가 어떻게 아이를 키우는지 바른 육아관의 정립이 요구되며, 부모는 자녀에게 다양한 관점을 이해할 수 있는 시각을 갖도록 해야 한다.

어린 시절에 1차적 사회화 기관으로부터의 사회화 경험을 초기 사회화 또는 일차적 사회화(primary socialization)라고 한다. 가정은 바로 초기 사회화를 결정짓는 가장 중요한 기관이므로 학교에 입학 전이라도 독립된 인격체로서 아이를 대우하고 긍정적인 자아개념을 형성하는 기회를 자주 제공하도록 한다. 이유는 많은 학자가 확인하였듯이 일생의 초기 경험이 한 인간으로서 성장하는 데 결정적인 영향을 주기 때문이다(안병환, 2012: 96).

2. 학교

2차적 사회화 기관은 학교, 직장, 대중 매체 등이 포함된다. 학교는 무엇보다도 교육과 사회화를 동시에 할 수 있는 유일한 정규 교육기관으로 사회생활의 기본적 능력, 지식, 공동체 생활 경험 등을 체계적으로 가르치는 기관이다. 학교는 가정에 비해 더 계획적이고 체계적인 사회화를 실천한다. 아동은 영유아기 동안 가정, 보육 및 유아교육 기관에서 유연하고 융통성 있는 생활을 했다면 학교 입학 이후부터 학생 신분으로서 학교의 규칙을 준수하고, 규범이나 가치를 존중해야 한다. 또한 아동은 학교라는 조직의 틀에서 교장, 교감, 교사, 상급 학년과 맺는 수직적 관계와 동급생과의 수평적 관계를 형성하는 사회적 역할을 학습한다. 이를 이종각(2012)과 안병환(2012)은 Merton의 이론을 참조하여 예기적 사회화(anticipatory socialization)[1]를 경험하는 것이라 언급한다.

1) "자기가 원하는 집단에 들어가고 받아들여지기 위해서 사람들은 이미 그 집단에 소속된 사람들의 기준에 맞추어 행동하려고 한다. 즉, 준거 집단에서 선호하는 특성을 갖추려 노력하는데, 그러한 과정을 '예기 사회화'라고 한다. 예를 들면, 어린이가 받는 조기 영어 교육, 대학에 처음 입학해서 받게 되는 신입생 예비 교육, 기업에서 신입 사원을 대상으로 실시하는 사원 연수, 군대에서 실시하는 신병 교육훈련 등이 모두 예기 사회화에 해당한다". 지학사(2012). 『사회』. p. 146에서 인용, "현재 점유하고 있는 것보다 더 높은 사회적 지위나 계급에 진입하고자 하고 그것을 수용할 수 있도록 개인의 사회적 행위를 개조하고자 하는 개인적 노력이 이루어지는 과정을 말한다". 고영복(2000). 『사회학사전』에서 인용.

예기적 사회화는 '아동이 성인이 되었을 때 필요하다고 생각되는 생활방식과 가치관을 미리 사회화시키는 것'이라 한다(이종각, 2012: 52). 학교는 이처럼 작은 사회를 재현하고 있고, 그 사회에서 구성원들은 일반 사회에서 경험할 수 있는 다양한 상호작용의 양상을 체험하게 된다.

가장 대표적인 교육기관인 학교는 교육과 사회화 개념을 일치시키는 기능을 수행한다. 학교는 어떤 점에서 사회화를 촉진하여 교육과 사회화를 일체 개념으로 접근하고 있는가? 주동범 · 김정희 · 정일환(2013: 67−68)이 제안한 학교 사회화의 방법을 바탕으로 좀 더 수정하면 다음과 같다.

- **직접 교수활동** : 학교는 가르침을 통하여 학생들에게 사회의 지식, 행동양식, 가치, 태도 등을 전달한다. 정규 교과수업 이외에 교과 외 활동을 통해서 학교와 교사가 강조하고 싶은 행동이나 규칙을 가르친다.
- **상호작용 촉진** : 학교는 학생들이 함께 어울려 생활하고 대화를 통해 상호이해를 높여가도록 또래집단 활동을 격려하며, 인간관계의 폭을 넓혀가거나 또래집단 나 자신의 역할을 미리 학습하여 사회적 기술을 증진할 수 있는 장소가 되기도 한다.
- **모델링 강화** : 학교의 구성원인 교장, 교감, 교사, 교육행정직, 상급학생들이 어떠한 언어를 사용하는지, 어떠한 표정과 행동을 취하는지, 어떠한 반응을 하는지를 모방하기 때문에 누가 학생들 옆에서 생활하는가가 매우 중요하다. 학생들에게 모델링의 기회를 강화하여 바람직한 행동 수정방법을 도입해야 한다.
- **학교문화 구축** : 학생들이 어느 학교에 다니는지, 어떠한 학교 문화가 특성인지에 따라 사회화가 달라진다. 학교문화는 학교의 전통과 역사, 학교 조직의 특성과 교육 풍토, 지리적 위치, 교직원 인적 · 물리적 환경, 학부모와의 관계 및 참여 정도 등에 따라 달라진다.

3. 대중매체 [2)]

현대사회에서 대중매체는 한 사람의 일생에 걸쳐 가장 큰 영향을 준다. 대중매체는 가정, 학교와 별도로 우리 사회의 영유아부터 청소년, 심지어 성인에게 이르기까지 매우 광범위한 사회화 기능을 수행하고 있다. 대중매체는 우리가 잘 알고 있는 것처럼 TV, 라디오, 신문, 잡지, 스마트폰, 인터넷 등을 말한다. 대중매체는 주로 어린이나 청소년에게 인기 있고 대중문화를 전달하는 사회화 기관으로 그 영향이 매우 크다. 대중매체의 영향이 갈수록 커져가고 있는 만큼 그로 인한 피해는 상당히 크다고 하겠다. 대중매체는 당연히 순기능이 있고, 반대로 역기능도 존재한다. 대중매체의 적절한 활용은 현대인에게 편리함과 즐거움을 주지만 과잉으로 대중매체를 사용할 경우 영유아부터 청소년에게까지 치명적인 폐해를 가져옴을 종종 볼 수 있다.

Elkind(1987)는 대중매체의 장·단점을 언급하면서 장점으로는 인간의 감각 능력과 지식의 범위를 넓혀주기도 하지만, 단점으로 매체의 시·공간적 확산은 학생들을 대중매체로부터 분리할 수 없기에 이른다. 오히려 매체에 의존하는 태도를 넘어 중독적 습관을 가질 수 있다. 청소년들은 비판능력의 부족과 자제력 부족으로 대중매체에 무방비 상태로 노출될 경우 사회화에 악영향을 줄 수 있다. 좀 더 자세히 말하자면 대중매체의 영향력이 세계를 하나로 묶을 수 있는 점도 있으나 대중매체를 통한 정보의 빠른 확산은 오히려 사회 변화의 속도를 가중시켜 지나친 상업성과 즉흥성을 야기하고 물질 만능주의와 향락주의로 흐를 위험이 있다. 대중매체는 갈수록 불안정한 경쟁 사회를 더욱 부추기는 경향을 보인다. 대체적으로 청소년은 매체의 중독성과 연계되어 비행으로 이어질 수 있으므로 각별한 유의가 필요하다.

---

2) 이 책에서 대중매체의 교육적 기능은 제4장과 제5장에서 더 자세히 살펴보았으므로 여기에서는 간단히 다루고자 한다.

사회화 기관의 종류를 정리해 보면 다음과 같다.

〈표 1-2〉 사회화 기관의 종류

구분	특징	사회화 내용
가정	원초적 사회화 기관	언어 습득, 의식주의 해결 등 가장 기본적인 생활 방법 학습
또래집단	청소년기에 영향력이 큰 사회화 기관	또래 집단 내 친구들과의 상호 작용을 통해 자아 정체성 형성
학교	공식적인 사회화 기관	사회생활에 필요한 지식, 가치관, 규범 등을 교육
대중매체	신문, TV, 인터넷, 잡지 등 현대 사회에 들어와 영향력이 커진 사회화 기관	급격하게 변화하는 사회의 흐름과 새로운 정보를 제공

3 교육사회학의 성격과 발달

1. 교육사회학의 성격

교육사회학은 학문 자체로서 성립되기 이전에 우선적으로 사회학에 영향을 받았다. 대표 학자 Comte 이후, 교육사회학은 교육의 기능을 사회적인 것으로 간주한 Durkheim에 의해 학문적 성격을 확립하였다. 먼저 사회학과 교육사회학을 구분하여 관련성을 살펴보기로 한다.

1) 사회학

사회학은 인간의 사회적 행동을 이해하는 학문이다. 인간의 사회적 행동을 이해하려면 그가 어떠한 집단에서 생활하는지를 사전에 파악해야 한다. 집단에 대한 상세한 이해가 우선 필요한 이유이다.

사회는 문화와 영토를 공유하는 사람의 집단이라고 전체적으로 정의하거나 혹은 같은 삶의 방식을 공유하면서 동일한 영토에서 생활하는 사람들의 집합체라 부른다(Henslin, 2009; Thio, 2007). 다시 말해 사회는 영토를 점유하고 문화를 공유하는 비교적 독립적이고 영속적인 인간의 집단(Horton & Hunt, 1980)이라고 할 수 있다(안병환, 2012: 25).

사회학에 대하여 여러 학자가 정의한 내용을 표로 만들면 〈표 1-3〉과 같다.

〈표 1-3〉 학자별 사회학 정의

학자 이름	사회학에 대한 정의	기본전제
Sullivan (2009)	• 사회와 인간의 사회적 행동을 과학적으로 연구하는 학문	• 인간의 행동은 그들이 속한 집단과 사회에 의해 결정된다.
Schaefer (2010)	• 사회적 행동과 인간의 집단을 과학적으로 연구하는 것	• 사회적 관계에 초점을 둔다. • 관계가 인간에게 중요하다.
Henslin (2009)	• 하나의 관점을 제공하는 것	• 사회적 관점은 사회적 맥락을 강조한다. • 집단이 사람들에게, 사람들이 집단에 영향 을 준다.
김정선 외 (1999)	• 인간의 사회적 삶에 대한 과학적 탐구를 실천한다. • 규칙적이고 반복적인 인간 행동의 유형의 특성과 원인을 연구한다.	• 각 개인의 사고와 행동의 특성을 맞추는 심리학자보다 집단이나 사회구성원으로서 사람들이 공유하는 사고와 행동에 관심을 갖는다.

출처: 안병환(2012). 『교육사회학의 이해』. p. 26.

사회학은 두 사람 이상의 인간관계를 연구하는 것으로 두 사람 이상이 상호작용하며 살아가는 사회적 삶과 행위를 연구하는 학문이다. 따라서 사회학에서는 "인간, 집단, 사회, 사회적 관계와 사회구조, 사회적 상호작용, 공유된 사고와 행동, 사회적 행동, 과학적 탐구" 등이 핵심내용이다. 사회학은 개인의 사고와 행동에 관심을 갖기 보다는 집단이나 사회구성원으로서 인간의 사회적 행동과 인간의 집단을 과학적으로 연구하는 학문이라고 정의할 수 있다(안병환, 2012).

선행 연구자들의 정의를 볼 때, 사회학은 다음과 같은 특징을 갖는다고 할 수 있다.

- 사회학은 우리의 삶을 함축하여 설명하여 준다.
- 사회학은 다양한 문화적 관점에서 사회를 바라볼 수 있도록 한다.
- 사회학은 인간 자신의 삶에 영향을 미치는 요소들을 인식하도록 하고 삶의 변화에 주체가 될 수 있도록 한다.
- 사회학은 우리의 삶에 통찰력을 제공한다.
- 사회학은 포용력과 상상력을 갖도록 한다.
- 사회학은 독단에 저항하고 독단에서 벗어날 수 있도록 한다.

이상의 내용을 정리해 보면 사회학이 우리에게 어떠한 도움을 주는지를 네 가지로 요약할 수 있다.

첫째, 사회학은 다양한 관점에서 우리 주변의 세계를 바라볼 수 있게 해준다. 앞서 언급한 것처럼 인간의 행동을 이해하려면 그가 살고 있는 집단의 특성을 살펴보고, 그들이 어떻게 살아가고 있고, 어떠한 문제를 안고 있는지를 여러 관점에서 인식할 수 있어야 한다.

둘째, 사회학은 사회현상을 이해하면서 사회정책을 평가할 수 있는 안목을 갖게 해준다. 사회학은 사회정책이 특정 집단에게 이로운지, 해로운지, 어떻게 하면 모두에게 환영받는 좀 더 효율적인 정책을 펼칠 수 있는지에 대해 고민하는 기회를 준다.

셋째, 사회학은 집단 내의 인간에게 자기 계몽을 하게 해준다. 사회학은 어떤 행동이 가장 바람직하고 필요한지, 어떻게 해야 우리 사회가 더 발전할 수 있는지 등 우리의 미래가 어떠한 방향으로 가야 할지에 대한 생각을 깨우쳐준다.

넷째, 사회학적 관점은 우리에게 넓은 시각을 갖게 하면서 동시에 상상력을 키워준다. 사회학적 상상력은 무슨 의미일까? 사회현상이나 일상을 한 가지 관점에서만 보는 것이 아니라 근본적인 물음부터 시작하여 사회현상이나 일상적 사건과 관련 있는 모든 것을 다양한 관계 속에서 접근하며 문제를 해결하는 것이다. 따라서 사회학은 상상력을 촉진할 수 있으며, 이는 결국 종합적 사고력을 길러준다.

용어 해설 사회학적 상상력(sociological imagination)

- '사회학적 상상력'(sociological imagination)은 미국의 사회학자 밀즈(Wright C. Mills, 1916~1962)가 한 말이다.
- 사회학적 상상력은 주변에서 발생하는 온갖 현상을 사사로운 차원으로부터 격리시켜 생각해 보고, 또 사회의 큰 구조적 관계에서 상상해 보는 것을 말한다.
- 사회학적 상상력은 개인 문제(personal troubles)와 공적 문제(public issues)를 구분하고, 개인 문제를 공적 문제로 전환할 수 있는 역량으로서 일종의 관점 이동 또는 시각 전환 역량이라 할 수 있다.
- '사회학적 상상력'은 개인의 일생, 역사, 그리고 사회(구조)라는 세 가지 요인으로 구성되어 있다. '개인의 일생'은 특정 사회 속에 살고 있는 인간 삶의 유형과 인간성에 대한 이해를 전제로 한다. '역사'는 특정의 사회가 인간 역사에서 어디에 위치하며, 그 성격은 어떠하고, 다른 시대와 어떤 관계에 있는가를 보여주는 개념이다. '사회 구조'는 특정 사회를 구성하는 요인과 요인들 간의 관계에 대한 분석 및 그것들이 어떻게 작동하는가를 이해하는 개념이다.

[사회학적 상상력의 세 가지 형태]

- 역사적 상상력: 현재 사회의 모습이 과거 역사의 유산들 속에서 형성되었다는 점을 인식하고, 현재의 생활양식이 과거의 생활양식과 어떻게 다르고 어떠한 방식으로 변화해 왔는지를 파악한다. 역사적 비교는 현재 사회 모습이 어디에 뿌리를 두고 있으며 어떠한 방향으로 변화해갈지 예측 가능하도록 한다.
- 인류학적 상상력(비교사회학적 상상력): 각 나라마다 다양한 역사적 유산들을 지니고 있으며, 이러한 유산의 다양성이 다양한 사회의 모습을 낳고 있는지 파악하도록 하고 자기나라의 사회 · 문화적 특수성을 이해할 수 있도록 한다.
- 비판적 상상력: 역사적 · 인류학적 상상력은 현재의 우리 사회모습이 고정불변하거나 보편적이 아님을 인식하게 한다. 이러한 판단들은 사회를 바라보는 눈을 바꾸면서 기존의 사회형태를 비판하고 대안적 미래를 제시한다는 의미에서 비판적 상상력을 필요로 한다.

출처: 염민호(2012). 용감하고 창의적이며 성실한 사회과학자의 삶. 교육행정학연구. 30(3). pp. 321-333.

2) 교육사회학

교육사회학은 교육은 사회적 기능이 있다는 전제에서 출발한다. 즉, 교육의 사회적 기능은 한 사회의 특정 가치나 규범을 전송하는 제도적 장치로서의 교육의 가능을 강조하는 말이다. 교육의 사회적 기능은 교육의 기능보다 좁은 개념으로 교육이 특정 사회에서 어떤 일을 하는가를 일컫는 말이다. 앞서 교육에 관한 목적을 개인 수준과 사회수준으로 나눠 언급하였듯이, 교육은 개인에 대한 기능과 사회적 기능이 있으므로 이 기능들에 대한 설명을 먼저 하는 것이 필요하다(이종각, 2012). 말하자면 교육이 개인의 문제해결 능력 향상인가, 건강한 시민과 직업인으로서의 양성인가에 대한 입장을 고려해야 할 것이다.

김병욱(2010)은 교육의 사회적 기능을 교육훈련 및 사회화 기능을 포함하여 일곱 가지로 나누어 설명한다. 그 기능을 보면 다음과 같다.

① 교육훈련기능
② 사회화기능
③ 선발, 배치, 충원기능
④ 국가발전 및 개혁기능
⑤ 사회통합기능
⑥ 문화유산 전승, 전달기능
⑦ 사회 이동 촉진기능

이종각(2012)에 의하면, 교육에 관한 개인 수준과 사회 수준이라는 두 가지 목적을 고려하여 교육의 사회적 기능을 살펴볼 필요가 있다. 교육의 사회적 기능은 교육이 제도로서 사회에 미치는 영향을 말한다. 당연히 교육사회학은 교육이 사회제도로서 어떠한 영향력을 갖는가를 깊이 있게 다룬다. 그래서 교육의 사회적 기능은 크게 교육이 사회를 유지하는 기능과 교육이 사회를 개선 또는 개혁하는 기능으로 나누어진다. 이런 큰 구분을 바탕으로 교육의 기능은 모두 다섯 가지로 정리할 수 있다. 아래 표에 제시된 교육의 사회적 기능은 모든 학교에서 동시에 운영되고 있으나 초등학교에서는 사회 유지의 기능을 강조하는 반면, 대학교 쪽으로 가면서 사회개혁의 기능을 추구한다. 시기에 따라 교육의 사회적 기능도 달라진다. 말하자면 사회 혼란기와 안정기 또는 사회통합의 기능이 강조될 때, 교육의 사회적 기능은 달라질 수밖에 없다.

〈표 1-4〉 교육의 사회적 기능

기능	기능의 특징	기능의 문제점
문화유산 전달의 기능	사회의 존재조건에서 가장 기본적인 기능이며, 사회제도 중 가장 중요한 교 육제도가 해당함	과거 지향적, 보수적인 경향으로 흐를 수 있음
사회통합의 기능	국민 형성과 사회통합에 필요한 국민 교육제도를 중요시함	사회구성원의 다양성과 자율성을 억제 할 수 있음
사회충원의 기능	사회에서 요구하는 전문성을 갖춘 인력을 양성하는 것이 바로 교육임	전문성 양성을 위한 교육의 세분화는 사회 통합을 어렵게 할 수 있음
사회선발 및 이동의 기능	개인 능력과 업적에 따라 보상을 받는 관점이여, 교육은 능력을 갖춘 인재를 선발하는 것이라고 봄	선발 기능이 공평하게 이루어지면 교육평등과 사회평등을 실현하지만, 과정에서 공정했는가, 평등했는가에 대한 의문이 지속될 수 있음
사회개혁 기능과 사회발전의 기능	교육은 사회의 문제점을 해결하여 더 바람직한 방향으로 유도하는 기능이며, 이는 궁극적으로 사회의 발전을 도모함	사회개혁의 기능이 잘 수행되면 국가의 문제점과 미래에 대한 대안을 정립할 수 있으나 의견 대립을 지나치게 끌 어온다면 사회발전으로 이어지기가 어려움

출처: 이종각(2012). 『Basic+교육사회학』. pp. 61-62.

그러면 교육사회학은 무엇을 탐구하는 학문일까? 앞에서 정리한 사회학에 관한 접근을 그대로 교육에 적용할 때, 교육사회학이라 한다. 교육이라는 사회적 기능과 우리 주변의 교육현상을 사회학적 탐구나 접근법을 적용하는 것이다.

교육사회학은 교육과 사회의 올바른 관계에 대한 관심을 말한다(이종각, 2012: 68–69). 그렇다면 교육사회학은 어떠한 문제제기부터 시작할까? 어떠한 질문을 통해 교육문제나 현상에 접근할까? 사회, 교육, 인간 형성의 세 가지 측면에서 문제를 제기하고, 그 가운데 교육을 중심에 둘 때 교육사회학적 접근이라고 한다.

[교육사회학적 질문의 예]

① 교사, 학생, 학부모, 교육 행정가들은 어떠한 교육적 행동을 보여주는가?
② 이들은 주로 어떠한 상호관계를 유지하는가?
③ 교육제도는 이들의 행동과 관계에 어떠한 영향을 주는가?
④ 이들과 제도는 집단의 이념과 어떠한 관련성을 갖는가?
⑤ 사회개혁을 위해 학교와 학교 구성원들은 어떠한 역할을 하며, 어느 정도 참여하는가?
⑥ 교육과 관련된 사회문화 현상, 조직과 집단은 어떻게 운영되는가?
⑦ 사회 속에서 교육과 개인, 집단, 조직, 문화, 사회 등이 어떠한 상호관계에 있는가?

이처럼 교육사회학은 특정 사회에서 교육에 대한 관습, 의식, 전통, 제도, 가치 등 여러 요소에 특별한 관심을 갖고, 집단생활은 어떠한 양상으로 나타나는지, 요소 간 어떠한 관련성을 갖는지, 요소들이 집단생활 자체에 어떠한 영향을 미치는지 등에 관심을 갖는다.

이종각(2012: 75)은 교육사회학을 세 개의 문제제기로 축약할 수 있다고 하였다.

- 사회가 교육에 미치는 영향은 어떠한가?(교육의 사회와의 관계에서 수동성)
- 교육이 사회에 미치는 영향은 어떠한가?(교육의 사회와의 관계에서 능동성)
- 교육체제 내부에 대한 사회학적 탐구의 결과는 어떠한가?(교육체제의 탐구)

이를 구체적으로 교육사회학에서 다루는 주요문제로 언급해 본다(김경식 외, 2005; 성낙돈 외, 2012: 10에서 재인용).

- 학교교육에 참여하는 학부모의 자녀가 학교생활을 더 성공적으로 할 수 있겠는가?
- 차별화된 교수법, 학습유형, 학급조직은 학생에게 얼마만큼의 학습 효과를 줄 수 있겠는가?
- 지역사회가 학교에 미치는 영향력은 어떠하며, 학교 의사결정에 어떻게 반영되겠는가?
- 교사의 전문성이 학교에 주는 영향은 어느 정도이며, 교사 선발시험이 교사의 질을 높이고 있는가?
- 기회의 평등과 공정성이 학교에 어떠한 영향을 줄 수 있겠는가? 차별적 대우를 없애는 것이 교육기회의 제공에 어떠한 의미겠는가?
- 일부 학생들이 자신에게 유리한 고용 기회를 갖기 위해 어떤 교육을 더 많이 받는가?
- 교육은 물량으로 환산할 수 없는 잠재적인 수입에 얼마만큼의 영향을 주겠는가?

이상의 문제를 다루는 교육사회학은 사회학의 과학적 연구방법에 의해 교육현상을 연구하는 학문이며, 교육의 기능과 현상 등을 사회학적으로 파악하려는 학문이라고 결론지을 수 있겠다. 즉, 교육현상을 사회적 관계 속에서 이해하고, 교육현상과 관련된 집단, 집단 간 관계, 집단의 영향력, 교육과정, 교사와 학생의 관계와 기능을 이론적이면서 동시에 경험적으로 다루는 학문이라고 정의한다(성낙돈 외, 2012: 11).

2. 교육사회학의 발달

1) 외국의 교육사회학 발달과정

교육사회학은 크게 유럽과 미국의 갈래에서 발전해왔다. 우선 유럽의 교육사회학 발전에 크게 기여한 사회학자는 Durkheim이다. 그는 1887년 프랑스의 보르도 대학교에서 교육학과 사회학을 가르치는 강사로 시작하여 1890년대에 사회학과를 개설하였고, 1902년 파리 대학교 교수이자 초등학교 교사양성대학 교수로서 사회학을 최초로 만들었다. 이렇게 교육학과 사회학을 접목시켜 자국뿐 아니라 유럽 내 교육사회학의 발전에 큰 공헌을 하였다.

미국은 1883년 Ward가 『역동석 사회학(Dynamic sociology)』을 출판하여 교육에 관한 사회학적 연구를 체계적으로 시도하기 시작하였다. Ward는 교육이 인간 진보를 위한 주요 원천이며, 더 좋은 사회를 만들기 위해 구성원들의 도덕적 책임과 인지발달을 신장하는 변화의 요인(agent)이라고 주장하였다(주동범 외, 2013: 21). 그 이후로 1899년 Dewey는 『학교와 사회(School and society)』를 저술하였고, 이 책에서 교육의 사회적 기능이나 사회와의 관련성을 언급하였다.

미국과 동시대에 Durkhiem은 한 사회에서 동질성을 유지하는 것이 매우 중요하다고 역설하였고, 교육을 비롯하여 상호관련성이 있는 기관이나 분야, 학교에서 훈육의 필요성, 사회발전에 필요한 청년기의 특수사회화 등에 관해 여러 책을 꾸준히 집필하였다. 그가 저술한 책에는 『도덕교육(Èducation morale) (1902~1903)』, 『교육과 사회(Èducation et société(1922)』, 『교육사조의 발달(Èvolution pédagogique en France)(1938)』이 있다.

미국에서는 1907년 처음으로 Suzzallo가 컬럼비아대학교에 교육적 사회학(educational sociology)이라는 강의를 개설하였다. 교과목의 명칭이나 특성에 있어서 교육적 사회학인가, 교육사회학인가에 대한 논쟁이 있었고 학문의 성격도 조금 달랐다. 교육적 사회학은 도덕 및 철학적 이론을 중시하는 학자들이 대부분이었다면 교육사회학은 경험 과학적으로 이론에 접근하는 학자들이 주를 이룬다. 교육적 사회학 강의는 사회학의 지식과 원리를 교육실천에 응용하는 학문이었다. 이후 많은 강좌가 개설되었으며, 1926년에는 미국의 교육적 사회학 저널이 창간되었고, 그 몇 해 전, 1920년대 초 미국교육사회학회가 창립되었다(주동범 외, 2013: 22).

교육적 사회학은 1940년대부터 지역사회운동으로 확산하여 학문의 원래 성격이 희석된 이유로 학자들의 관심을 잃게 되었으며, 이런 반응은 결국 대학에서 강좌 개설을 축소하기에 이르렀다. 그래서 교육적 사회학(educational sociology)이 쇠퇴하고, 새롭게 교육의 사회학(sociology of education)이라 불리는 '교육현상을 사회학적으로 탐색'하는 학자들의 관심이 나타났다. 1960년대에 미국 교육사회학지 이름이 교육의 사회학으로 바뀌어 지금까지 출간되고 있으며, 영국이나 미국도 교육 사회학으로 부르기로 한다.

다시 말해서 교육 사회학은 교육 현상을 사회학적으로 탐색하는 학문이며, 교육의 사회학적 과정을 분석하는 것이다. 기존의 교육적 사회학과 교육 사회학을 구분하여 정리해 보면 아래 표와 같다.

〈표 1-5〉 교육적 사회화와 교육의 사회학

교육적 사회학 (educational sociology)	교육의 사회학 (sociology of education)
교육학의 영역	사회학의 영역
실천 지향적	학문 지향적
도덕적, 철학적 지향	경험 과학적 지향
가치 판단	사실 분석
교육문제를 강조	사회문제를 강조
기술훈련적 접근	실증연구적 접근

출처: 안병환(2012). 『교육사회학의 이해』. p. 35.

교육사회학의 학문 흐름을 보면 교육적 사회학에서 교육의 사회학으로 변해왔지만 사실 사회학과 교육학은 서로 의지하면서 발전해왔다. 해당 분야의 학자들이 상호 협동하여 다학문적 접근(interdisciplinary approach)을 하자고 제안하였다(Morrish, 1972; 안병환, 2012: 36에서 재인용).

2) 우리나라 교육사회학 발달과정

우리나라에서 교육사회학 강의는 1952년 9월 서울대학교 사범대학에서 처음 개설되었으며, 당시는 선택과목이었으나 1954년에 필수과목이 되었다. 초기에는 일본 문헌을 중심으로 소개되었고, 점차 영미 문헌과 미국 유학파를 중심으로 교육사회학 교재가 만들어졌다.

1955년에는 교원양성과정의 교직 필수과목이 되었고, 이때부터 교육사회학 교과목이 전국의 대학교에 조금씩 개설되기 시작하였으나 1960년대에 이르러서야 더 발전하게 된다. 이 당시에는 서구의 영향을 받아 실천 지향의 교육적 사회학(educational sociology)의 성격을 갖고 있었다. 1967년 한국교육학회 분과인 '교육사회학연구회'가 발족되었고, 이어 한국교육사회학회로 개편하여 학술지 '교육사회학연구'를 발간한 이래 교육사회학분야에 다양한 연구지와 학술지가 발행되고 있다.

1960년 이후부터 우리나라 교육사회학은 많은 발전을 보이기 시작하여 1970년대 본격적인 전성기를 맞이하였다. 당시 교육사회학은 국가정책의 영향을 받아 교육의 기능을 정치, 경제, 사회 측면에서 설명하고자 했으며, 국가는 경제개발 5개년 계획과 더불어 교육사회학, 더 나아가 교육학에 관심을 가졌다.

그러나 이때, 교육사회학에서 '학교와 지역사회론'으로 교과목 명칭이 변경되었다. 근본적인 이유를 보면, 당시 정부는 학교가 지역사회의 문제해결에 적극적으로 참여해야 한다는 입장이었다. 1972년 새마을 운동과 보조를 맞추고자 위 과목을 필수로 지정하면서 교육사회학 연구자는 양적으로 증가하였으나 학문 분야

중 학교와 지역사회만을 강화하여 교육사회학의 다른 영역은 약화 또는 제외되었다(이종각, 2012: 85).

1983년에 교직과정이 개편됨에 따라 교육사회학 교과목이 부활하였고, 1984년 입학생부터 교과목 명칭 그대로 배울 수 있었다. 그동안 서구의 학문 흐름대로 실천지향적인 교육적 사회학의 접근이 점점 교육의 사회학(sociology of education)으로 발전하였으며, 교육의 사회학에서 강세 이론이었던 갈등론, 비판이론 등에 대한 관심이 고조되었다(주동범 외, 2013: 23-24).

우리나라의 교육사회학은 교원양성과정에서의 교직과목 변화와 더불어 정치의 민주화를 열망하고, 서구의 비판적 교육사회학의 영향으로 제도권 밖의 교육에 대한 학술연구가 성과로 나타났으며, 1990년대 교육현상을 사회학적 관점으로 심도 있게 분석하는 다수의 학자가 세계화, 정보화, 신자유주의 등을 교육과 결부하여 정부의 교육개혁방안에 대한 논의에 적극적으로 참여하였다.

오늘날, 교육사회학은 한국적 토양에 적합한 교육 현실을 찾아내고자 과학적이고 체계적인 연구 방법론을 제시하고 있으며, 특성화된 분야로 지속적인 노력을 수행하고 있다.

3) 교육사회학의 학문적 정체성

이 장에서는 이종각(2012)의 『교육사회학』 저서에서 언급한 교육사회학의 역할과 가치에 대한 내용을 제시함으로써 학문적 정체성을 밝히고자 한다. 교육사회학에 관한 연구는 어떠한 가치가 있는지 알 수 있게 해주므로 독자들은 이를 통해 학문적 특성과 가치도 이해할 수 있을 것이다.

이종각(2012)은 교육사회학의 가치를 모두 네 가지로 요약하였다.

첫째, 교육사회학은 학생의 학습을 강화하거나 방해하는 집단적 특성을 잘 설명해준다. 교육사회학은 학교나 학급에서 관찰할 수 있는 구체적인 행위들이 교육기회의 불평등과 어떠한 연관성이 있는지 살펴보는 학문이다. 다시 말해서 교육사회학은 사회적 불평등과 교육이 어떠한 관련이 있는지 문제를 제기한다. 말하자면 교육사회학이 다루는 주요 내용은 사회계층이나 계급의 문제, 여성과 남성의 차이, 도시와 농촌의 차이 등에 관한 내용이 될 수 있다.

둘째, 교육사회학은 교육현상이 외형적으로 드러난 것과 다르다는 것을 이해하게 해준다. 교육의 현상에서 지배계층과 피지배계층이 지식을 어떻게 다르게 받아들이고 그것을 활용하는지를 살펴보면 매우 흥미로운 결과를 볼 수 있다. 학습의 상호작용도 교사의 주도인가, 학생의 주도인가에 따라 다른 양상을 보여주며, 학생이 처해 있는 사회경제적 배경이나 지위에 따라 교사와 학생 간의 관계 양상이 매우 다르게 나타남을 관찰할 수 있다.

셋째, 교육사회학은 교사들에게 교직에 관한 전체적 의미를 반성해 볼 수 있는 기회를 준다. 학교와 학급의 관리에서, 학생들의 자유를 어디까지 허용하고, 어디까지 통제할 것인가를 고민하게 해주고, 학생들의 다양한 계층에 자신은 어떻게 반응하는지를 되돌아보게 할 수 있다. 교사도 사회계층의 한 일원으로서 학생, 동료교사, 학교 행정가 등과 특별히 친근한 관계를 유지하게 되는 메커니즘이 있는가를 설명할 수 있는 근거도 찾을 수 있다. 결국, 교사의 문화가 학생에게 친근한 문화인지 아니면 너무 낯설어 학생들이 익숙해지려면 많은 시간을 요구하는지에 대한 반성적 검토의 시간이 필요하다.

넷째, 교육사회학은 정책을 새롭게 수립하고 정책 결과를 평가하는 데 도움을 주는 학문이다. 다시 말하면 교육정책을 발굴하여 수립하는 데 특정학교에만 유리할 것인지, 아니면 모든 학교에 도움을 주는지를 살펴봐서 가장 바람직한 정책이 되도록 세밀한 고민이 필요하다.

4 교육사회학의 탐구분야

교육사회학은 사회학에서 발견된 지식, 원리, 연구방법을 통해 교육현상을 분석하거나 교육의 과정을 이해하려는 학문이다. 다시 말해서 교육현상의 사회적 측면을 과학적인 방법으로 연구하고자 교육과 인간, 집단, 조직과 문화 등과의 상호 관련성을 심층적으로 탐구한다(안병환, 2012: 39).

〈표 1-6〉 교육사회학 탐구 주제(영미 문헌 중심)

학자 또는 학술지	탐구분야
Morrish (1972)	사회와 문화, 지역사회, 계급, 사회화, 문화지체, 지위와 역할, 경제와 교육, 교육과 문화변동, 학교제도와 학교사회, 교육과 직업의 관계, 사회계층과 문화, 민주화와 엘리트주의, 학습조직과 능력별 반편성, 교육과정 구성과 재구성, 하위문화의 발전
교육사회학 학술지 (1980년대)	학교교육의 효과 연구, 과제 수행과 학업성취에 관한 노력 여부, 교육과정과 중류층, 학생에 대한 교사의 기대, 교육적 성취 분석, 과잉교육과 실업, 인간화로서의 사회화, 중등학교에서의 대인관계, 자녀의 학교적응에 관한 어머니 전략, 학교 팽창과 교육의 질, 능력별 집단화, 문화 및 경제력이 성취도에 미치는 효과 등
교육사회학 학술지 (1990년대)	조직과 불평등, 교육과 직업과 수입, 흑인 청소년의 태도형성, 학생의 특성과 또래집단 형성과정, 학급에서의 일탈행위, 교육과정 통제와 교실 수업, 교과서내용 평가, 교육가와 행정가와 부모관계, 학교가 고등학생 초기 직업에 미치는 영향, 교육과 사회계층, 집단 활동의 참여, 학교조직이 교사의 교 직업무 능률과 만족도에 미치는 영향, 교육과정 해석, 잠재적 교육과정(언어), 학교수업을 위한 학생 조직, 고등학교 교사의 자기지각, 대중교육의 세계적 동향, 이웃이 교육 성취에 미치는 영향 등
2000년대 이후 (개념 중심)	학업성취(성적, 학력), 교육(교육사회학자)자, 청소년 비행(학교 폭력과 중퇴외), 교육열(입시경쟁, 교육경쟁), 교육개혁과 혁신, 성(여성), 정보화 사회, 페미니스트(여성교육, 성 문제), 사회적 평등과 불평등, 교육문화, 학교교육의 역할(효과), 학교 효과(학교 특성), 사회적 자본(가족 등), 교육과정(내용, 지식), 교육사회학 이론(해석적 접근), 대안교육과 학교, 사회적 지위(임금, 소득), 진로선택(계열, 직종, 학교선택), 학습과 일(직업, 진로 진학)

학자 또는 학술지	탐구분야
2000년대 이후 (연구 중심)	교육과 평등, 학교사회화와 학업성취, 교육정책과 제도, 공교육 문제, 교육사회학 이론, 교육열, 청소년 문제, 페미니스트, 교사교육, 진로교육, 정보화사회, 평생교육, 가족구조와 관계, 교육과정 사회학, 민주시민교육, 문화와 환경교육, 통일교육, 기타

출처: 안병환(2012). 『교육사회학의 이해』. pp. 42-45.

또한 차경수는 1985년에 교육사회학의 탐구영역을 모두 네 가지로 구분한다(허은주 외, 2012: 62).

첫째, 교육에 영향을 미치는 사회적 요인과 관련된 개념 및 문제에는 사회와 가정, 대중매체, 또래집단, 사회계층, 계층문화, 문화실조, 사회변동 등이 있다.

둘째, 사회에 미치는 교육의 영향 관련 요인은 가치관, 교육과 국가발전 또는 사회발전, 사회이동 혹은 계층이동, 사회통합, 사회교육, 인구 및 환경교육, 지역사회와 학교, 교육의 사회적 목적이 있다.

셋째, 학교집단 또는 교육제도와 관련하여 교육이념, 학교사회, 교육제도, 교육정책, 교사-행정가 관계, 교사집단, 교사의 사회적 역할, 교사와 학생의 상호작용 등이 있다.

넷째, 교육과 사회정의 영역에는 교육의 기회균등, 교육과 평등 문제 등을 찾아볼 수 있다.

20년 가까이 지난 2000년대 초 차경수 · 최충옥 · 이미나(2002: 29)가 한국과 미국, 일본의 교육사회학 분야에서 가장 많이 다루는 개념을 소개하였다.

〈표 1-7〉 한국, 미국 & 일본의 교육사회학에서 가장 많이 다루는 개념 또는 주제

한국	미국 & 일본
지역사회의 학교, 문화, 가정, 지역사회, 사회계층, 또래집단, 학교조직, 사회교육, 교육사회학의 성격, 교육사회학의 연구법, 학교의 사회적 과정, 교사론, 정치와 교육, 경제와 교육, 대중매체, 사회통제, 사회정의와 교육, 기능론과 갈등론	사회계급, 교사론, 인종문제, 학교의 사회적 성격, 문화, 교육환경, 성차별주의, 교육제도, 사회계층이동, 사회적 지위, 사회변동, 능력별 집단, 역할, 학급의 사회적 성격, 문화실조 아동, 교육의 사회적 목적, 사회통제, 사회구조, 교육사회학의 연구방법, 교사-학생 관계, 교육정책, 지역사회 학교, 교육개혁, 문화적 다원주의

출처: 차경수 외(2002). 『교육사회학의 이해』. p. 29.

교육사회학의 탐구분야는 거시적 접근과 미시적 접근으로 구분된다.

- 거시적 접근으로는 교육과 사회의 관계, 사회조직으로서의 학교, 사회계층과 사회이동, 계층의 재생산, 교육의 기회균등과 평등, 교육 불평등을 중심으로 설명할 수 있다. 전체적인 구조와 기능을 통해 어떠한 관련성이 있는지를 파악하는 접근이다.
  - 사회를 개인과는 독립적으로 존재하는 실체로 파악하며, 사회구조분석을 통해 사회의 한 부분으로서 교육을 설명하고자 하는 입장을 취한다. 개인은 사회의 영향을 받는 수동적인 존재로 파악된다.

- 미시적 접근은 학교나 학급의 구조 내에서 어떻게 구성원들이 상호작용을 하면서 교실 문화를 만들어가는지에 대해 관심을 갖고, 교사와 학생의 관계 형성, 학업성취 과정, 다문화 아동과 청소년의 학교 적응 등 교사, 학생, 행정가, 부모 등 행위의 주체자들이 어떻게 참여하고 경험하는지를 상세히 관찰하고 분석한다.
  - 인간은 객관적인 법칙의 지배를 받는 수동적인 존재가 아니라 대상에 의미를 부여하고 상호작용을 통해 스스로 규칙과 제도를 만들어 내는 주체적이

고 능동적 존재이다.

토론해 보기

1. 교육사회 관련 과제를 조별로 수행한다면 어떤 과제를 할 수 있을지 목록을 나열해 봅시다.

2. 우리나라 교육현상 중 교육사회학적 주제를 구체적으로 찾아보고, 왜 그런지 이유를 설명해 봅시다.

3. 사회와 개인 간의 관계를 생각해 봅시다. 역사적 사건들을 살펴볼 때, 개인은 사회에 영향을 받는 수동적 존재인가? 사회에 영향을 주는 능동적 존재인가요?

CHAPTER 2

교육사회학 이론

Sociology of Education

1 기능주의 이론

교육사회학에서의 기능주의(functionalism) 이론은 교육과 사회를 인식하는 데 있어서 매우 기초적인 관점을 제공한다. 말하자면 사회의 질서 유지와 발전을 위해 교육은 필요하며, 특히 학교는 사회적 균형을 유지하고 사회가 안정될 수 있도록 사회통합에도 긍정적인 영향을 준다고 본다. 기능 이론은 구조기능 이론(structural functional theory), 합의 이론(consensus theory), 질서모형(order model), 평형모형(equilibrium model) 등으로 불리기도 한다. 하위 이론으로는 기술기능 이론, 인간자본론, 근대화론 등이 있다. 대표자들로는 Comte, 사회유기체설을 주장한 Spencer, Durkheim, Pareto, Malinowski 등이 있다.

기능주의 이론은 학교교육의 순기능을 옹호하였고, 사회 존속과 발전에 학교교육이 긍정적인 영향을 준다고 하였다. 어떤 면에서 그러한지 주요 개념, 이론적 특징, 대표 학자, 기능주의론적 이론의 강점과 한계점에 대해 언급하고자 한다.

1. 주요 개념

기능주의는 사회를 유기체와 같다고 본다. 이에 다음과 같은 가정에 근거한다.

- 부분은 전체의 유지를 위해 합목적적이다. 사회와 유기체는 그들이 지향하는 목적과 전체의 존속을 위해 필요한 각각의 기능을 수행하며, 그렇게 함으로써 자체의 생존을 보장받고 목적을 달성하려 한다.
- 부분들은 상호의존한다. 사회의 각 부분은 기능은 다르지만 상호의존적이

며, 한 요소의 변화는 다른 요소 및 전체의 변화를 초래한다.

- 안정성과 항존성을 추구한다. 사회는 항상 안정과 현재의 상황을 유지하려는 속성을 지니고 있으며, 어떤 충격에 의하여 안정 및 현재의 상황이 깨지면 이를 회복하기 위해 노력한다. 따라서 사회와 유기체는 급진적이거나 갑작스러운 변화에 반대하고 안정에 의한 지배를 지향한다.
- 합의이다. 사회의 유지와 안정에 관계되는 중요한 가치나 신념체계, 제도는 합의의 산물이다. 사회와 유기체는 전체의 유지와 존속을 위하여 일반적 합의를 따른다.
- 부분 간 우열은 없다. 사회를 구성하는 각 부분 간에는 우열이 있을 수 없으며, 각기 수행하는 기능상의 차이만 있을 뿐이다.
- 사회계층은 차등적 보상의 결과이다. 사회계층은 기능에 따라 차등 보상되며, 전문가 사회를 지향한다.
- 각 부분은 자율성과 독립성을 갖는다. 사회의 각 부분은 자율성을 지니고 있으므로, 교육 또한 독립적이고 자율적이다.

이러한 가정에 근거한 기능주의론은 학교교육이 사회질서와 발전의 대표적인 교육제도라 보면서 사회가 학교교육을 통해 공정한 기회를 제공하고, 개인의 능력과 노력에 따라 보상받을 수 있는 능력주의를 강조했다. 학교교육에 대한 긍정적인 관점을 통해 다수의 학생들이 공평한 교육의 기회를 갖고, 자신이 어느 정도 노력하는가에 따라 그에 상응하는 결과가 따른다는 입장이다.

기능주의론의 주요 개념을 정리하면, 모두 다섯 가지의 주요 용어로 구분할 수 있겠다. 첫 번째에서 네 번째까지는 주동범·김정희·정일환(2013: 28–29)의 저서를 참고했고, 마지막 다섯 번째는 저자가 추가하였다.

첫째, 구조와 기능 관련 용어는 사회가 잘 기능하도록 사회의 균형을 유지하는 구조를 갖추고 있다는 뜻이다.

둘째, 안정과 관련하여 사회가 학교교육을 통해 사회가 안정되기를 바라는 욕구가 크고, 안정된 상태는 사회질서를 유지하며, 급진적인 변화보다는 안정지향적인 변화를 추구한다.

셋째, 통합은 사회의 여러 구조가 서로 힘을 합하여 사회통합을 성취하고자 한다. 사회의 구조를 갖춘 여러 작은 부분들이 함께 책임을 지고 작업해간다.

넷째, 합의의 중요한 전제는 사회구성원들이 사고와 가치관, 신념이나 인생관 등에 있어서 서로 동의한 경우에 가능하다.

마지막으로 다섯째의 주요 개념을 사회의 존속과 유지라고 생각한다. 안정된 사회의 존속과 유지는 기능주의론의 궁극적인 방향이다. 사회의 구조가 균형적으로 안정되어 통합과 합의를 이루고, 공동 목표인 사회발전을 위해 노력한다면, 현 사회부터 후대까지 지속하는 관점이 학교교육의 기능에 타당한 근거를 제시할 수 있을 것이다.

2. 이론적 특징

기능주의론과 비슷한 이름으로 구조기능주의(structural functionalism), 합의이론(consensus theory), 균형 이론(equilibrium theory), 질서 모델(order model)이 있다(강창동, 2009: 71).

앞서 주요 개념을 정리한 것처럼 구조와 기능, 안정, 통합, 합의, 사회존속과 유지와 발전을 위해 기능주의론은 매우 설득력 있는 이론적 근거를 제시한다.

사회를 유기체에 비유하여 설명하면, 우리 몸에는 제 각각의 기능을 담당하는 구조가 있는데, 이들이 상호의존하며 내적 균형을 유지한다. 이 상태가 유기체에는 가장 건강한 상태이며, 각 구조의 독자적 기능이 있지만, 상호의존적 기능을 통해 안정을 유지한다는 것이다. 이와 같이 우리 몸에 비유된 사회는 유사한 특성을 갖는다.

다시 말하면 사회는 제 기능을 발휘하는 여러 요소로 구성되어 있으며, 각 요소는 사회의 유지와 발전을 향해 각각 필요한 기능을 기본적으로 수행하고 있다. 우리가 살고 있는 사회는 정치, 경제, 문화, 교육 등의 관련 분야들이 각 역할을 수행하며, 사회의 유지와 발전에 기여하고 있다.

대표학자는 Durkheim, Parsons, Dreeben 등으로 학자들은 공통적으로 기능주의 사회관을 다음과 같이 정리한다(강창동, 2009: 72).

- 사회의 모든 요소는 안정을 지향한다.
- 사회의 각 요소는 상호의존적이다.
- 사회변화는 점진적이고 누적적으로 이루어진다.
- 사회적 합의는 모든 사회구성원의 지지가 우선적으로 필요하다.
- 사회의 구성원 모두에게 공정한 기회를 제공하고, 보상은 능력, 노력에 따라 달라진다.
- 가치관, 관습, 규범 등은 보편적 가치를 갖고 있으며, 사회통제 이데올로기는 강제와 억압보다 합의를 통해 적용 가능하다.

그렇다면 기능주의론에 입각한 교육을 어떻게 바라볼 수 있는가? 이종각(2012)은 기능주의론에서의 교육은 사회화, 인재 양성과 선발의 기능을 가장 중요하게 생각한다고 말한다. 이를 자세히 이종각(2012)의 저서 『교육사회학』에서 제시한 기능주의론적 교육관의 개요를 바탕으로 조금 수정하여 나타내면 아래와 같다.

〈표 2-1〉 기능주의론에 입각한 학교교육의 특성

구분	내용
학교교육의 목적	기존 사회의 유지와 변화하는 사회에 적응하기 위한 사회화에 있다.
학교교육의 사회적 기능	재능 있는 사람들을 분류하고 선발한다. 업적주의 사회를 강조한다. 교육의 사회적 기능은 문화전달, 사회통합, 사회충원, 사회이동, 사회혁신이며, 요약하면 사회화 기능과 선발의 기능, 평등화 기능이 있다.
학교교육과 역할 수행	지식과 전문적 소양을 중시하는 사회에서 구성원들에게 자신의 역할을 수행할 수 있도록 지식, 기술, 가치 규범을 함양하고 사회적응을 도모한다.
학교교육과 사회적 지위	능력 있는 사람들을 분류하고 선발하는 합리적인 장치로 능력 있는 사람들은 높은 사회적 지위를 획득할 수 있다.
학교교육과 직업	능력별 분류에 따라 학생들이 보여주는 각기 다른 성취도는 장래 성인사회에서 다양한 직업을 갖게 해준다(예: 교육자, 과학자, 노동자, 환경미화원, 예술가, 공무원 등).

강창동(2009: 73-74)의 기능주의 교육관을 모두 여섯 가지로 인용해본다.

첫째, 학교는 사회의 안정과 질서에 기여한다.

둘째, 학교는 개인의 재능과 노력에 따라 공정한 보상을 한다.

셋째, 학교는 사회 불평등을 해소해주며, 사회 평등화를 도모한다.

넷째, 학교는 지위의 사다리이며, 이를 통해 공정한 사회이동을 촉진한다.

다섯째, 학교는 사회의 각 집단과 유기적인 관계를 맺고 있으며, 상호의존적인 영향을 미친다.

여섯째, 학교에서 전수하는 교과내용과 지식은 사회구성원들의 합의와 보편적 가치를 가지고 있다.

3. 대표 학자와 이론

1) Durkheim의 보편적 사회화, 특수 사회화

프랑스의 Durkheim은 『사회분업론』, 『사회방법의 제 규칙』, 『자살론』, 『교육과 사회학』, 『도덕교육』, 『교육사상의 발전』 등을 저술한 사회학자로서 교육과 사회를 접목하여 교육사회학의 형성에 지대한 공헌을 하였다. 교육학을 '교육과학'이라고 부른 최초의 학자이며, 독립된 학문의 성격을 부여하였다(강창동, 2009: 74).

Durkheim은 자신이 정립한 사회학의 이론을 교육학 분야에 적용하여 이해하고자 했으며, 교육사회학을 이해하는 데 도움을 주는 인간과 사회의 관계에서 있어서 두 가지 개념을 제시하였다. 첫째, 사회는 개인의 총합 이상이라는 것이다. 둘째, 사회구성원 간의 결속력을 의미하는 사회적 연대를 강조한다. 사회가 개인의 모임 그 이상이라는 의미는 사회가 개인에게 미치는 보편적인 규칙이 있다는 것이며, 사회적 연대는 기계적 연대와 유기적 연대로 구분한다. 기계적 연대는 사회적 구성원의 집단에 존재하는 집합의식을, 유기적 연대는 공동의식보다 사회구성원의 개성과 이질성을 존중하면서 상호의존적으로 살아가는 특성을 말한다. Durkheim은 동질성을 강조하는 기계적 연대보다 이질적인 성격을 그대로 유지하며 상호 의존관계에 있는 유기적 연대를 중요하게 생각했다.

이런 관점은 교육에도 이어져, 교육을 사회의 안정과 질서를 유지하는 제도적 수단이라고 보았다. Durkheim의 교육에 대한 정의를 사회화(socialization)라고 한다. 여기서 사회화는 일반적으로 개인은 사회의 영향을 받으므로 성인이 사회생활의 준비를 하지 못한 어린 세대에게 미치는 영향력이다. 성인세대는 사회에서 요구하는 가치, 규범, 성격 등 성인생활에 필요한 지적, 도덕적, 신체적 특성을 전수하고, 아동은 이를 내면화하는 것이라고 말할 수 있다. 교육의 이러한 과정을 통해 사회는 동질성 확보를 위해 집합의식을 형성하고, 보편적 가치를 강조하여 사회구성원의 결속력과 사회의 안정을 유지할 수 있다(강창동, 2009: 76; 이종각, 2012: 104).

Durkheim의 사회화는 보편적 사회화와 특수적 사회화로 구분된다. 보편적 사회화는 어린 세대가 사회 전체의 체제와 특성을 내면화하는 일이고, 특수적 사회화는 산업사회로 발전하면서 각 직업에 필요한 다양한 기능을 전수하는 과정을 말한다. 이 두 유형의 사회화는 사회의 안정과 유지에 절대적으로 필요한 과정이며, 어릴수록 보편적 사회화가 우세하고, 청소년기로 진입할수록 사회의 분화에 따라 직업도 다양해져 직업교육의 차원에서 특수 사회화를 더 강조할 수밖에 없을 것이다.

Durkheim은 교육을 사회화라고 정의했을 뿐 아니라 도덕교육에도 관심을 보여주었다. 그는 절대적 가치보다는 도덕적 상대주의를 언급하였다. 도덕적 상대주의란 사회마다 요구하는 가치, 규범, 신념 등이 다르기 때문에 도덕적 가치가 다르다는 것이며, 기준은 다르지만 도덕이 한 사회를 유지하는 가치이며 사회적 행위를 결정하는 기준에 영향을 준다는 점에 그 중요성이 있다.

2) Parsons의 학교체제와 학급

기능주의론을 체계화하는 데 공헌한 미국의 사회학자, Parsons는 사회가 안정과 질서를 추구하는 점에서 Durkheim과 유사한 이론을 주장하였고, 사회를 구성하는 요소들이 유기적으로 연결되어 네트워크를 형성한다고 보았다. 이런 점을 강조한 Parsons의 사회체제 이론(social systems theory)을 구조기능주의(structural functionalism)라고 말한다.

Parsons의 사회체제는 사회를 구성하는 각 요소가 일정한 형태의 질서를 유지하고 있고, 각 요소가 균형적으로 상호 간 작용과 반작용을 하면서 동적인 상호의존 상태에 있다고 본다(이종각, 2012: 106).

용어 해설 구조기능주의(structural functionalism)

구조기능주의(structural functionalism)는 사회의 결속과 안정성을 증진시키기 위해서 개인이나 그 룹만 보는 것보다는 그들의 관계(interaction)까지 봐야 한다는 사조이며, 민족중심주의를 배제한다. 이 접근법은 사회는 복잡한 체계가 공동협력적으로 작용하는 하나의 구조라는 관점을 가짐으로써 사회를 형성하고 있는 사회구조에 폭넓은 강조점을 두며 system(체계)을 중요한 분석단위로 삼는다.

이 접근법은 사회 구조와 사회 기능이라는 두 측면을 관찰한다.
■ structure(구조) : 상호작용에서 일상행동의 양식화(pattern of interaction). 즉, 상호작용 속에서 행동이 pattern 화 되는 것이다.
■ function(기능) : 역할(role)과 비슷하나, 보다 구체적 현상으로 상호작용 속에서 어떠한 기능을 하는 현상을 말한다. 모든 system 안에서는 function이 진행되고 있다.

학교는 사회를 구성하는 한 요소로서 사회의 다른 부분과 균형을 유지하며 존재해왔다. Durkheim이 말한 것처럼 학교는 사회화 기관이며, 사회의 안정을 위해 학생은 자신에 필요한 역할을 수행하고 그 역할에 필요한 자질을 키워야 한다. 그러기 위해 학교는 선발과정을 통해 학생을 분류하고, 학생의 능력을 구분하여 그에 따라 사회에 배치하는 기능을 갖는다. Parsons는 학교는 사회화 장소이며 동시에 학생을 능력에 따라 분류하고 적재적소에 배치하는 교육기관이란 점을 강조한다(강창동, 2009: 78-79).

학교 안의 학급 내에서 학생들은 사회의 도덕과 규범을 어떻게 학습해 가는지에 대해 관심을 두었다. Parsons가 주로 했던 질문은 학생이 미래에 성인으로서 역할을 수행하기 위해 어떠한 태도와 능력을 내면화하고, 그 기능을 학급이 어떻게 수행하는가에 대한 질문과 성인사회의 역할구조에 인적자원을 어떻게 적절히 배분하는 기능을 학급이 어떻게 수행해오는가에 대해 답하고자 하였다. 그래서 학급체제의 기능에 대해 탐구하였다(이종각, 2012: 107).

Parsons는 주로 초등학교를 중점 연구 대상으로 삼았으며, 학급 사회화와 관련하여 인지학습과 도덕학습이 함께 기능한다고 생각하였다. 또한 선발기능을 강조하였고, 평가는 성취 수준에 따라 보상의 결과가 다른 것은 매우 당연하며 그로 인해 경쟁의식을 갖는 것이 당연하고 고무적이라 보았다(강창동, 2009: 79).

위의 의견을 바탕으로 Parsons는 학급이나 또래집단은 학교체제가 상호관계망을 형성하여 안정적 상태를 유지하도록 도와주는 것이며, 궁극적으로 사회질서를 유지하는 데 기여한다고 생각하였다.

3) Dreeben의 규범학습

Dreeben은 Durkheim과 Parsons의 기능주의적 관점을 더욱 구체화하였다. 이종각(2012: 108-109)은 Dreeben이 학교에서 학생들은 네 가지 규범을 내면화한다고 소개했다. 말하자면 독립심, 능력에 따른 성취, 보편성, 특수성으로 설명할 수 있다. 학교는 직업을 준비하는 교육기관으로 학생들에게 독립심을 길러주는 일이 매우 중요하다. 남에게 의존하지 않고 일을 할 수 있는 심리적 성향을 키워주기 때문이다.

두 번째 규범에는 능력에 따른 성취가 있는데, 이 부분도 학교를 통해서 습득하는 규범이다. 학교에서 형성하는 성취감은 가정에서의 부모 영향도 중요하지만 학교생활을 통해 학생들의 성취 지향적인 태도를 갖고, 자신의 능력을 비교함으로써 선의의 경쟁을 할 수 있는 기회가 있다는 것을 말한다. 많은 학생은 성취의 경험을 통해 더욱 과업을 성공적으로 할 수 있다.

그 다음 보편성과 특수성의 규범이 있다. 보편성은 같은 연령의 학생들이 공동생활을 통해 동일한 학습내용을 경험하면서 형성하는 보편적인 문화적 특성을 지칭할 수 있다. 예를 들면, 유사한 또래문화, 사회적 가치관, 유사한 사고방식 등이다. 이런 보편성에 학년이 올라갈수록 관심 분야가 달라지고, 진로도 세분화되며, 적성도 다양해진다. 그런 특성에 맞춰가며 점점 특수성의 규범도 학습하게 되므로 Dreeben은 이 네 가지 규범을 학교를 통해 배운다고 보았다.

4) Clark의 기술기능 이론

기술기능 이론은 1950년대 Clark가 산업사회에서 교육의 기능을 설명한 이론이다. 산업사회의 학교는 기술자와 전문가 양성을 통해 사회의 유지와 발전에 기여한다고 생각하였다. 산업사회에서의 학교는 기술과 전문성을 높일 수 있는 수단으로서 학력이 필요했고, 학력이 높아지면 고도의 산업사회로 진입이 더 빨라진다는 관점이다.

기술기능 이론에 의하면, 산업사회에서 기술 수준은 높아지고, 학교가 각 개인에게 사회구성원으로서 역할을 다하도록 인지적 능력, 전문적 기술과 지식을 가르쳐야 한다고 보았다(나항진 외, 2011).

당시, 앞으로의 산업사회는 높은 수준의 기술을 필요로 하여 그 직종에 일할 수 있는 전문직 비중이 점점 커진다고 하였다. 이런 구조에서 학교의 교육기능이 더욱 요구되어, 전반적으로 학교의 교육기간이 연장되고, 학력이 높아지면 계층의 상승이동도 촉진된다. 다시 말해서 교육을 받으면 전문 기술자나 전문 인사가 되기 쉽고, 같은 직종에서도 지위가 상승할 수 있으며, 지위가 상승하면 교육의 사회적 평등을 이루기가 더욱 용이해진다.

5) McCelland의 근대화론

사회심리학자 McCelland는 20세기 세계대전 이후 발전의 논리에 기초한 근대화 이론을 언급한다. 전근대나 근대, 저발전이나 발전 등 이분법적 관점에서 사회를 봤기 때문에 발전교육론이라는 용어를 사용한다. McCelland는 근대성(modernity)을 연구하였고, 문명의 발생과 쇠퇴는 대다수의 사람들이 소유하고 있는 개인적 가치관에 기인한 것이라고 하였다. 그것이 바로 성취동기라고 말할 수 있다(이종각, 2012: 112).

근대화는 대다수의 사람들이 지닌 가치관에서 출발하며, 사회경제적 발전을 이루기 위해 개인에게 근대적 가치를 적용한다. 말하자면 창의성, 성취동기, 기업가 정신, 발달과제 수행능력 등과 같은 가치를 말한다.

근대화 이론은 아래의 두 가지를 전제로 한다. 첫째, 생활의 향상과 더불어 인간은 물질, 문화의 평등으로 삶의 질 향상을 믿는다는 것과 둘째, 사회계층의 분화 및 사회이동의 변화는 삶의 기회와 참여의 폭을 확장한다는 점이다.

근대화 이론은 교육을 국가 발전의 중요한 수단으로 생각했던 점, 교육이 국가의 양적인 경제발전에 기여하는 점 등을 긍정적으로 보았다(나항진 외, 2011: 46). 하지만 서구 중심의 근대화 이론이 한 사회를 서구화해야 하는 것을 의미하지 않는다.

6) Schultz의 인간자본론

Schultz는 인간자본론을 체계화한 경제학자이며, 그는 교육을 미래에 되돌려 받을 수 있는 인간자본에 대한 투자라고 정의하였다. 인간이 학교교육을 통해 한 단계 높은 지식과 기술을 익히면, 그가 갖는 경제적 가치는 높아진다고 하였다. 그렇기 때문에 학력에 따라 달라지는 수업의 차이가 지식과 기술의 차이이며 동시에 생산성의 차이라고 본다(Schlutz, 1961; 이종각, 2012).

이 점에서, 기술기능 이론과 인간자본론의 유사점이 발견된다. 인간자본론의 관점은 국가발전을 위해 교육 투자가 이루어져야 하며, 국가의 투자가 많아질수록 경제발전은 자연스럽게 함께 간다는 것이다.

인간자본론은 위의 경제발전의 논리도 중요하지만 개인적인 성공과도 연관이 있음을 언급한다. 개인의 문제해결력을 향상시켜 자신의 성공 범위를 확장할 수 있다. 아울러 정치적인 성격도 함께 지니고 있어 교육투자가 국가 발전에 크게 기여하므로 정책 입안자들에게 교육 분야에 투자해야 하는 당위성을 제공하기도 한다(이종각, 2012: 114).

4. 기능주의론 강점과 한계

지금까지 기능주의론의 주요 개념과 전체적인 특성에 대해 학자의 이론과 관점을 중점적으로 소개하였다. 교육과 사회를 바라본 이론 중 가장 전통적이며 보수적인 기능주의 이론의 강점과 한계를 살펴보고, 1960~1970년대에 기능주의론 비판으로부터 출발한 교육사회학의 두 번째 이론인 갈등주의로 넘어가고자 한다.

기능주의 이론은 교육 또는 학교가 전체 사회에서 하나의 하위 체제를 구성하고 있으며, 사회의 유지와 발전을 위해 사회화 기능을 수행하거나 사람의 능력에 따라 선발하고, 그들을 능력에 따라 적재적소에 배치한다는 관점이다.

기능주의론에서 강조하는 주요 키워드는 사회화 과정과 선발, 배치를 말하며 궁극적으로 사회의 통합, 안정, 발전을 강조하였다. 학교가 주요 역할을 긍정적으로 담당한다는 의미로 학교교육이 사회에 주는 영향은 매우 크다고 하겠다.

그렇다면 어떠한 관점에서 학교교육을 보고 있을까? 첫째, 교육을 사회와 연관하여 거시적 접근을 한다. 둘째, 교육과 사회의 관계를 긍정적이며 낙관적으로 바라본다. 셋째, 학교교육은 능력주의, 업적주의, 전문가 사회를 구축하고자 했으며, 정당하고 합리적인 선발의 기능을 통해 자질 있는 사람을 선발한다. 넷째, 학교는 능력에 따라 달라지는 전문가 사회를 구축하고자 그에 필요한 지식, 기술, 가치규범을 가르쳐야 한다. 다섯째, 능력주의에 의거, 능력이 높은 사람이 사회적으로 더 높은 지위를 차지할 수 있다. 여섯째, 능력별 분류에 의거한 교육적 성취는 장래의 직업을 얻는 데 유익하게 작용한다(주동범 외, 2013: 30).

위와 같이 기능주의론을 긍정적으로 보는 학자들은 교육기회의 확대가 교육민주화를 이루는 일이고, 이는 곧 평등화의 실현이라고 말한다. 그럼에도 기능주의론이 갖고 있는 한계점은 있게 마련이다. 주동범 · 김정희 · 정일환(2013, 32)이 제시한 한계점을 언급하면 다음과 같다.

첫째, 사회 전체에 접근하지만 집단 간의 내적 갈등을 간과하여 갈등에 대해 깊이 인식하지 못한다.

둘째, 체제 유지적인 논리를 강조하는 기능주의론은 사회적 역사적 변화의 과정을 설명하지 못하고, 현실 안주를 추구하는 경향이 있다.

셋째, 능력주의 또는 업적주의에 기초하여 교육의 사회화, 선발과 배치의 능력 등이 자유경쟁으로 얻어진 결과이지만 선발과정에서 실제로 나타날 수 있는 귀속요인의 영향력을 고려하지 못했다.

넷째, 기능주의론은 교육과 학교를 거시적인 관점에서 보고 있으므로 교실 안에서 또래집단과의 관계를 잘 이해하지 못할 수 있다. 따라서 내면에 있는 교사–학생, 학생–학생 간 상호작용의 특성을 무시하기도 한다.

그 밖에, 안병환(2012: 60–61)은 기능주의론에 대하여 다음과 같은 비판을 추가하였다. 첫째, 기능주의는 인간 사회가 조화롭고 안정되고 잘 통합된 체계라고 과장한다. 둘째 기능주의론자는 사회를 연구하는 데 현재에 초점을 맞추기 때문에 역사성을 갖고 있지 못하다.

2 갈등주의 이론

갈등주의 이론은 사회를 개인 간 및 집단 간의 끊임없는 경쟁과 갈등의 연속으로 보는 것으로, Marx와 Weber 등의 이론과 사상에 근거한다. 현대 갈등주의 이론의 특성은 1960년대 경제적 불황, 베트남 전쟁, 빈부격차의 심화 등 갈등 상황과 개념에 대한 분명한 이해에서 출발하였다. 인간 사회는 한정된 자원을 갖고 있다. 말하자면 명예, 권력, 권위, 지위, 돈 등 사회적 자원은 한정되어 있는데 많은 사람들은 이것을 갖고자 갈등 상황을 경험한다. 개인 간 또는 집단 간의 이해관계가 갈등을 불러일으킬 수도 있다. 따라서 인간 사회의 갈등은 사회가 변화하는 원동력이 되며, 갈등주의 이론은 지속적인 경쟁 관계를 통해 갈등을 해결해 가며 사회는 진화한다는 마르크스의 사상에 뿌리를 두고 있다.

1. 주요 개념

앞서 언급하였듯이 갈등주의 이론은 한정된 사회적 자원을 확보하고자 집단 간의 이해관계가 대립될 수 있다는 점을 강조한다. 집단의 구성원들은 동일한 관심사를 가질 수 있으므로 선의의 경쟁자가 될 수 있으며, 한정된 자원의 재분배를 통해 갈등의 구조가 해결될 수 있다. 주요 용어를 제시하면, 갈등, 변동, 강압에 대한 용어의 이해가 선행되어야 할 것이며(주동범 외, 2013: 34), 우리는 여기에 불평등의 개념을 추가하였다.

안병환(2012: 62)은 갈등주의 이론의 주요 개념을 이해하는 데 도움을 주는 세 가지 용어를 제시하였다.

첫째, 갈등은 어느 사회 또는 그 사회구성원의 상충된 이해관계로 인해 언제든지 나타날 수 있다. 갈등 이론은 한정된 재화를 둘러싼 경쟁과 갈등은 불가피한 것으로 본다. 이에 권력을 주도하는 집단이나 피지배자로서의 집단 간 갈등은 자연스럽게 발생한다. 사회의 외형상 문제점으로 나타나지 않지만 가끔 내적 관계에서도 심각한 갈등상황이 나타날 수 있다.

둘째, 변동이라는 용어는 집단 간의 경쟁 관계에 바탕을 두고 있으며, 집단 간의 끊을 수 없는 권력 투쟁은 사회를 변화시키는 원동력으로 작용한다. 지배집단은 그들의 위치를 위협받지 않기 위해 새로운 사회질서와 제도를 창출해 내기 때문에 사회는 계속 변화와 변동을 한다.

셋째, 강압은 사회의 변화가 일어나는 동안 기득권 계층이나 다른 계층의 집단이 일시적인 안정 상태나 사회질서를 어느 정도 유지하려는 의도나 태도를 지칭한다. 지배집단은 자신의 위치를 안정적으로 유지하고자 강압의 논리에 의거 새로운 지배 질서를 만들어내곤 한다. 이에 갈등주의 이론은 사회의 가치, 질서, 제도는 합의에 의해 이루어지는 것이 아니라 지배집단의 억압과 강제에 의해 이루어진다고 본다.

넷째, 기존의 문헌을 바탕으로 필자가 제안한다면 사회적 불평등이다. 불평등은 사회 내의 기득권과 이들의 지배와 영향을 받는 계층 간의 지배 구조라고 할 수 있겠다.

이와 같이 갈등주의는 기능주의의 사회관이나 교육관과 비교했을 때, 뚜렷한 입장의 차이가 드러난다. Marx와 Weber의 사상적 영향을 받아 사회 내에는 부, 명예, 재산을 축적한 계층이 있는 반면 이런 자원을 확보하지 못한 집단은 자원을 확보하고자 상호 긴장상태를 유지하며, 경쟁과 갈등의 관계를 통해 지속적으로 도전한다.

〈표 2-2〉 Marx와 Weber의 갈등론

Marx : 계급 갈등론	Weber : 권력 갈등론
• 사회는 생산자 집단과 생산수단을 소유하고 통제하는 집단이 있다고 규정하고, 이들 두 집단 간에는 본질적으로 갈등관계에 있다고 인식 • 계급이란 생산 수단의 소유 여부에 어떻게 이어지고 있느냐 하는 소유관계에 근거 • 인간 역사 발전 또한 사회발전의 정도에 관계되는 것이 아니라 생산자와 생산수단 소유자 두 집단의 갈등 자체가 원동력	• 계급보다는 계층 개념을 선호, 생산관계나 생산력의 결과로 이해하지 않고 다양화 현상으로 이해(종교와 정치) • 사회적 관계라는 보다 넓은 맥락을 권력관계로 보았고, 그 권력관계에서 갈등이 발생한다고 인식 • 교육활동은 목적합리성을 추구하는 행위 • 사회의 발전은 합리화의 과정 • 합리성의 개발과 성숙이 교육의 목표

2. 이론적 특징

앞서 갈등주의 이론을 이해하기 위한 주요 개념으로 갈등, 변동, 강압, 불평등 등을 제시하였다. 갈등론에 의하면, 교육은 사회의 존속과 발전에 기여한다는 기능론적 입장과 달리 지속적인 계층 간의 갈등으로 사회는 점진적으로 진화한다는 관점이다. 학교교육이 능력과 업적주의에 따라 학생들을 적재적소에 배치하는 것이 아니라 오히려 계층 간의 불평등을 강화한다고 보았다.

갈등주의 이론은 1960년대 후반과 1970년대 초부터 교육에 관한 비판적 관점이 보급되기 시작하면서 사회의 부조리에 대해 저항운동으로 확대되었다.

1970년대에 부각된 갈등주의 이론은 학교의 순기능을 언급했던 기능론을 비판하면서 시작하였다. 기능주의자들이 사회의 유기적이고 안정적인 유지와 보존을 본질로 파악한 데 비해, 갈등주의자들은 사회는 본질적으로 갈등과 변동의 과정으로 이해하였다(나항진 외, 2011: 54).

일반적으로 교육에 대한 갈등론적 접근의 기본가정을 소개하면 다음과 같다(김봉석 외, 2004: 208-209).

첫째, 교육을 사회와 연관시키면서 거시적인 관점을 갖는다.

둘째, 교육과 사회의 관계를 부정적이며, 비판적으로 바라본다.

셋째, 경제적 사회계급, 정치권력, 사회적 지위를 사회계층의 결정 요인으로 정한다.

넷째, 학교는 특정집단의 사고방식을 가르치는 곳이다.

다섯째, 학교교육은 특정집단의 문화와 권익을 옹호하고 정당화시키는 과정이다.

여섯째, 학교 교육과정은 특정집단의 문화를 재생산하는 데 기여할 수 있다.

일곱째, 교육체제는 사회의 구조적 불평등을 유지하는 기능을 갖는다.

안병환(2012)은 갈등주의 이론의 근원을 제시하여 인간과 교육의 관계를 다시 정립하였다. 교육과 사회의 관계를 어떻게 보았고, 두 체제의 관계에서 어떠한 어려움이 있는지 등을 살펴보았다. 교육에 대한 갈등주의 이론의 특성을 제시하면 다음과 같다.

첫째, 교육은 인간성 회복을 그 목표로 삼고 있다.

둘째, 기능주의에서 학생 선발이 능력주의 모델에 근거한다고 주장하더라도 객관적으로 인간의 능력을 평가할 수 있는지에 대한 과학적 도구의 개발이 시급하다. 또한 학생 선발은 문화적 차이와 사회계층 간의 차이에 영향을 받는다고 본다.

셋째, 학교 체제는 관료화되어 민주적 가치 실현에 부적합하고, 학교조직의 관료화는 인종, 계급, 성에 근거한 불평등을 영구히 존속시킨다.

넷째, 학교가 제공하는 교육내용은 특정 계층의 문화에 근접해 있고, 주입식 학교교육은 교육의 평등화를 실현하지 못하며, 상벌 체계의 적용은 학생들이 복종하고 권위에 순응하는 성격을 갖게 한다.

다섯째, 갈등주의 이론에 근거한 학교는 관료주의적 위계로 학생을 수동적으로 만들며, 상벌 체계를 통한 지도는 복종심을 형성하는 단점이 있다.

여섯째, 학교교육의 결과는 사회계층에 따라 성취 결과가 다르게 나타나며 불평등한 상황의 재생산이 불가피함을 알 수 있다(안병환, 2012: 63-64).

이상의 내용을 보면, 기능주의론과 갈등주의론의 입장이 매우 대조적임을 알 수 있다. 갈등주의 이론에서 본 사회는 이해관계에 바탕을 둔 개인 간, 집단 간의 갈등 장소이며, 학교교육은 누구나 기회의 평등을 가질 수 있지만 미리 정해진 사회적 역할과 질서에 따라 상류층 가족이 유리한 위치에 있음을 지적하였다(나항진 외, 2011: 54).

3. 대표 학자

1) Bowles & Gintis의 경제적 재생산

Bowles & Gintis는 저서 『자본주의 미국의 학교교육(1976)』에서, 당시 미국의 학교는 학생들이 유산계급에 유리한 가치관과 태도를 갖게 되면서 기존의 불평등한 지배구조를 재생산한다고 비판하였다. 그들은 학교가 실제로 학교교육의 기본 기능인 인간적 발달과 사회적 평등에 기여하는가에 문제를 제기하였다. 미국의 학교교육은 민주주의 기능보다 자본주의에 순응하는, 노동력을 갖고 있는 인력을 양성하는 제도로 기능하고 있다고 비판하였다(김병성, 2006). 학교는 자본주의 생산 구조에서 요구하는 행동 양식과 태도를 주입하여 기존의 질서를 유지하고자 하며, 무엇보다도 태도와 가치관에 중요한 영향을 미치는 잠재적 교육과정에 많은 관심을 가졌다.

학교교육을 경제구조와 유사하다고 본 점, 순종적인 노동력을 생산하는 곳으로서의 학교를 강조하며 학교와 사회가 생산관계를 그대로 드러내는 유사성 때문에 대응(correspondence) 이론이라고도 하였다.

용어 해설 대응(correspondence) 이론
대응 이론(correspondence theory)이란 경제적 재생산론에서 주장하는 이론으로 학교교육체제는 공장에서의 생산체제와 구조적으로 대응하며 그것을 반영한다는 이론이다. 학교는 경제적 생산체제 노동 분업의 모습을 그대로 투영한다는 내용에서 뿐만이 아니라 구조적으로도 생산현장과 대응 관계가 유지된다. 학교와 경제구조가 상응한다는 것은 생산현장에서의 인간관계를 지배하는 사회 적 관계와 학교교육에서의 사회적 관계가 그 형식에 있어서 일치한다는 의미한다. 즉, 학교의 관료 조직은 기업의 그것과 흡사하여 학교에서의 교육행정가와 교사 그리고 학생들 간의 계층적 관계는 공장에서의 관리자와 노동자 간의 불평등한 사회적 관계와 대응된다.

그들이 학교교육을 경제적 재생산 기관이라 정의한 이유는 당시의 학교는 모든 사회에서 중시되는 가치중립적인 기능을 강화하는 것이 아니라 유산계급 다

시 말해서 자본을 갖고 있는 집단이 우위를 차지하는 불평등한 사회구조를 재생산한다고 생각하기 때문이다.

경제적 재생산은 불평등의 근원이 경제구조에 있고, 학교는 지배계급의 이상과 관련한 지식을 재생산하며, 노동의 분업에 필요한 기술을 분배하는 곳이라고 보았다. 이렇게 교육과정과 경제체제를 연관 지어 분석하고, 사회의 경제적 불평등은 학교가 이런 현상을 반복함으로써 그 기능이 확대되어 간다고 주장하였다.

Bowles & Gintis는 교육과 노동의 대응을 네 가지 면에서 접근하였다(김병성, 2006: 63).

첫째, 학생은 노동자처럼 권력을 갖고 있지 않다. 교육과정에 대한 학생의 참여는 매우 제한적이다.

둘째, 교육은 노동과 마찬가지로 자체가 목적이기보다 목적을 위한 수단이다. 교육은 외적 보상인 자격증과 임금을 얻고자 하는 것이며, 노동은 이 분야와 비슷하다.

셋째, 노동의 분업은 지식의 세분화, 전문화를 통해 분열되듯이 학생들 간의 소모적인 경쟁을 불러일으킨다.

넷째, 교육 수준은 직업구조의 수준과 대응하며 직업에 따라 인력을 준비시킨다.

이상과 같이 경제 재생산론은 교육과 노동의 관계가 자본주의 경제체제를 그대로 반영하는 것으로 보았다.

Bowles & Gintis의 경제적 재생산은 자본주의 사회에서 학교가 오히려 계층 간 불평등한 구조를 정당화한다고 주장하였다. 그들은 학교교육이 재생산의 도구 역할과 기능을 하고 있음을 깊이 이해하였으나 학교교육을 너무 지나치게 경제구조에 국한하였고, 문화적 특성에 기초한 학교의 역할과 기능을 소홀히 생각하였다. 더구나 학생들을 수동적인 존재로 바라본 점에서, 한계가 있다(나항진 외, 2011: 57-58).

2) Bourdieu의 문화적 재생산

Bourdieu의 문화적 재생산 이론은 Bowles & Gintis의 경제적 재생산론이 갖고 있는 한계점을 보완하였다. 학교가 사회적 지위를 누리는 지배 집단의 문화에 정당성을 부여한다는 관점으로 학교교육을 통해 많은 학생이 지배문화를 자연스럽게 자신의 문화로 받아들인다는 것에 초점을 두었다.

문화적 재생산은 학교가 어떻게 문화자본의 불평등한 분배과정에 개입하여 지배계급의 문화가 사회적 정당성을 획득하게 되는지를 분석한다. Bourdieu는 학교가 중립적이고 객관적인 지식을 전달하는 것이 아니라 '지배계급이 승인한 문화만을 주입시키고 이를 정당화하여 위계화된 기존의 사회질서를 자연스런 것으로 오인하게 하는 메커니즘'이라고 한다(이건만, 2011: 136).

학교에서 계급 사회가 '상징적 폭력'을 통해 지배와 피지배 집단 간의 권력관계가 재생산된다는 것이다. 상징적 폭력이란 지배계급의 문화가 학교라는 교육체제를 통해 학생들에게 비판의식 없이 전달된다는 점을 말한다. 특정 계급의 문화가 모든 사회구성원이 공유하는 상징체계로 등장하고, 피지배 계급의 문화는 가치 있는 문화로 인정받지 못한다. 학생들이 학교에 의해 지배 문화를 습득할 수밖에 없고, 개인적 의견 없이 지배문화에 동화되는 과정이 폭력을 행사하는 것과 같다는 의미로 '상징적 폭력(violence symbolique)'이라고 정의하였다(김병성, 2006: 64).

김병성(2006: 65)은 '학교가 지배계급의 문화를 공평하고 중립적인 것으로 받아들여 학생들에게 가르침으로써 사회적 불평등을 조장'한다고 말했다. 학교가 보편적인 가치를 추구하는 데 이의를 제기하는 사람은 없다. 모든 구성원은 학교가 제공하는 문화에 근본적인 물음을 하지 않는 그대로 받아들이며, 학교는 이런 과정을 강화한다는 것이다. 따라서 지배문화에 가까운 학생들은 학교에서 학업성취 면이나 교내 활동에 두각을 나타낼 수 있으며, 이런 과정은 지배 계층에 속하지 않는 모든 학생에게는 불리할 수밖에 없다. 그래서 학업 성취의 차이나 학업 성공 여부는 학교 문화에 근접한 또는 근접하지 않은 환경의 차이에 있다고 한다.

Bourdieu는 이와 관련하여 문화자본에 대해 정의한다. 일반적으로 자본은 지배권력의 관계를 유지하기 위한 수단으로 이용된다. 경제적 수단으로만 지배력을 확보하던 사회가 아니라 점점 다양화되어가는 사회에서 경제적 수단만으로 사회질서를 유지하기가 어려워졌다. 따라서 문화자본은 생활의 유형에 기반을 둔 개인 차원의 취향이나 사회계층을 경계 짓는 지표라고 한다(Bourdieu, 최종철 역, 1995: 21; 이건만, 2011: 138).

Bourdieu에게 문화자본과 관련한 중요한 개념은 아비투스(Habitus)이다. 문화자본은 개인의 취향을 결정짓는 중요한 역할을 담당한다. 문화자본의 일환으로 아비투스는 특정한 환경에 의해 형성된 성향, 사고, 인지, 판단과 행동체계를 의미하며 집단 안에서 존재하는 동질성과 집단 간에 존재하는 이질성, 다시 말해서 계급 구성원들의 문화적 상징과 행동의 특성을 나타내는 개념이다(Bourdieu, 1977: 86; 이건만, 2011: 142).

Bourdieu의 문화재생산 과정은 잘 표현한 글을 인용하면 아래와 같다. 이처럼 학교들이 학교교육에서 성공하고 실패하는 경험에는 가정의 문화가 큰 영향을 준다.

"학교가 갖는 자율성이라는 명목 아래 문화가 갖고 있는 계급관계가 드러나지 않은 상태에서 정당한 것으로 인정받게 된다. 이러한 경우 문화가 갖고 있는 자의성은 은폐되고, 계급편향적인 문화는 모든 학생에게 강제된 교육내용이 된다. 이것은 바로 문화지배계급의 문화적 자본과 문화적 습성(cultural habitus)을 갖지 못한 학생들에게 강제로 주입되기 때문에 이런 집단에는 상징적 폭력이 된다는 것이다. 즉, 문화적 지배가 학교교육을 통해 사회의 불평등한 계급구조와 계급관계를 재생산한다는 것이다"(이건만, 2011: 144).

문화적 재생산 이론을 주장한 Bourdieu와 달리, Bernstein(1975)은 가정에서 사회계층에 따른 언어사용의 유형과 그 유형이 학교문화로 어떻게 연속되는가를 연구하였다. 그는 학생이 사용하는 어법이 가정과 사회계층 간 상호영향력의 결과라고 보았고, 학생이 어느 계층에 속하는가에 따라 사용한 어법이 다르다고 밝혔다.

이처럼 학생의 사회계층과 가정에서의 어법 사용이 연관되어 있고, 지배계급에서 주로 사용하는 정교한 어법이 학교문화가 추천하는 세련된 어법이므로 모든 학생에게 이런 유형의 어법을 사용하도록 권장한다는 것이다.

Bernstein은 사회구조가 본질적으로 계급 불평등의 사회라고 하면서 불평등이 언어적으로 전달되고 있다고 하였다. 이렇게 불평등이 전달되는 어법의 출발지는 바로 가족이며, 가족이 어떠한 사회계급에 속하는가에 따라 노동자층은 제한된 어법을 주로 사용하고, 중간층 이상의 사회계급은 정교한 어법을 권장하는 분위기 내에서 학교생활을 이끌어간다(김병성, 2006: 66).

정교한 어법을 사용하는 사회계층의 아이들은 학교에서 성취감을 갖고 성공의 기회를 많이 누리므로 학교 입학 전부터 입학 후까지 원래의 지위가 유지되지만 제한된 어법이 생활화된 계층의 학생들은 학교에서 강조하는 분위기나 상황에 적응을 못 할 수도 있고 학교문화에 거리감을 느낄 수 있다.

Bernstein의 이론도 학교의 불평등 현상을 구조적으로 접근하였고, 동시에 교사–학생 간의 상호작용에 대하여 학생이 사용하는 어법을 중심으로 살펴보고자 했다. 그러나 거시적 접근의 문화재생산론과 달리 Bernstein은 교육사회학의 현상을 학급 내에서의 언어적 상호작용의 특성에 관해 미시적으로 접근하였다고 볼 수 있다.

3) Willis의 저항 이론

Willis 외 몇몇 학자들은 학교교육이 구조적으로 지배계급에 유리하다는 재생산 이론을 반박하여 피지배 계급의 자녀들이 학교의 구조를 그대로 따라가는 수동적인 존재로만 볼 것인가에 대해 의문을 제기하였다.

그들이 연구에서 보여준 결과, 노동계급의 학생들은 학교의 구조적인 영향을 받기보다 나름의 의식과 정체성 형성에 대한 의지가 있어 모순적 현실에 대항하고, 거부하는 주체적인 존재라는 것이다(이건만, 2011: 168).

저항 이론에 따르면, 사회구조가 요구하는 그대로 인간의 성격이 규정되어 버리는 수동적 존재가 아니라 주체적인 의지를 갖고 사회의 불평등 구조에 저항, 도전, 비판하는 능력을 갖는다(이종각, 2012: 138).

Willis는 1970년대 영국의 한 고등학교의 노동자 가정 출신이자 비학구적인 남학생을 중심으로 그들이 고등학교 시절과 졸업 후 직장을 노동직으로 선택하기까지 어떠한 과정을 거쳤는지를 연구하였다. 주제는 노동계급이 어떻게 이데올로기를 형성하고, 그들을 중심으로 지배적 헤게모니는 어떻게 재생산되는지를 살펴보았다.

12명의 고등학교 남학생들을 사나이(lads)라고 부르며, 시간 대부분을 자신의 정체성과 집단의 특성을 유지하고자 한다. 사나이들은 귓구멍(모범생, earholes : 학교에서 시키는 것을 잘 듣는다는 뜻)들과 대조적으로 학교의 통제를 피하는 교묘한 방법을 알고 있다. 학교에서 그들에게 공부하는 기회를 주는 데도 학교 교육과정, 순응하는 태도와 가치, 교사와의 인간관계 맺기 등을 거부한다. 거부하는 이유가 학교와 관련된 모든 일은 가치가 없다고 보기 때문이다. 자기들은 이미 잘 알고 있는 일의 세계로 진로를 정했고, 이 진로는 학교세계와 관련이 거의 없다는 것이다. 그래서 담배를 피우고, 술도 마시며 교사와 모범생의 삶의 태도와 완전히 대조적인 삶을 살아간다(Wilis, 1977: 19–21; 이건만, 2011: 169).

사나이들은 학교에서 하는 다양한 진로지도, 직업선택의 기회, 개인 만족과 같은 실제적인 사회생활에 도움이 되는 활동에 참여해도 소용이 없다고 말한다. 학교가 강조하는 모든 것이 이들에게 별 의미가 없고, 남자다운 힘을 보여줄 수 있는 직업 분야만이 적합하다고 생각했다. 학교에서의 많은 시간을 공부 대신에 다른 일을 하며, 그러다 보니 학교생활에 성공한다고 말할 수 없다.

4) Collins의 지위경쟁 이론

Collins는 '지위문화'라는 개념을 정해 학교에서 특정 지위문화가 전달된다고 말한다. 강창동(2009: 107–108)은 지위를 한 개인 또는 집단이 유지하고 있는 신분, 직업, 학력 등에 따른 일정한 사회적 명예와 위신의 수준이라고 정의한다. 지위경쟁 이론은 지위집단과 학력을 밀접한 관계라고 보았으며, 학력 수준은 지위집단 문화를 상징한다는 것이다. 말하자면 학력은 지위집단에 진입할 수 있는 문화적 자격증이다. 어떤 학력인가에 따라 문화적 가치가 달라지며 지위집단에의 포함 여부에 따라 사회적 지위도 결정된다고 한다.

Collins와 Hurn은 학교교육이 지위, 권력, 명예를 얻기 위한 장소이나 불평등한 분배로 인해 학생들이 원하는 '지위문화'를 얻으려면 학력을 높여야 한다고 주장하였다.

일반적으로 모든 사람은 높은 학력과 사회적 지위를 취득할 수 없다. 학력은 높은 지위를 얻기 위한 수단이므로 학력이 부족한 집단은 더 높은 지위를 얻기 위해 학력에 대한 요구가 커지고, 기존의 지배문화를 보유하던 집단은 밑에서 올라오는 집단에 위협을 느껴 학력이나 지위문화를 더 높이려고 노력할 것이다. 그렇기 때문에 우리 사회에 학력상승과 교육팽창이 강화되었다(이종각, 2012: 141).

학교문화가 직업 현장에서 기업체의 고용집단의 문화와 일치할 때, 학교교육은 학생들의 직업을 찾고 구하는 데 일조한다. 이런 학교는 직업획득을 위한 합법적 기준이 되며, 직업을 갖고 있는 사람들도 승진이나 더 높은 지위를 획득하고자 고학력을 필요로 한다. 이런 식으로 학교교육에 대한 수요를 증가시키며 교육이 팽창되었다는 입장이 지위경쟁 이론이다(Hurn, 1978: 74; 이종각, 2012: 142).

5) 제3세계 학교비판 이론

1970년대에 미국과 소련의 냉전체제 이외의 제3세계에서 더욱 주목을 받은 학교비판 이론이 있다. 당시의 아시아, 아프리카, 남미를 중심으로 한 정치사회적 상황과 교육적 모순을 연결지어 교육에 대한 새로운 해석을 시도하여 큰 주목을 집중시켰다.

강창동(2009: 112-114)은 『교육사회학의 이해』에서, 학교비판 이론에 대해 상세히 소개해주었다. 우선, 교육에 대한 회의적인 인식이 확산되어 브라질의 Freire는 교육제도가 보통 지배자의 이념을 강요하고, 사회적으로 약자에게는 순응과 복종을 요구하고 있다고 하였다. 학교는 만인을 위한 기관이 아니라 지배계급에 유리한 교육기관임이 틀림없다고 하였다.

또한 단순 암기와 반복교육을 통해 사회의 불평등을 이해할 수 없고, 자율적인 학생으로 성장하기보다는 수동적이며, 타율적인 인간으로 길들여진다는 것이다. 그래서 자기주도적으로 삶을 되돌아보고, 주변 환경을 바르게 인식할 수 있어야 한다고 하여 문제제기의 교육(problem-posing education)을 제안하였다.

Illich는 1970년 남미사회의 교육제도를 모순적이라고 하면서 탈학교 사회론을 주장하였다. 학교가 제대로 된 교육의 이상을 실현하지 못하므로 당시의 교육체제에서 벗어나기를 원했다. 말하자면 교육의 자아실현기능과 인간성 교육을 보장하지 못하고, 계급을 더욱 분화시키므로 인간 해방을 위해 탈학교를 제안하였고, 대신에 '학습망(learning web)'을 구축하고자 하였다. Illich의 탈학교론은 교육의 폐지가 아니라 학교교육을 폐지하는 것이다. 새로운 교육 대안으로서 학습망을 제안하여 계급적 구분이 없이 누구나 교육에 참여할 수 있기를 기대하였다. 오늘날 사이버교육으로 대체하였음을 인정할 수 있다.

세 번째 학자는 Reimer로 1971년 『학교는 죽었다』라는 제목의 저서를 발간하였다. 학교는 기존의 계급 구조를 공고히 하며, '사회적 거세'와 '길들임'만이 이루어지는 공간이 바로 학교이기 때문에 더 이상 학교의 기능을 상실했다고 보았다.

당시의 학교는 잠재력과 가능성을 발휘할 수 있는 사람이 아니라 규격화된 상품처럼 획일적이고 표준화된 인간을 양성하고 있다는 점을 비판하였다. 학교가 사회적 불평등을 심화하고 있으며, 이는 학교의 기능이 수명을 다했음을 의미한다고 본다. 위 세 학자를 중심으로 제3세계 학교비판 이론이라 명명하였다.

4. 갈등주의론 강점과 한계

갈등주의론은 1950~1960년대 주류를 이루던 기능주의 이론과 달리 1970년대 사회적 불평등 현상이 드러나면서 교육 불평등의 원인을 파악하고 문제를 해결하고자 급부상한 이론이다. 여러 학자는 학교교육의 역할과 기능을 부정적인 관점으로 접근하였다. 그들에 의하면, 학교교육은 사회적 불평등을 재생산하며, 학교가 교육의 계층화를 심화하고 있다는 것이다. 지배계급의 자녀들은 학교에서 성취할 수 있는 가능성이 높고, 피지배 계급의 자녀들은 순응적인 태도를 자신도 모르게 형성하여 그들이 살고 있는 사회구조에 적응하며 살게 된다는 메커니즘을 제시하였다.

갈등주의 학자들이 바라본 교육의 관점을 제시하면 다음과 같다(이종각, 2000; 주동범 외, 2013: 37-38).

첫째, 학교는 객관적이고 중립적인 기관이 아니며 지배집단과 연관성이 깊다.

둘째, 학교는 지배집단의 이데올로기를 전수하며 불평등한 사회구조를 심화하는 데 일조한다.

셋째, 학교는 업적주의라는 말로 공정성을 위장하며 개인이나 집단의 실패를 사회구조적인 이유보다 개인의 능력과 노력 부족 탓으로 돌린다고 기능주의론을 비판한다.

넷째, 학교는 인지적인 능력보다 지배집단이 선호하는 규범, 가치, 태도를 갖추도록 한다.

다섯째, 학교는 불평등한 사회질서에 개인이 편입하게 되며, 집단의 이익에 기여하는 장치라고 본다.

갈등주의론은 학교교육의 제 역할과 기능이 무엇인지 다시 생각하게 해준다. 또한 학교제도의 문제점을 사회구조적인 측면과 연결하여 이해하는 데 도움을 주었고, 비판적 관점에서 학교의 기능을 살펴볼 수 있었다. 하지만 갈등주의 이론은 극복하기 어려운 한계점을 갖고 있다.

이종각(2012: 143)이 제시한 비판점을 소개하면 아래와 같다.

첫째, 교육이 자체적인 기능보다 지역의 경제구조, 문화구조 등에 의해 일방적으로 영향을 받는다는 관점을 강조하여 교육행위자로서의 인간의 의지를 충분히 고려하지 못한 점을 알아야 한다.

둘째, 사회의 구조를 지배계급과 피지배계급으로 단순히 양분한 점, 교육이 지배자, 지배집단, 가진 자에게만 유리하다고 단언한 점을 비판할 수 있겠다.

셋째, 집단 간의 갈등과 경쟁 관계를 너무 강조하여 교육이 사회의 구성원 간 결속력과 국가 공동체 의식의 증진에 기여함을 과소평가했다. 이런 점은 갈등주의론이 보여준 한계라고 생각한다.

3 기능론과 갈등론의 비교

이종각(2012)은 기능론과 갈등론이 사회관과 학교교육에 대한 관점에 있어서 차이가 있지만 두 이론 간에 내재한 공통적 시각이 있음을 알려준다. Hurn(1978)의 연구를 인용하면서 두 이론의 공통점을 크게 두 가지로 요약하고 있다.

첫째, 교육은 정치 경제적 구조의 종속변수라는 관점으로 교육의 본질보다는 교육의 외적 기능에 초점을 맞추고 있다. 교육은 기존 사회구조와 문화를 반영한다는 것이다.

둘째, 기능론이 추구하는 이상적인 사회가 사회통합에 기초한 안정된 사회이듯이, 갈등론도 사회변화의 과정에서 학교교육의 모순을 지적하지만 궁극적으로 사회구성원 모두가 만족하는 이상적인 사회를 건설하고자 하였다.

1. 사회관의 비교

이종각(2012: 145)은 기능주의와 갈등주의의 이론 중 사회관을 비교하는 표를 아래와 같이 제시하였다.

〈표 2-3〉 기능주의와 갈등주의 사회관 비교

기능주의 이론	갈등주의 이론
(1) 사회의 모든 요소는 안정 지향적이다. (2) 사회의 각 요소는 상호의존적이며, 통합적인 기능을 한다. (3) 사회변화는 점진적이고 누적적으로 진행된다(점진적 · 개량주의적). (4) 사회체제 유지를 위해 사회구성원들의 공동체 의식을 강조한다(공민성 개발 중시). (5) 사회의 지위배분은 개인의 성취능력에 의해 달성된다(업적주의와 기회평등 및 적재적소 배치 강조). (6) 사회의 가치 · 규범 · 관습 등은 구성원들의 합의에 의한 것이며, 보편적이고 객관적인 성격을 지니고 있다.	(1) 모든 사회는 변화 지향적이다. (2) 모든 사회는 불일치와 갈등이 일어난다. (3) 사회변화는 급진적이고 비약적으로 진행된다(급진적 · 개혁주의적). (4) 사회의 각 집단은 경쟁적이며, 대립적인 관계를 가지고 있다(의식화 중시). (5) 일반적으로 사회가 선호하는 가치는 지배집단과 관련을 맺고 있다(이데올로기 주입 비판). (6) 사회의 각 기관은 지배집단의 이익에 봉사하고 있다. (7) 사회갈등의 원인은 재화의 희소성과 불평등한 분배에 기인한다(평등분배를 위한 재구조화 창조).

2. 학교교육에 관한 관점 비교

기능론과 갈등론의 학교교육에 대한 관점이 차이가 있음을 다음 표를 통해 자세히 알 수 있다. 요약하면 기능론에서 학교는 사회의 안정과 질서에 기여하며, 사회의 구성원들에게 사회가 요구하는 지식과 기술을 전수하고 공동체 의식을 형성하도록 돕는다. 균등한 교육기회를 제공함으로써 사회구성원들이 평등한 기회를 누릴 수 있게 해준다. 기능론에서 강조하는 개념은 평등, 안정, 합의라고 할 수 있겠다.

반면 갈등론은 학교가 지배계급과 피지배 계급 간의 갈등을 전제로 기존의 질서를 흡수한 지배계급의 위상을 공고히 한다고 비판하였다. 따라서 학교교육은 불평등을 당연시하며, 학교의 불평등이 사회의 불평등으로까지 확대될 수 있다. 갈등론의 입장에서, 지배층의 자녀들은 학교생활 중 학업이나 비교과 활동 등에서 유리한 위치를 차지할 수 있는 가능성이 다른 계층의 학생들보다 더 높기 때문에 부모-자녀 세대를 초월한 불평등적인 학교교육의 결과들을 관찰할 수 있다고 주장한다.

〈표 2-4〉 기능주의와 갈등주의 학교관 비교

기능주의 이론	갈등주의 이론
(1) 학교는 사회의 안정과 질서에 기여하는 제도이다. (2) 학교는 사회가 요구하는 기술, 지식 등과 공동체 의식을 전수한다. 학교교육이 기술훈련을 통하여 국가의 경제성장과 발전, 그리고 인간의 자기실현에 결정적인 역할을 한다고 본다. (3) 학교는 사회 주도적 모순을 해결하여 주며, 사회 평등화를 도모한다. 교육기회의 균등화를 통하여 삶의 기회를 공평하게 해줄 수 있다는 의미에서 교육이 사회적 불평등을 해소할 수 있다고 본다.	(1) 학교는 기존의 위계질서를 공고히 하며, 지배계급의 이익에 종사하는 도구이다. (2) 학교는 기존의 질서를 재생산함으로써 사회불평등을 영속화한다. 학교교육을 자본주의적 위계구조에 대응해서 노동자를 차별적으로 양산하는 계급 재생산의 메커니즘으로 본다. (3) 교육이 이데올로기적 상부구조로서 경제적 토대의 대응체라는 유물론적 해석에 근거하고 있다. 학교에서 가르쳐지는 내용은 지배계급의 문화와 이익에 밀접히 관련되어 있다고 본다.

기능주의 이론	갈등주의 이론
(4) 교육은 독립적이며 자율적이라는 자유주의적 이데올로기에 근거한다. 학교에서 전수하는 교과내용은 사회구성원들의 합의에 의한 것이다.	(4) 학교는 피지배계층에게 기존의 불평등 위계구조에 순응하도록 강요하는 이데올로기적 기관이다.

출처: 이종각(2012). 『Basic+교육사회학』. p. 145.

4 상호작용과 해석적 접근

1. 기본 전제 : 이해와 해석

앞서 언급한 기능주의 이론과 갈등주의 이론이 교육과 사회의 관계를 거시적 관점에서 보았다면 상호작용과 해석적 접근은 미시적인 안목에서 교육의 문제를 다룬다. 말하자면 개인과 개인 간의 관계에 논의의 초점을 맞추거나 집단 내 개인들의 상호작용과 그 안에 내재한 의미를 심층적으로 이해해가는 과정에 학문적 관심을 갖는다.

이 절에서 교육과 사회에 관한 중점 논의는 인간의 행동은 자연의 현상처럼 일정한 법칙을 따르기보다 어떠한 맥락 안에서 행동하므로 그 행동에는 일정한 의미를 갖고 있다고 보았다. 인간은 자신 또는 상대방의 행위가 주는 의미를 해석하거나 정의하면서 상호작용해간다는 뜻을 전제로 한다. 다시 말해 인간의 사회적 행위는 법칙을 따르는 것이 아니라 본질적으로 해석의 과정을 거쳐야 한다. 해석적 접근은 인간과 관련한 현상을 이해하는 것을 목적으로 하며, 이해는 곧 해석하는 것이라고 말한다. 무엇을 이해한다는 것은 곧 그것의 의미나 의의를 파악하는 것이며, 무엇을 해석한다는 것은 어떤 관점이나 상황에 비추어 그 의미를 터득하는 것으로 하였다. 이종각은 19세기 독일의 철학자 Dilthey를 인용하면서 이해나 해석을 하는 사람은 자신의 기존 지식이나 이해 방식에 따른다고 하였고, Dilthey가 이해하는 과정이 곧 인간을 탐구하는 참된 방법이라 하였음을 알려준다(이종각, 2012: 149).

인간은 상징을 사용하고 스스로 의사결정을 하므로 인간의 행동에는 상징성과 주체성이 있다고 하였다. 인간의 행동을 이해하고자 할 때, 바로 이점을 고려해야 한다. 따라서 이해를 바탕으로 한 해석은 인간의 상호작용을 중심으로 이루어져야 하며, 실제 일어나는 상황에 기반을 두어 일상생활에 대한 구체적인 이해와 해석의 기술을 필요로 한다(이종각, 2012).

1) 내부자 관점

어떤 현상을 이해하기 위해 일상적으로 전개되는 상황에서 행위의 주체자 또는 참여자의 입장에서 해석한다. 연구자나 관찰자가 집단 밖의 제삼자가 아니라 행위자로서 어떤 말과 행동을 하게 되는지에 대한 유형이나 규칙성을 찾아본다.

2) 총체주의

어떤 행위가 발생하였다면 그 행위의 몇 가지 요소들만 추출하여 분석하는 것이 아니라 복잡한 상황을 전체적으로 살펴보고 파악하여 탐구해야 함을 말한다.

3) 맥락화

연구자는 이해와 해석에 도움을 주는 모든 일상적 사건들을 자료들이 모인 환경의 맥락 안에서 고려해야 함을 잊지 말아야 한다. 새로운 행위의 발생이나 출현은 그것이 나타날 수밖에 없었던 상황적 특성이 반드시 있기 때문이다.

2. 상징적 상호작용론

상징적 상호작용론은 Mead, Cooley의 영향을 받은 이론으로 제2차 세계대전 이후에 발전한 이론이었다. 이 이론은 언어, 제스처, 그림, 음악 등의 상징을 매개로 개인 간 상호작용을 탐구한다. 사회와 문화는 상징체계를 통한 상호작용의 결과이며, 사회적 현상은 상호작용에 의하여 나타나는 행위의 결과라고 보았다. 개인 간 상호작용이 일어난 맥락 속에서 개인을 이해하려고 했으며, 개인의 행위나 반응에 대한 의미를 해석하고자 하였다.

Blumer(1969)가 말한 상징적 상호작용 이론의 기본 관점을 몇 가지 제시하면 다음과 같다(주동범 외, 2013: 47-48).

- 인간은 하등동물과 달리 사고하는 능력을 갖추고 있다.
- 사고하는 능력은 사회적 상호작용(social interaction)에 의해 형성된다.
- 사회적 상호작용을 통해 인간은 고유의 사고능력을 행사하도록 해주는 의미와 상징을 습득한다.
- 의미와 상징은 인간이 인간으로서 독특한 행위와 상호작용을 수행하도록 해준다.
- 인간은 상황에 관한 해석을 토대로 행위와 상호작용 속에서 그들이 사용하는 의미와 상징을 수정 또는 변경할 수 있다.
- 인간은 자기 자신과 상호작용할 수 있는 능력을 갖추고 있다.
- 여러 유형의 행위와 상호작용이 집단과 사회를 구성한다.

교육과 관련하여 상징적 상호작용론은 학교나 교실에서 일어나는 교사와 학생 상호작용의 의미를 해석하고자 하였다. 예를 들어 교사는 학생과 어떠한 상호작용적 관계를 형성하고자 어떻게 가르치고 어떻게 학습하는지, 어떻게 친밀한 관계를 유지하는지, 어떻게 학생 집단을 다루고 지도하는지 등에 관심이 많다.

상징적 상호작용론은 학교 내 집단 간 관계, 학교 구성원의 일상, 학급 내 관계유형 파악 등 관계와 일상의 역동성을 이해하는 데 많은 도움을 준다.

그 외에 학교와 학급 내 상호작용, 학교교육의 효과 및 교육격차, 학교 풍토 및 교육 풍토, 학교교육과정, 교실 내 언어사용, 학교와 학급문화, 교사의 기대효과 등이 상징적 상호작용론을 기반으로 한 관심 주제가 될 수 있다.

교사와 학생의 상호작용적 관계에 중요성을 부여했으나 교육의 제도나 구조적인 측면에 대한 관심 비중이 약해 행위자의 사회적 인식과 경험이 부족할 수 있다.

3. 해석적 접근

해석적 접근은 자연세계와 사회적 세계의 다름을 인정하고, 일상생활에 대한 이해를 먼저 이해하고자 하였다. 인간의 상호작용 안에서 이루어지는 행위를 해석하고 의미를 부여한다.

Blackledge & Hunt(1985: 234-236)는 해석적 접근에서 중요한 개념을 제시하였다(강창동, 2009: 121).

- 일상생활 : 일상생활은 사회적으로 구성된다.
- 자유 : 일상생활은 개인의 자유와 자율성에 의해 이루어진다.
- 의미 : 일상생활을 이해하기 위해서 행위자가 그들의 행위에 부여되는 의미를 파악한다.
- 상호작용 : 일상생활은 여러 사람과의 상호작용으로 이루어진다.
- 교섭 : 행위자는 서로의 이해와 해석을 공유하며, 지속적인 의미의 교섭 과정을 거친다.

교육과의 관련성은 살펴보면, 교육의 내적 과정에 대한 미시적 접근을 갖는다. 말하자면 학교에서 구성원들이 일상적으로 행하는 상호작용의 실태와 각 구성원이 취하는 행위가 가질 수 있는 의미를 분석하여 그들이 그렇게 행동하는 근본적인 이유를 탐색해간다(주동범 외, 2013: 49-50).

김병욱(2012: 317)은 해석학적 이론에 기초하여 학교와 교육의 특징을 다음과 같이 설명하였다. 첫째, 학교의 구성원은 상호작용하며 여러 의미를 생성하고 구축해간다. 둘째, 교육이 학생을 사회화하는 것이 아니라 학생이 스스로 자신의 세상을 나름대로 구축한다. 셋째, 교육의 목적과 지식 전달 방법, 평사 방식 등에 관한 공식 기록이나 지식체계 등 교육의 의미를 가진 복합체를 여러 가능성 있는 의미로 해석할 필요가 있다.

해석적 접근이 기존의 이론과 다른 점은 주체적이며 능동적인 교육행위자는 교육의 내면과정을 더욱 자세히 이해할 수 있으나 교육이 가질 수 있는 정치, 경제, 사회와 관련한 연관성을 명확히 구분할 수 없는 한계가 있었다.

4. 신교육사회학으로의 발전

이 장에서 설명한 상징적 상호작용론과 해석적 접근은 신교육사회학의 발전을 가져왔다. 종래의 교육사회학은 교육과 사회의 관계를 거시적 접근으로 분석하여 학교의 사회적 기능을 투입과 산출의 모형으로 설명하였다. 거시적 수준에서 학교교육을 이해하는 관점을 '규범적 패러다임(normative paradigm)'이라고 한다.

반면에 신교육사회학은 학교의 내부 과정을 미시적 수준에서 접근하는 교육사회학의 새로운 방향성을 제시한다. 인간의 상호작용을 이해하기 위해 일차적으로 해석해본다. 객관적이고 동일한 관점에서 상황을 이해하는 것이 아니라 상황에 따라 달라지는 해석을 해야 한다. 이런 관점이 신교육사회학의 흐름이며, 일반적으로 '해석적 패러다임(interpretive paradigm)'이라고 부를 수 있다(강창동, 2009: 121; 안병환, 2012: 73).

용어 해설 **패러다임(paradigm)**
패러다임(paradigm)이란 특정집단 내에서 공유되고 있는 믿음, 가치, 기술의 전체 구성체를 말한다. Thomas Kuhn(1970)에 의하면 패러다임이란 일정기간 과학자들에게 문제를 제기하고 풀어나가는 방식에 관한 모델을 제공하는 보편적으로 인정된 과학적 업적으로 한 분야에서 문제를 어떻게 인 식하고 어떤 방법으로 해결하여야 하는가를 규정하는 근본적 공통의 이미지라고 할 수 있으며, 일 관된 특정 과학연구의 전통을 형성하는 모델을 제공한다. 즉, 패러다임은 지식과 특정 집단이라는 '사회적 요소'와 개념적 · 이론적 틀이라는 '인지적 요소'로 구성된다. 따라서 패러다임 규명은 특정 지식과 기술을 가진 집단의 사회적 성격과 그 집단에 의해 생산되는 지식과 기술의 성격을 모두 규 명해야 한다.

출처: Kuhn. T. S(1970). The Structure of Scientific Revolutions, 2nd ed., Chicago: University of Chicago Press.

신교육사회학은 1970년대 지식사회학의 영향을 받았으며 영국의 학자들에 의해 깊이 발전하였다. 말하자면 지식과 진리를 인간의 산물이자 사회적 산물로 보았고, 지식과 진리의 해석과 의미에 의존하여 현실을 인식하였다. 이런 지식에 정당성을 부여한 집단은 대부분 권력 집단이다.

용어 해설 **지식사회학**
지식사회학은 사회에서 당연하게 통용되는 지식이 '그 자체로 완전무결한 체계인가?'라는 의문에 서 출발한다. 19세기 자연과학의 급속한 발달로 많은 양의 지식이 생산되고 기존의 지식과 충돌하 는 현상을 통하여 철학자들은 지식이 결코 완벽한 것이 아니며, 끊임없이 변화한다는 사실에 주목 한다. 지식사회학의 대전제는 지식의 사회적 요인에 의한 제약을 인정한다는 것으로 지식의 '존재구속성(seinsverbundenheit)'을 이론적으로 역사적으로 연구한다. 존재구속성이란 지식(인식, 사상, 의식) 은 사회적 존재에 의해 구속되고, 문화적 상부구조가 사회적 하위구조에 의해 구속된다는 것이다. 따라서 지식은 '문화적 상부구조(광의의 지식, 인식, 사상, 의식, 지적 소산 등)'와 그러한 인간들이 살고 있는 '사회적 하부구조(사회적 상황, 사회적 요인, 사회적 존재, 시대적 상황, 그 시대의 주도 적 사고방식 등)'라는 두 개념을 통해 탄생함으로써 사회적 영향에서 벗어날 수 없다.

신교육사회학은 교육현상을 분석하는 데 두 가지 인식의 전환을 가져왔다(이건만, 2011: 206).

첫째, 기존의 교육과정이 지배집단의 중심으로 구성되어 있다고 하여 학교지식을 누구의 관점에서 볼 것인가에 의문을 제기하였다.

둘째, 가정과 같은 귀속적이고 개인적 요인에서 벗어나 정치적 문제로 확장시켰다.

차경수 · 최충옥 · 이미나(2002)는 신교육사회학자의 주장을 다음과 같이 소개하였다.

- 지식의 전제, 가정, 사회의 가치관, 인생과 교육의 목적을 분석하고 검토한다. 학업성적과 교육의 결과는 환경에 영향을 받는 결정론을 인정하지 않고 지식의 주체적 성격을 강조한다.
- 지식과 진리는 특정 시대의 구성물이며, 특정 집단에 유리하게 작용한다. 학교의 교육내용은 중상류 계층에 적합하게 구성되어 있다.
- 신교육사회학은 학생들에게 의미 있는 지식을 조직하는 것이 중요하고, 무엇보다도 교육과정에 집중적 관심을 보여준다.

토론해 보기

1. 우리나라 학교교육에 대해 기능론과 갈등론의 입장에서 구체적인 예를 찾아봅시다.

2. 학생 여러분의 교육에 대한 관점은 기능론과 갈등론 중 어디에 해당합니까? 왜 그렇습니까?

3. 교육사회학에서 상호작용과 해석적 접근은 미시적 관점을 강조하고 있습니다. 기존의 기능론과 갈등론은 어떠한 접근을 하고 있다고 생각합니까?

CHAPTER 3

교육팽창과 교육평등

Sociology of Education

1 학력상승

우리는 현재 대학 취학률 90% 시대에 살고 있다. 1980년 15.9%, 1985년 35.1%, 1995년 55.1%, 2000년 80%를 돌파하였다(임연기, 2007). 20세기 중·후반 학교교육의 변화는 급속한 대중화이다. 제2차 세계대전 이후 1960년대와 1970년대에 걸쳐 학교교육의 규모는 폭발적으로 팽창하였고, 대중화되었다. 미국의 경우, 고등교육기관 재학생은 1960년 360만 명, 70년의 790만 명, 80년에는 1,000만 명으로 증가하였다. 이러한 경향은 선진 각국으로 이어져, 1960년 이후 30년 동안에 고등교육기관 재학생 수가 프랑스 5배, 일본 3배, 영국 3배로 증가하였다(민철구·이춘근, 2000).

Trow는 대학 취학률이 15% 미만일 때를 엘리트교육, 15%를 넘어 50% 이하일 때를 대중교육, 그리고 50%를 넘어서는 경우를 보편교육이라고 명명하였다.

〈표 3-1〉 고등교육체제 단계 이행론

구분	엘리트단계(elite)	대중화 단계(mass)	보편화 단계(universal)
대학진학률	15%까지	15~50%	50% 이상
고등교육기회	소수자의 특권	상대적 다수의 권리	만인의 의무
교육과정	고도로 구조화(경직)	구조화+탄력화(유연)	비구조적(단계적 학습 방식의 붕괴)
고등교육의 목적관	인격형성, 사회화	지식과 기술의 전달	새로운 광범위한 경험 제공
고등교육의 주요기능	엘리트나 지배계층의 정신 및 성격형성	다양한 전문분야의 엘리트양성 및 사회지도층 육성	산업사회에 적응할 수 있는 국민 육성
사회와 대학과의 경계	폐쇄된 대학	열린 대학	경계구분의 소멸, 대학과 사회의 일체화

출처: 민철구·이춘근(2000). 연구중심대학의 효과적 육성방안. 과학기술정책연구원 보고서. p. 11과 국립중앙도서관 도서관연구소(2007). 지금 도서관에서는. Now@Library 제4호. p. 1의 내용 재정리.

우리는 고학력시대에 살고 있다. 고학력사회란 학교교육의 학력인구의 취학률이 상승하고 이러한 상승이 상위 단계의 교육에까지 상승 이동하면서 확대된 사회를 말한다. 즉, 고학력 사회란 구성원 상당수가 필요 이상으로 대학 졸업 학력을 가진 사회를 말한다.

이러한 고학력사회는 학교의 팽창과 학력 상승에 그 원인이 있으며, 학력 상승의 원인을 설명하는 이론은 학습욕구 이론, 기술기능 이론, 신마르크스주의, 지위경쟁 이론, 그리고 국민통합론이 있다.

1. 학습욕구 이론

학습욕구 이론은 Maslow의 동기 이론을 적용시킨 것이다. Maslow는 인간의 욕구를 생리적 요구, 안전 욕구, 소속과 애정의 욕구, 존중 욕구, 자아실현 욕구, 지적 욕구, 심미적 욕구로 체계화하고 전단계의 욕구가 충족되어야 새로운 단계의 욕구로 상승할 수 있음을 시사하였다. 이 이론은 학력상승과 학교팽창을 생활수준의 향상, 인구증가, 지적욕구의 증가 등으로 설명한다.

인간은 기본적으로 지적인 욕구를 가지고 있으므로 경제발전으로 인해 경제적 여유가 생기면 지적 욕구를 충족시켜주는 대표적인 학교는 팽창할 수밖에 없으며, 학력은 상승하게 된다.

2. 기술기능 이론

기술기능 이론은 Schultz, Collins, Becker 등에 의해 제기된 "인간자본론(human capital theory)에 근거한다. 학교교육은 직업의 위계구조에 맞는 인력을 기술 인력을 양성하게 되고, 산업사회의 유지·발전에 기여한다. 학교는 산업사회를 유지하는 핵심 장치이며, 기술사회발전에 따라 학력상승이 이루어진다.

과학기술의 발달로 인해 높은 수준의 기술을 요구하는 산업사회의 기술 수준이 상승하고, 취업을 위한 교육 수준이 계속 높아짐에 따라 학교는 취업을 위한 기술과 인력을 훈련시키게 되고, 이로 인해 점점 더 많은 사람이 학교 교육을 받게 됨으로써 전반적인 학력요구가 증가함으로써 학교가 팽창하게 된다.

용어 해설 **인간자본론**
인간자본론은 경제학자인 Schultz에 의해 체계화된 것으로 인간의 생산성은 모두 같지 않으며, 타 고난 능력, 훈련 등의 투자를 통한 인적 자본의 차이에 기인한다. 인간은 교육이라는 투자를 통해 지식과 기술을 갖추게 될 때 생산성이 향상하고 인간의 경제적 가치가 증가하게 되며, 이로 인해 사회가 발전한다고 본다. 따라서 교육을 인간자본에의 투자적 성격으로 취급한다. 학교교육은 개인 의 생산성 향상에 직접적으로 기여하는 것으로 투자 기간과 양에 따라 임금이 상승하게 되고 그 결 과 차별화는 정당화된다.

3. 신마르크스 이론

신마르크스 이론은 경제적 재생산론자들인 Bowles, Ginitis, Katz 등에 의해 제기된 이론이다. 그들에 의하면 학교제도는 교육 그 자체나 국민 전체를 위해서가 아니라, 자본가 계급의 이익에 충실하기 위해 자본가계급에 의해 발전되었다. 학교제도는 자본주의 경제체제를 유지하기 위하여 초등교육은 하급노동자, 중등교육은 기능직, 초급사무직, 고등교육은 중견기술자, 관리직을 생산해 내는 역할을 하도록 함으로써 고용주의 구미에 맞는 기술 인력을 공급하고, 자본주의에 적합한 사회규범을 주입시키는 핵심적 장치로 출발했다.

4. 지위경쟁 이론

능력주의사회에서 가장 강력한 사회적 선발장치는 학교이다. 이에 학교를 통해 얻은 학력은 일종의 품질보증서와 지위획득의 역할을 한다. 따라서 사람들은 사회적 지위상승을 위해 학력을 계속 높여가게 된다. 즉, 학력이 사회적 지위획득의 수단이기 때문에 사람들이 경쟁적으로 높은 학력을 취득하려 하여 학력이 계속 높아진다. 이로 인하여 학교가 확대되지만, 입학 경쟁의 완화, 대학의 서열화, 대졸자의 교육수익률 하락, 고등교육을 통한 사회 이동 효과 감소 등으로 인하여 경쟁은 끝나지 않고 계속해서 높은 학력을 요구하게 되고 결국 학력 인플레이션이 일어나게 된다.

5. 국민통합론

Bendix, Ramirez, Meyer에 의해 제기된 이론이다. 이상의 학습욕구 이론, 기술기능 이론, 신마르크스 이론, 지위경쟁 이론이 경제적 이유와 사회적 이유에 초점을 두었다면 국민통합론은 국가의 이데올로기 통합과정, 즉 정치적 요인에 초점을 둔다. 2차 세계대전 이후, 특히 1950년대부터 1970년대까지 세계적으로 교육이 팽창한 것은 국가권력이 팽창하는 과정에서 국가의 형성과 이에 따른 국민통합의 필요성 때문이다.

2 교육 불평등

오늘날 교육사회학을 이끌고 있는 핵심규범은 '교육평등'과 '사회평등'이다. 교육평등에 관한 본격적인 논의는 근대사회 이후 산업화와 평등사상 확산으로 시작되었다고 할 수 있다. 즉, 시민들의 경제적 여건 개선과 더불어 교육은 소수 특권계급의 전유물이 아니며 모든 시민은 교육받을 권리를 가진다는 의식을 갖기 시작하면서 교육평등에 대한 인식 또한 성장하였다.

교육평등에 대한 논의는 우리나라의 교육구조와 교육열의 측면에서 볼 때 너무나도 중요한 문제이다. 이는 교육평등의 문제는 교육경쟁구조, 교육열, 그리고 교육관과 직접적인 관련을 갖는 교육선발제도에 영향을 받기 때문이다.

교육불평등의 문제는 교육사회학의 오래된 논제이며 영원한 과제이다. 헌법 제31조 제1항에서 "모든 국민은 능력에 따라 균등하게 교육받을 권리를 가진다." 우리나라 헌법은 사회 구성원 모두가 교육적으로 평등하게 살아가고, 성, 인종, 종교, 지역, 계층, 경제적 상태 등에 의하여 교육적 차별을 받지 않는다는 것을 명시하고 있다.

교육평등이란 다음의 의미를 포함한다(김천기, 1998; 김봉석 외, 2004).

첫째, 평등이란 '공정한 경쟁'을 의미한다. 이러한 평등의 관점에서 교육평등은 공정한 경쟁을 위해 모든 사람에게 교육의 기회를 균등하게 주는 기회균등의 원리이다.

둘째, 최대이익의 원리이다. 최대이익의 원리는 우리가 교육활동을 선택할 때, 최대 다수의 사람에게 최대의 행복 혹은 최대의 이익이 돌아가도록 결정되어야 한다.

셋째, 인간존중의 원리이다. 교육활동은 인간들의 동등한 가치를 존중하는 방식으로 이루어져야 한다.

넷째, 최대최소의 원리이다. 사회에서 불리한 입장에 있는 사람들에게 최대의 이익이 되는 방식으로 자원을 분배하고 강자에게는 최소의 이익만을 분배해야 한다는 것이다. 미국의 소수계 우대정책이 그 대표적인 예라 할 수 있다. 그 반대 법안으로는 '주민발의안 209호'가 있다.

용어 해설 **주민발의안 209호**
'주민발의안 209호'는 '캘리포니아 209'로 더 유명하다. 미국은 약자보호법으로 소수계 우대정책 및 여성차별을 금지하는 법안을 시행해왔다. 그러나 이는 역차별을 가져온다는 반대운동을 불러일 으켰다. 특히 소수계 우대정책에 있어 한국, 중국, 중남미, 흑인계 등 소수민족과 여성에게 공공기 관취업, 입학, 승진, 관급 계약 체결 시 특혜를 주는 것을 캘리포니아는 지난 96년 주민투표를 통해 이 정책을 폐지했다. 그러나 일부 카운티(군), 시 정부와 교육기관 등에서는 소수계 끌어안기 차원 에서 우대 프로그램을 직 · 간접으로 시행해오고 있다.

출처: 김봉석 외(2004). 『현대교육의 이해』.

교육평등에 대한 체계적 분석연구를 이끈 Coleman은 교육평등의 변천을 네 단계로 구분한다.

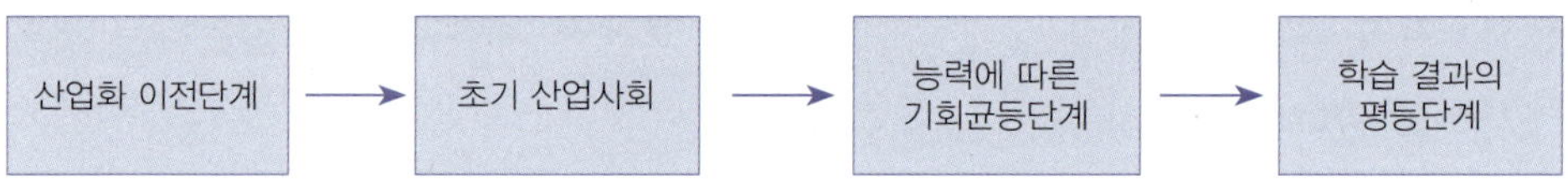

〈표 3-2〉 Coleman의 교육평등 변천 단계

단계	내용
산업화 이전의 단계	• 대가족제도 속에서 교육은 가정의 책임이며, 가족의 생산성을 유지하는 데 필요한 정도만 교육 • 오늘날과 같은 학교교육의 평등문제는 관심 밖
초기 산업화 단계	• 산업혁명 이후 일반 국민을 대상으로 하는 초등교육을 의무적으로 도입 • 중등교육과 고등교육은 상위계층에게 제공
능력에 따른 기회균등 단계	• 제2차 세계대전 이후에 등장한 평등관 • 사회 경제적 제약 때문에 교육을 못 받는 일이 없도록 무상 교육 실시 • 모든 청소년에게 교육기회를 허용
학습결과의 평등단계	• 학교에 다닐 수 있는 기회를 마련해 주는 것만으로는 부족 • 배울 것은 누구나 제대로 배워야 진전한 평등교육

Husen은 교육평등의 개념이 시대적, 지역적으로 다르게 규정되어 왔다고 보고 3단계의 개념 변천과정을 설명하고 있다(곽효문, 2014).

〈표 3-3〉 교육평등의 개념 변천과정

관점	내용
보수주의적 관점	• 제1차 세계대전 전까지 지배적이던 평등관 • 초등 수준의 교육 의무화 • 인간의 생득적 차이를 인정하고 능력에 따라 교육과 직업, 신분이 달라져야 하고 해당 결과를 당연히 받아들여야 함
자유주의적 관점	• 제1차 세계대전 이후의 평등관 • 누구든 능력 있는 사람은 교육을 받을 수 있도록 기회가 보장되어야 평등 • 모든 사람은 평등하게 태어났기 때문에 개인이 지닌 능력 이외의 외부조건이 사회생활을 하는 데 제약조건에 되어서는 안 된다는 입장
보상주의적 관점	• 교육 결과의 균등 • 교육의 출발점과 도달점에서 평등화를 이루기 위해 교육에 대한 접근 뿐만 아니라 교육의 결과까지 평등하게 하자는 입장

교육불평등에 관한 연구들을 요약하면 다음과 같다.

첫째, 교육불평등은 교육의 접근기회, 교육과정의 불평등, 교육결과의 불평등으로 구분된다. 둘째, 교육은 사회적 불평등을 재생산한다. 계층 간, 도시와 농촌, 성에 따른 사회적 불평등은 교육에서의 계층 간, 도시와 농촌, 성의 불평등으로 나타나고 다시 사회적 불평등을 재생산한다. 셋째, 교육 불평등은 기본적으로 경제적 재생산론과 문화적 재생산론에 의해 지속된다. 넷째, 현대사회는 교육불평등의 원인을 개인적 차원보다는 사회의 구조적 모순에서 찾고 있다.

1. 엘리트주의와 평등주의 교육관

교육의 불평등구조는 선발에 대한 교육관에 기초한다. 일반적으로 교육관을 선발과 관련하여 나누면 엘리트주의 교육관과 평등주의 교육관으로 나눌 수 있다.

1) 엘리트주의

엘리트란 고도의 지적 능력과 지도력을 겸비한 소소의 사람들로 대중(masses)과 대립하는 말이다. 엘리트주의는 개인의 능력을 선천적·유전적인 것으로 본다. 따라서 엘리트주의는 개인의 선천적·유전적 능력에 기초하여 조기선발을 하게 되며, 우수한 능력을 갖춘 집단과 그렇지 못한 집단을 분리하여 교육하는 제도가 발달하게 된다(김봉석 외, 2004). 엘리트주의는 교육기회는 능력에 따른 것으로 기본적으로 교육기회는 불평등할 수밖에 없는 것으로 본다.

엘리트주의의 주요 내용을 정리해 보면 다음과 같다.

- 국가발전, 기업의 이윤 극대화를 위해서는 우수한 인력이 필요하다.
- 엘리트주의는 업적주의 관점으로 소수의 능력 있는 사람에게 많은 보상이

제공된다.

- 현대사회에서는 능력, 업적에 기초한 자유경쟁을 피할 수 없다.
- 엘리트주의는 후원적(sponsored) 사회이동 또는 귀속적(ascribed) 사회이동이 아니라 개인의 노력에 따른 성취적(achieved) 사회이동을 지향한다.

따라서 엘리트주의는 다음과 같은 교육적 제도를 지향한다.

- 선발적 교육제도를 지향한다.
- 인재양성을 위해 기본능력을 철저히 육성하는 제도를 도입한다.
- 우수학생을 조기에 선발하는 조기교육을 중시한다.
- 능력에 따른 집단편성과 월반제도를 통해 학습의 효율화를 추구한다.

2) 평등주의 교육관

평등주의 교육관에서는 인간은 누구나 교육받을 권리를 가지며 개인의 능력은 선천적·유전적 요인보다는 환경적 요인의 영향에 의해 좌우된다고 본다. 따라서 평등주의 교육관은 타고난 능력, 출신 가정의 영향력을 최소화하고 각자의 능력이 인정받을 수 있는 제도를 마련하고자 한다.

평등주의 교육관의 주요 내용을 정리해 보면 다음과 같다.

- 사회적 불평등의 원인은 교육적 불평등에 있다.
- 교육의 기회, 조건, 내용, 결과 등이 평등해야 한다.
- 지역 간 불균형을 줄이고, 우월성 교육보다는 대중을 위한 보편교육을 지향한다.

따라서 평등주의 교육관은 다음과 같은 교육적 제도를 지향한다.

- 선발에 의한 차별적 집단 편성보다는 통합교육을 지향한다.
- 모든 학생에게 동일한 교육의 과정을 제공한다.
- 교육선발은 만기선발이 되어야 한다.

〈표 3-4〉 엘리트주의 교육관과 평등주의 교육관 비교

엘리트주의	구분	평등주의
개인의 능력	선발기준의 강조점	교육받을 권리
선천적 · 유전적 요인	능력에 영향을 미치는 결정적 요인	환경적 요인
조기선발	교육선발시기	만기선발
분리교육	교육형태	통합교육
복선형	학제	단선형

역사적으로 보면 교육평등의식은 사회평등 의식과 함께 성장하여 왔다. 이에 사회평등 의식의 확산으로 엘리트주의는 차츰 후퇴하고 평등주의 의식이 성장하고 있다.

교육평등의 문제는 교육격차, 불균형, 불평 등과 같은 의미로 그 개념적 접근이 이루어져 왔다. 교육평등에 대한 다양한 연구들의 공통된 관점과 내용을 정리해 보면 교육에 대한 평등은 교육의 지속성, 교육의 보장성, 교육의 기회, 과정, 결과의 평등에 집중되고 있음을 알 수 있다.

교육평등에 대한 생각은 그 수준에 따라 [그림 3-1]과 같이 구분한다.

[그림 3-1] 교육평등관

교육평등관은 크게 기회의 평등과 내용의 평등으로 구분한다. 기회의 평등은 다시 허용적 평등과 보장적 평등으로, 내용의 평등은 교육조건의 평등과 교육결과의 평등으로 세분된다(김신일, 1994).

2. 교육기회의 허용적 평등

허용적 평등관은 사회구성원 모두에게 동등한 기회가 지속적으로 주어져야 한다는 관점으로 법적으로 제도상으로 특정집단에만 기회를 주고 다른 집단에는 금지되는 일은 철폐되어 한다. 허용적 평등관은 신분, 성, 종교, 지역, 인종 등으로 인한 차별을 철폐함으로써 누구나 자신의 능력에 따라 자신이 원하는 만큼의 교육을 허용하도록 한다. 허용적 평등관은 누구나 자신의 능력에 따른 평등관으로 사람들은 각기 다른 수준의 능력과 재능을 갖고 있다는 인간관을 지향함으로써 허용적 평등에서 기회의 평등은 교육기회에 대한 공평하고 동일한 선택권을 누릴 기회와 교육기회 접근에 대한 개방성을 의미한다. 즉, 능력주의에 기반을 둔 교육기회의 배분을 주장한다. 이에 주어진 기회를 누릴 수 있는가의 문제는 개인의 역량과 형편의 문제에 따른 것으로 모든 개인이 동등한 수준의 교육을 받아야 한다고 생각하지는 않는다. 허용적 평등관의 핵심은 제도적 차별을 철폐함으로써 동등한 기회 제공과 개인의 능력과 형편에 따른 교육기회의 획득에 있다.

3. 교육기회의 보장적 평등

보장적 평등이란 취학을 가로막는 경제적, 지리적, 사회적 제반 장애를 제거함으로써 취학을 실질적으로 보장하고자 하는 정책이다. 보장적 평등은 허용적 평등에서 교육받을 기회를 제도적으로 허용하는 것만으로는 교육기회의 획득에 차별이 존재하므로 완전한 교육평등의 실현이 불가능하다고 본다. 즉, 보장적 평등에서는 교육의 기회를 가로막는 장애를 제거해 주어야 교육기회 획득과 실현에 있어 불평등구조가 사라진다는 것이다. 그 대표적인 예로는 취학의 보장과 의무교육제도, 불우계층의 학비보조 등을 수 있다. 그중에서도 대표적인 것이 영국의 1944년 「교육법」이다. 영국은 이 교육법에 따라 중등교육의 무상화, 점심식사 지급, 경제적 수준이 낮은 학생들에 대한 학용품 지급 등이 이루어졌다.

4. 교육조건의 평등

교육기회의 평등은 교육기회의 확대를 가져왔다. 그러나 이러한 교육기회에 따른 취학의 평등만으로 교육평등이 실현된 것은 아니다. 교육평등이 실현되려면 학교에서의 취학이 평등하고 효과적으로 보장되어야 한다. 즉, 학교라고 하는 교육체제 내에서 제공되는 교사, 교육목표, 교육과정, 교육자료, 교육방법, 교육시설 등에 있어 학교 간 차별이 없는 것을 의미한다. 취학기회와 취학에 대한 보장적 평등이 이루어지더라도 학교 간 차이가 발생하는 경우 교육결과의 차이를 초래할 수 있다. 교육조건의 차이는 각 학교에 대한 사회적 인식의 차이와 학교문화구조의 차이에 의해서 결국 교육기회분배의 차이를 가져오게 된다. 학습자는 누구나 동일한 조건에서 교육받을 권리가 있는 존재이다. 따라서 학교에서 제공되는 물적 · 질적 시설과 여건의 평등이 보장되어야 한다.

5. 교육결과의 평등

교육을 받는다는 것은 단순히 학교에 다니는 데 목적이 있는 것이 아니라 배워야 할 것을 배우는 데 그 목적이 있다. 교육결과의 평등에 따르면 교육의 결과가 같지 않다는 것은 교육이 불평등하다는 것을 의미한다. 진정한 교육평등을 이루기 위해서는 교육결과, 즉 학업성취의 평등을 위한 적극적 조치를 취해야 한다. 그러나 대부분의 학업성취의 차이는 개인의 능력과 가정환경의 차이에 기인하기 때문에 능력이 낮은 학생들에게 더 많은 시간을 제공하고 기회를 제공한다면 역차별이라는 문제가 제기되어 교육평등에 대한 개념의 혼란이 야기된다. 그럼에도 불구하고 교육적 결과의 평등은 취약계층의 아동들을 위해 요구되는 관점으로 받아들여지고 있으며, 실제적인 정책이 마련되고 제공되고 있다. 이러한 사상을 '보상적 평등주의(redemptive egalitarianism)'라 부르고, 이러한 정책적 조치를 '적극적 우대조치(affirmative action)'라 부른다. 대표적인 정책으로는 미국의 Project Head Start, Middle Start Project, 영국의 EPA(Educational Priority Area)와 Sure Start, 캐나다의 Fair Start 등이다.

1) Head Start

Head start란 빈곤에 의한 가정환경 부실로 야기될 수 있는 아동의 신체적 인지적 사회적 결함을 보충하기 위해 0~5세의 아동과 그 가족을 대상으로 하는 포괄적 아동발달프로그램이다. Head Start 프로그램을 시행하기 위한 최초의 법적 근거는 1964년 제정된 경제기회법(Economic Opportunity Act), 1981년 일괄 예산조정법(Omnibus Budget Reconciliation Act), 최근 1994년 헤드스타트법(Head Start Act)이다.

Head Start 프로그램의 주요 목적은 저소득 가정의 아이들의 인지, 사회 그리고 정서 발달, 건강 및 영양 수준을 개선하여 일반가정 아동들과 동일한 선상에서 출발할 수 있도록 지원하자는 것이다.

대표적인 서비스 영역은 다음과 같다(김미숙·배화옥, 2006).

- **장애** : 장애아동을 반드시 포함하여야 하며 장애유형 등 아동의 장애특성에 따라 교육과 건강·의료재활 서비스를 제공한다.
- **교육** : 학교수업을 따라갈 수 있도록 취학준비를 지원한다. 교과목 영역에 따른 지식과 기술을 전수한다.
- **건강** : 아동의 전반적인 건강상태 평가와 정기적인 건강검진을 실시하고 구강·위생·영양의 생활습관을 지도하며 아동의 안전교육을 지도한다.

아동의 연령이 0~3세일 경우 Early Head Start의 대상이 된다. Early Head Start는 1994년 재승인 Head Start 법에 의거하여 저소득가정의 영유아를 대상으로 개진된 프로그램이다. Early Head Start는 산전 태아건강, 영유아발달, 그리고 건강한 가족기능의 증진이라는 세 가지 주요한 사업을 개진한다(김미숙·배화옥, 2006).

〈표 3-5〉 Head Start 연령별 프로그램

프로그램	대상	비고
Early Head Start	0 ~ 3세의 아동	임신 기간부터 지원
Head Start	3 ~ 5세	대상 아동들에 특화된 프로그램 지원
Migrant and Seasonal Program Branch	6개월 ~ 5세 이주 노동자의 자녀	집단의 특성상 보다 짧은 기간 긴 세션 시간의 intensive 코스
American Indian-Alaska Native Program Branch	원주민 자녀 중 영아 ~ 취학 전	

출처: 보건복지부(2009). 드림스타트 대상 아동 선별도구 개발. p. 7.

2) Sure Start

Sure Start 프로그램은 정부 주도하에 아동빈곤과 사회적 배제를 퇴치하는 대표적인 정책이다. Sure Start란 아동에 대한 사회투자정책의 일환으로 빈곤층 아동을 확실하게(Sure) 출발하도록(Start) 돕는다는 의미를 갖는다. 이 프로그램은 인간의 인적 자본에 투자함으로써 아동이 성인이 되어 취업하게 되어, 결국에는 사회적 비용이 적게 든다는 사실에 바탕을 두고 있다.

사업의 목적은 교육과 건강에서 나타나는 불평등을 제거하고 부모가 직장에 다닐 수 있게 함으로써 아동과 부모 모두에게, 최대한의 발전 가능성과 생활의 안정성을 높이는 것을 목적으로 한다(보건복지부, 2009).

Sure Start는 1998년 4세 이하의 아동과 부모에게 양질의 보육, 아동보호, 놀이, 산전 및 기타 의료 서비스를 제공하기 위해 시작되었다. 이와 더불어서 부모들에게 상담을 제공하고 아동이 지식을 습득하거나 학교에 갈 준비를 도와주는 프로그램을 제공한다. 빈곤지역·빈곤가구를 대상으로 시작한 Sure Start 지역프로그램을 현재 모든 지역·모든 아동을 대상(14세 이하, 특수 교육 및 장애아의 경우 16세까지)으로 하는 포괄적 프로그램으로 확대되었다.

Sure Start의 주요 원칙은 다음과 같다(김미숙·배화옥, 2006).

- 지역별 다양성 추구 : Sure Start 실시 지역에서 현재 실시 중인 서비스와 연계한다.
- 부모도 참여시킨다.
- 낙인을 주지 않도록 한다.
- 나이 든 아동을 위한 서비스와 효과적으로 연계되도록 연속적인 지원을 보장한다.
- 문화적으로 특별한 요구에 적절하고 민감하게 반응한다.
- Sure Start의 최종 목적을 달성하는 데 적합한 구체적인 목표를 수립한다.
- 모든 가족에게 서비스에 대한 접근성을 제고한다.

Sure Start 서비스는 다양성을 추구하지만, 어느 지역에서나 초기 교육(early education), 보육(childcare), 건강(health), 가정 지원(family support) 서비스를 필수적으로 제공하도록 하고 있다.

〈표 3-6〉 Sure Start 필수 서비스 내용

필수 서비스	세부 내용
아웃리치와 가정방문	생후 2개월 미만 아동이 있는 모든 가정에 대해 정기적 방문이 원칙
가족과 부모지원	양육관련 정보 및 조언 제공 등
양질의 놀이와 학습, 아동을 위한 케어 경험지원	질적으로 높은 수준의 것으로 제공하며, 탁아의 경우 full day care service
아동 및 가족건강증진을 위한 보건서비스	산전산후 관리, 모유 수유, 위생, 영양, 안전 등 정보제공, 정신건강 및 생활습관 등 지원
특별한 서비스를 필요로 하는 대상자 지원	학습장애 및 장애아 부모 프로그램, 한 부모 및 10대 부모 지원 프로그램 등

출처: 고창군(2012). 드림스타트 사업 담당 공무원 국외연수 보고서. p. 6.

교육불평등에 대한 논의는 교육과 삶의 관계에 대한 인식에 따라서 차이를 보인다. 즉, 학교교육 그 자체에 의미를 두는 입장과 학교교육을 삶의 준비과정으로 보는 입장에 따라 정책의 입장이 다르다. 다양한 정책적 입장을 '균등을 보는 입장'과 '균등을 구현하는 원리'에 따라 구분해 보면 다음과 같다.

〈표 3-7〉 균등의 관점과 구현원리

구분		내용
균등에 대한 관점	차별금지의 원칙	• 능력 중심 • 차별 없이 '자유경쟁'을 강조하는 입장 • 공정한 경쟁'을 강조하는 입장
	공정한 기회의 원칙	• 능력 이외의 환경적 요인의 작용이 최소화되어 비슷한 능력을 가진 사람들은 비슷한 삶의 기회를 가져야 한다는 관점
균등 구현 원리	효율성의 원칙	• 타인의 처지를 훼손하지 않으면서 개인의 처지를 개선하는 것을 추구하는 원리
	차등적 대우 원칙	• Rawls의 정의론에 기반한 차등적 보상의 원리를 반영 • 사회적 지위와 직위를 획득할 수 있는 기회는 차별 없이 공정하게 개방되어야 함 • 효율성의 원리와 병행하여, 최약자의 최대혜택을 부여하기 위해서는 사회 · 경제적 불평등도 용인될 수 있다는 원칙

이종재(2006)는 '균등에 대한 관점'과 '균등구현 원리'에 따라 교육의 기회균등에 대한 정책논리를 네 가지로 제시하였다.

〈표 3-8〉 교육의 균등에 관한 관점

균등의 관점 / 균등 구현 원리	차별철폐-능력중심	균등한 기회-공정한 경쟁
효율의 원리 (efficiency)	자연적 자유주의(natural liberty) 자유주의자 관점 (libertarian perspective)	자유주의 균등론(liberal equality) 능력주의 관점(meritocracy)
차별의 원리 (difference)	자연주의적 귀족주의 (natural aristocracy)	민주적 균등론(democratic equality)

출처: 이종재(2006). 교육정책의 탐구를 위한 지식구조와 범위. 한국교육행정학회 제34차 연차대회 및 제142차 학술대회. p. 59.

- 자연적 자유론과 자유주의자 관점

- 차별철폐의 원리와 효율의 원리를 따르는 정책관점
- 개인의 자유를 보장하는 권리 그 자체를 강조
- 기회균등의 결과보다는 권리 그 자체의 중요성을 강조
- 정부의 지나친 규제의 폐지와 자유시장 원칙을 선호
- 교육제도의 운영에서 개인의 권리를 존중하고 시장의 통제를 선호

- 자유주의 균등론(system of liberal equality)과 업적주의(meritocracy)

- 공정한 기회를 제공하기 위한 노력을 강조
- 기회와 경쟁의 공정성만 보장된다면, 결과의 불균등도 감내할 수 있다는 입장
- 학교교육은 업적주의 사회를 구현하기 위한 정부의 가장 중요한 과제
- 균등한 기회와 공정한 경쟁을 저해하는 요인의 영향력을 최소화하는 데 역점을 둠

- 민주적 균등론(democratic equality)과 Rawls적 차등보상론

- 공리주의와 자연적 자유주의, 그리고 업적주의에 대한 대안적 관점
- 균등은 사회의 최소 수혜자들의 이익개선에 가장 효과적으로 기여할 수 있게 시행
- 평등은 그 자체로 목적이 되기보다는 효용을 증대하기 위한 방편으로 정당화

- 자연주의적 귀족주의(natural aristocracy)

- 차별철폐원칙과 차등보상원칙을 선호
- 합당하지 않은 요인에 의한 차별을 부당한 것으로 규정
- 천부적 역량이 부족한 사람들에 대한 정부의 보조도 부정
- 차등적 대우나 보상을 선호

3 양성평등 문제

1. 양성평등의 개념

교육의 편향은 성(性)에 있어서도 나타난다. 인간은 여성과 남성이라는 성별을 떠나서 누구나 평등한 권리를 가지고 태어나며, 교육에 있어서는 더욱 그러하다. 성차별이란 사회에서 성을 이유로 상이한 대우를 받게 되는 것을 말한다. 성차별은 계급 평등·인종 차별과 함께 인류 사회의 가장 대표적인 불평등 체계에 해당한다(정지현, 2007).

성(gender)은 타고난 남녀로서의 생물학적 성(sex)뿐만 아니라 남녀에 부여된 사회적·문화적 의미까지 포함하는 개념이다. 성(gender)은 모든 사회적 상호작용에 스며들어 있는 성적(sexual) 특성으로서 남녀 구별의 사회적 구성체이다. 따라서 성차별 문제는 남녀 간의 단순한 차별 문제가 아니라, 인간으로서의 근본적인 존중과 관련된 문제로 사회적이고, 정치적 문제이다.

이에 양성평등의 개념은 사회문화적 맥락에서 제기되는 성불평등 문제에 대하여 다양한 주체들의 논쟁과 토론의 과정을 거쳐 형성된 사회적 합의에 기초하여 정의된다. 양성평등은 고정된 하나의 의미를 갖기보다는 사회와 역사에 따라 그 의미와 내용을 달리하는 개념으로 그 접근 방식도 다양하다. 접근방식에 따라 양성 평등 모형은 세 가지로 나눌 수 있다(한국교육과정평가원, 1999; 장인경, 2001; 이라영, 2013).

첫째, 여성과 남성을 동일하게 대우하는 동일성 모형이다. 양성 간에는 인간으로 차별을 받을 만한 차이가 없기 때문에 여성과 남성을 동일하게 대우하여야 한다는 관점이다. 따라서 이 모형은 양성평등으로서 기회의 평등을 지향한다. 여성은 남성과 동일한 기회가 허용될 경우, 남성과 동등하게 자신의 능력을 발현시킬 수 있다.

둘째, 여성에 대한 남성의 지배 종식을 의미하는 지배 타파 모형이다. 이 모형은 지배와 권력의 문제를 논의의 중심에 둔다. 양성평등의 문제는 사회에서 남성과 여성에게 권력이 어떻게 분배되는가에 관한 권력 구조, 즉 지배와 피지배의 문제이기 때문에 양성 평등은 이러한 성 위계 제도를 제거함을 의미한다.

셋째, 남성과 비교했을 때 여성이 지니는 차이에 대해 특별 권리를 인정해 주는 이중권리모형이다. 남성은 역사적으로 오랜 기간에 걸쳐 여러 특권을 누려왔기 때문에 양성의 조건이 비대칭적인 현 시점에서는 이러한 비대칭성을 해결해 줄 수 있도록 여성에게 남성과 동등한 권리를 인정해 줌과 동시에 여성에 대하여 특별한 권리를 인정하는 것이 양성 평등이다. 여성의 이중적인 권리 보장은 여성 취업에 있어서 쿼터 문제로 구체화되어 나타나기도 한다.

2. 양성평등 교육

양성평등 교육의 가장 일반적인 개념은 성 편견으로부터 자유로운 교육을 의미한다. 성 편견으로부터 자유로운 교육이란 일차적으로 성차별이 없는 교육의 상태를 전제하고, 교육의 여러 장면에서 의도적, 무의도적인 성 차별적 요소를 인식하고 제거하는 교육이다. 기존의 양성평등 교육의 논의들을 정리해 보면 양성평등 교육은 양성 중 어느 특정성에 대하여 부정적인 감정이나 고정관념, 차별적인 태도를 가지지 않고, 생물학적 차이를 사회문화적 차이로 직결시키지 않으며, 남녀 모두에게 잠재되어 있는 특성을 충분히 발현하여 자신의 자유의지로 삶을 계획하고 세상을 볼 수 있도록 촉진하는 교육(교육부, 1999; 한국양성평등교육진흥원, 2012)으로 정의할 수 있다.

양성평등 교육의 실천을 크게는 '양성평등한 교육'과 '양성평등의식 교육'으로 구분한다. 다시 '양성평등한 교육'은 '소극적인 양성평등 교육'과 '적극적인 양성평등 교육'으로 구분된다.

〈표 3-9〉 양성평등 교육 단계

단계	1단계		2단계
내용	양성평등한 교육		양성평등 의식교육
	소극적 평등	적극적 평등	비판적 양성평등교육

양성평등한 교육은 교과목의 목표를 달성하기 위해 진행되는 교육의 외적인 부분에서 성 차별적인 요소나 성 불평등 요소가 포함되지 않은 상태를 의미한다. 양성평등의식 교육은 양성평등한 교육의 목적, 기회, 내용, 방법 등을 제공 받은 학생들에게 양성평등 의식과 가치관을 길러주기 위한 교육을 의미한다.

해당 내용을 살펴보면 다음과 같다(한국교육과정평가원, 1999; 김선정, 2005)

1) 소극적 양성평등 교육

첫 단계인 소극적 양성평등 교육은 남녀에게 동일한 교육의 목적, 기회, 과정, 내용, 방법 등을 제공하려는 노력을 의미한다. 이로써 교육 활동에 있어 성차별적인 요소나 성불평등한 요소가 없는 상태를 추구한다. 또한 남녀에게 동일한 교육내용과 성 중립적인 교육 내용이나 양성성을 반영하는 교육 내용을 적극적으로 제시할 것을 요구한다. 이로써 교육 활동에 있어 성차별적인 요소나 성불평등한 요소가 없는 상태를 추구한다. 교육에서 성차별을 제고한다는 점에서 의미를 갖는다.

2) 적극적인 양성평등 교육

적극적인 의미의 양성평등 교육은 남녀 양성이 동일하게 높은 학업 성취를 가져올 수 있도록 각 성의 특성을 고려하여 적절한 교육 내용과 교육 방법을 활용하는 교육이다. 교육의 과정에서 남녀의 특성을 고려하는 것으로 성별에 따라 교육 내용을 달리 강조하거나, 성별로 취약한 교과에 더 많은 이수 단위를 배정하거나, 교육 방식을 달리함으로써 교육의 결과의 평등을 가져오고자 하는 적극적인 의미의 양성평등 교육이다.

3) '비판적인' 양성평등 교육

사회에 편재되어 있는 성차별적 문제를 인식하고 시정하려는 의지를 비판적, 실천적 관심을 길러 주는 교육이다. 성 차별적인 사회에 사는 학생들이 학교를 떠나 사회에 나아가서 성 차별적인 사회에 동화·적응하는 대신 양성평등한 사회를 재건할 수 있도록 하기 위해서는 비판적인 의미의 양성평등 교육을 실시할 필요가 있다. 성 차별적인 사회 관례와 제도로 특징 지워지는 사회를 양성평등한 사회로 변혁시키는 일은 단순히 교육에서 성 차별적인 요소를 제거하는 '양성평등한 교육'을 실시하는 것 이상을 요구한다. 비판적인 양성평등 교육은 교육의 사회 비판역할과 사회 재건 역할을 강조함으로써 양성평등한 사회를 실현하기 위해 사회 속에 현존하는 성차별적 요소를 제거하기 위한 부단한 비판과 실천을 요구한다.

4 교육제도와 선발

1. 교육제도의 개념과 기능

교육은 사회의 한 체제라고 할 수 있는바 교육제도는 사회제도의 한 종류라고 할 수 있다. 제도는 체제를 위한 운영 원리로 구성원들이 공동의 목표를 설정하고 문제해결을 위한 규율이다. 일반적으로 교육제도는 한 국가의 교육 이념 및 목적을 달성하기 위한 교육의 목적, 내용, 방법, 조직, 행정 등을 포함하는 국가적 차원의 교육에 관한 전반적 체계를 의미한다(박세훈 외, 2010).

교육제도는 개념적으로 세 가지의 범주로 구성된다. 그 범주는 제도의 형성주체와 관련된 국가범주, 제도의 대상과 관련된 내용범주, 그리고 제도의 형식과 관련된 표준 또는 기본범주이다(주삼환 외, 2010). 첫째, 교육제도에는 국가의 의지가 담겨 있다. 국가 공교육제도로 대표되는 근대 교육제도가 형성되면서 교육은 국가와 사회의 가장 중요한 의무가 되어 왔다. 둘째, 교육제도는 국가의 이념에 따라 다양한 내용적 범주를 포함한다. 셋째, 교육제도는 법규나 제도적인 틀이기도 하지만 교육이념을 설정하고 구체적인 정책을 정하는 기준 또는 표준으로 존재한다.

교육제도가 수행하는 기능을 구체적으로 살펴보면 다음과 같다(한국교육행정학회, 1996).

- 교육제도는 사회문화의 '보존적 기능'을 가진다. 사회체제로서의 교육은 해당 사회가 추구하고 있는 가치체계와 생활양식을 한 세대에서 다음 세대로 전달함으로써 사회문화의 보존을 가능하게 해준다.
- 교육제도는 사회문화의 '개조적 기능'을 가진다. 교육제도의 보존적 기능이 변화를 방지하는 기능이라면 개조적 기능은 변화에 응하는 대별되는 기능이라고 할 수 있다. 현대사회는 다양한 가치체계와 생활양식의 공존과 변화를

요청함으로써 현대학교는 사회에의 참여와 사회적 현상에 대한 비판을 통한 사회변화를 강조한다. 따라서 교육에 의한 사회개조는 교육이 사회의 현실적 문제에 직접 관여하여 이루어지기도 하지만, 새롭게 교육을 받은 세대로의 교체에 의해서도 이루어진다.

- 교육제도는 사회문화에 대하여 '중립적·통합적 기능'을 가진다. 교육은 특정한 집단이 추구하는 가치체계와 생활방식을 전달하는 것을 목적으로 삼고 있지 않다. 즉, 교육은 여러 집단이 추구하는 가치에 대하여 중립적이고 이들을 통합시키는 역할을 한다.
- 교육제도는 '사회적 기능'을 한다. 교육제도는 공간적으로 '보편적인', 그리고 시간적으로 '항구적인' 가치를 포함하면서 초연한 자세로 사회적 기능을 담당한다.

2. 교육선발

교육제도는 사회가 추구하는 교육적 목표달성을 위한 규율로 다음과 같은 세 가지의 근본적 기능을 통해 교육의 선발과 분배기능을 갖는다. 교육제도의 주요 기능은 첫째, 능력의 형태와 수준에 따라 아동을 선발하는 기능, 둘째, 선발과정을 통해 형성된 여러 범주의 아동들에게 적절한 형태의 교육기능, 그리고 셋째, 직업과 사회적 역할의 분배기능이다(Hopper, 1977).

교육의 선발과 분배는 개인의 사회이동을 촉진하는 주요 요인으로, 지능, 학업성취, 교육 수준 등은 사회이동에 직·간접적인 영향을 미친다. 사회이동이란 하나의 사회적 지위에서부터 다른 지위로의 변화를 의미한다. 사회이동의 종류는 수직적 이동과 수평적 이동으로 구분할 수 있다. 수직적 이동은 개인이나 집단의 사회적 지위의 상승 또는 하락을 의미한다. 반면 수평적 이동은 사회적 지위의 변화 없이 지역적, 기능적 변화를 의미한다.

1) 후원적 사회이동과 경쟁적 사회이동

Turner(1960)는 사회규범에 영향을 받는 학교교육이 사회적 상승이동의 주요한 요소임을 전제한다. 사회규범은 사회마다 차이가 있으며, 사회규범은 사회적 가치에 영향을 미치고 직접적으로 교육체제에 영향을 미치게 된다(이종각, 2007). Turner는 사회규범을 후원형(sponsored norm)과 경쟁형(contest norm)으로 분류하고 사회이동을 후원적 사회이동과 경쟁적 사회이동으로 나누었다(임창재, 1993; 김병성, 2008).

후원적 사회이동이란 무한 경쟁방식을 피하고 통제된 선발과정을 통해 선발되고 이를 통해 사회이동이 이루어진다. 후원적 사회이동을 지향하는 사회 교육의 목표는 엘리트 충원에 있으므로 필요한 조건과 자질을 갖춘 능력의 소수자를 조기에 선발하여 장차 엘리트로서의 준비교육을 함으로써 후원적으로 엘리트 지위로 상승시킨다. 따라서 비교적 이른 시기에 우등생을 선발하고 특별교육을 제공한다.

경쟁적 사회이동이란 엘리트 지위 획득을 위한 경쟁에서 경쟁의 참가자는 다양한 전술을 자유로이 사용하며 기존의 엘리트가 가진 기득권을 배제하고 오직 개인의 자질과 노력에 의해 결정된다. 이에 따라 경쟁적 사회이동을 지향하는 경우 사회이동의 공평성을 위해 학생선발의 시기를 될 수 있는 한 연기한다.

2) Hopper의 선발제도 유형론

Hopper(1977)는 Turner의 '후원형-경쟁형'이라는 이원적 교육제도 분류방식이 다양한 교육체제를 통한 사회이동에 대한 설명에 한계점이 있음을 지적하고 한 사회의 교육체제의 유형에 따라 선발과정의 특징이 결정된다는 확대유형론(expended typology)을 제시하였다. 그는 교육선발과정을 선발형식(how), 선발

시기(when), 선발대상(who), 선발기준(why)의 네 개의 측면으로 분석하였다(임창재, 1993; 이종각, 2007; 김병성, 2008).

① 선발형식

선발형식은 선발의 중앙집권화와 표준화 정도에 따라 형식성이 강한 것에서 약한 것으로 나누어진다. 첫째, 중앙집권적이고 표준화된 제도는 후원적 이데올로기가 지배적이어서 인재선발이 개인적 동기보다는 기득권자들의 후원을 통해 이루어지는 체제이다. 반면 지방분권적이고 비표준화된 제도는 경쟁적 이데올로기가 지배적이어서 시장경제의 원리처럼 개인적 동기가 중시되는 선발방법이다.

〈표 3-10〉 국가별 선발형식 수준

체제의 영역	수준	분류
선발과정의 집중화와 표준화	고	프랑스, 스웨덴
	중	독일, 호주, 영국
	저	미국, 캐나다

출처: 김병성(2008). 『교육과 사회』. p. 148.

② 선발시기

선발 시기는 엘리트이데올로기에 기초한 조기선발과 평등이데올로기에 근거한 만기선발로 나누어진다. 조기선발 체제는 엘리트 이데올로기에 근거한다. 지능이나 학습능력은 유전적 요인에 의해 결정된다고 가정함으로써 우수한 능력을 가진 엘리트를 조기 선발하여 교육 경로를 차별화한다. 만기선발 체제는 평등 이데올로기에 근거한다. 지능은 환경요인에 의해 결정된다고 가정함으로써 가능한 한 모든 사람이 최대한 교육을 받을 수 있도록 선발시기를 늦추고 제도분화를 하지 않는 체제이다.

③ 선발대상

선발대상은 특수주의(particularism)와 보편주의(universalism)로 나누어진다. 특수주의는 일반적 능력을 중시하며 특별한 생득적 속성에 의해 선발되는 것을 의미한다. 인간의 능력은 태어나면서부터 결정되어 있으며, 능력 있는 사람은 특정집단에 한정되어 있다. 따라서 사람은 지위체계는 태어나면 이미 정해지며, 해당 능력을 갖춘 인재의 선발하는 정예주의를 지향한다. 보편주의는 대중평등주의로 누구나 노력에 의해 전문적인 능력을 갖출 수 있고 전문능력의 습득 정도에 따라 선발된다.

④ 선발기준

선발기준은 집단주의와 개인주의로 구분할 수 있다. 집단주의는 사회의 이익을 중시한다. 반면 개인주의는 개인의 자아실현을 중시한다.

Hopper는 선발대상과 선발기준을 조합하여 교육선발 이데올로기를 설정하였다.

		선발대상	
		보편주의	특수주의
선발기준	집단주의	공산주의 (communism)	부권주의 (paternalism)
	개인주의	업적주의 (meritocratism)	귀족주의 (aristocratism)

[그림 3-2] Hopper의 교육선발 이념형

용어 해설 **부권주의(paternalism)**
부권주의는 후견주의 또는 온정주의로 해석되기도 한다. 부권주의는 용어가 보여주듯이 아버지가 아들의 이익을 위해 마음대로 행동할 수 없게 하는 것처럼 국가나 제삼자가 마치 아버지처럼 개인 에게 가장 좋은 것을 그 사람의 자유에 반해서 강제하는 것이다. 부권주의의 종류는 ① 개인의 자유를 제한하며 개입하는 주체에 따라 광의의 부권주의와 협의의 부권주의(국가가 주체가 되어 개입)로 구별한다. ② 부권주의적 간섭이 행위를 금지하는 것인지 명 령하는 것인지를 기준으로 수동적 부권주의(금지)와 능동적 부권주의(명령)로 구분할 수 있다. ③ 부권주의적 개입 목적에 따라 소극적 부권주의(위해가 발생하는 것을 막기 위한 것)와 적극적 부권 주의(이익을 증진시키기 위한 것)로 구분한다. ④ 국가의 개입에서 부권주의적 근거가 어떠한 비중 을 차지하는지에 따라 진정 부권주의와 부진정 부권주의로 구분된다. 진정 부권주의는 자유를 제 한하는 이유가 부권주의에만 기반을 두는 경우이고 부진정 부권주의는 그 밖의 다른 이유가 있는 경우를 뜻한다. ⑤ 부권주의를 통해 보호하려는 이익이 무엇인지에 따라 복지적 부권주의(물리적, 심리적, 경제적 이익의 보호)와 도덕적 부권주의(개인 도덕성의 보호)로 구분한다. ⑥ 부권주의적 간섭을 받는 대상과 그 간섭을 통해 보호하고자 하는 대상이 같은지 여부에 따라 양자가 같은 경우 를 직접적 부권주의, 다른 경우를 간접적 부권주의라고 한다. ⑦ 행위자가 설정한 목적에 대해 간 섭하는지 여부에 따라 강한 부권주의와 약한 부권주의로 분류한다. ⑧ 자발성에 따라 경성 부권주 의와 연성 부권주의로 구분된다.

출처: 강영선(2012). 자유와 배려. 고려대학교 대학원 석사학위논문.

3. 교육 선발제도와 교육경쟁

선발과 분배는 가열(warm up)과 냉각(cool down) 기능이라는 상반된 기능을 한다. 가열기능은 사람들의 능력과 자질에 따라 적절한 분배가 이루어질 수 있고, 많은 사람이 더욱 높은 지위와 역할을 획득하기 위해 경쟁할 수 있도록 동기를 부여하는 기능이다. 냉각기능은 지위체계의 위계성에 따라 사람들의 수를 준비된 지위와 역할의 수에 맞게 적절한 수준까지 감소시키는 기능이다. 선발과 분배 기구는 계급구조, 교육제도, 시험제도, 자격제도, 직업구조, 사회규범 등이 대표적이며, 특히, 교육제도는 선발과 분배 기능의 가장 핵심적 기구라고 할 수 있다(이종각, 2007).

교육에 있어 가열기능이 심하게 작용하는 경우 개인 간, 집단 간 경쟁이 심화되고 교육열 현상으로 나타나게 된다. 한 사회에서의 교육경쟁은 학력에 대하여 그 사회가 어떤 의미를 부여하고 어떠한 가치로서 바라보느냐에 따라 결정된다. 이하에서는 사회가 취하고 있는 선발제도의 유형에 따른 교육경쟁과 교육열에 대하여 자세히 알아보면 다음과 같다(김봉석 외, 2004).

사회는 사회를 유지·발전시키기 위해서 모든 분야에서 경쟁구조를 취하며 경쟁구조의 중심에 교육이 있다. 교육경쟁의 강도는 학교의 지위분배기능이 클수록 강해지며, 학력이 선발적 가치에 중요한 결정요인으로 작용하면 할수록 치열해진다.

교육경쟁은 일반적으로 상위교육단계와 일류학교에 선발되기 위한 경쟁으로 정의될 수 있는 바 교육선발제도에 영향을 받는다. 교육경쟁구조는 분리형 교육경쟁구조, 쌍봉형 교육경쟁구조, 피라미드형 교육경쟁구조, 그리고 병목형 교육경쟁구조로 나누어 볼 수 있다.

[그림 3-3] **선발제도와 교육경쟁구조**

출처: 이종각(2012). 『Basic+교육사회학』. p. 253.

분리형 교육경쟁구조는 신분제 사회와 같이 신분의 구분이 뚜렷한 사회에서 볼 수 있는 제한적 경쟁구조로 출신신분에 따른 소수자만이 교육경쟁에 참여한다. 쌍봉형 교육경쟁구조는 엘리트 양성을 위한 조기·다단계 선발제도에서 2원적 교육경쟁을 하게 된다. 다단계 교육경쟁구조는 일반적으로 단선형 구조 아래 초·중·고·대학의 단계마다 상위단계로 나아가기 위한 선발구조로, 상위경쟁구조로 가면 갈수록 선발인원이 적어지는 피라미드 모형을 보이게 된다. 따라서 이 모형을 피라미드형 교육경쟁 구조라 부른다. 다음으로 병목형 교육경쟁구조는 일반적으로 단선제이면서 만기선발 교육제도를 취하는 사회에서 나타나는 교육경쟁구조이다.

교육경쟁을 부추기는 요인으로는 인구증가, 핵가족화, 인구의 도시집중, 산업화, 경제발전, 관료화, 도·농 간의 격차 등을 들 수 있다. 교육경쟁의 장·단점을 알아보면 다음과 같다. 중앙집권적이고 단선제의 만기선발의 교육경쟁구조를 취하는 경우 교육경쟁현상은 지배계급과 서민계급 간의 교육적 차별을 없애고, 모든 국민에게 골고루 그들의 능력에 따라서 교육의 기회를 제공할 수 있다는 장점을 지닌다. 또한 사회경제적 계층, 신앙, 성별에 따른 진학의 제한을 받지 않고 동일 학년의 학생이면 어느 학교에서나 같은 내용과 같은 수준의 교육과정을 배우게 됨으로써 전학이나 학점의 이전이 자유롭다고 할 수 있다. 그러나 교육경쟁의 과열현상이 나타나 사교육비 증가 현상과 개인의 소질과 흥미에 기초한 다양한 교육과정을 마련하고 제공하는 데에는 어려움이 따를 수 있다(김봉석 외, 2004).

5 교육열

1. 교육열의 개념

교육열이란 그 형성과정과 성격이 나라마다 차이가 있을 뿐 어느 사회에서나 그 현상을 쉽게 찾아볼 수 있다. 교육열이란 그 사용자나 맥락에 따라 다소 다른 의미를 갖지만 가장 간단한 정의는 '교육을 받고자 하는 열망'이라고 할 수 있다.

김영화(1993)는 교육열을 '교육에 대해 가지고 있는 열망과 실제로 교육을 위해 투입하는 행위'를 포함하는 개념으로 정의한다. 최봉영(2000)은 교육열을 교육에 대한 열의와는 다른 차원의 개념으로 '학교를 중심으로 한 제도교육에 대한 강한 집착'이라고 본다. 교육에 대한 열의는 어느 사회에서나 볼 수 있는 보편적 현상으로 교육 그 자체를 목적으로 교육성취를 통한 자아 만족과 실현에 궁극적 목적이 있다고 할 수 있지만 교육열은 교육을 입신양명과 출세 등을 위한 수단으로 봄으로써 사회적 관심과 문제를 불러일으킨다는 것이다. 오욱환(2000)은 교육열을 '교육욕구가 사회적으로 만연하여 사회 전반적으로 나타나는 정상수준을 넘어선 학력 및 학벌 쟁취 현상'이라고 정의하고 있어 교육열에 대한 비정상성을 강조한다. 이상의 교육열에 대한 입장은 긍정적 입장과 부정적 입장으로 나누어 볼 수 있다. 긍정적 입장에서 교육열은 인간 본성이 가지고 있는 본성 중 가장 위대한 본성으로 교육에 대한 열망과 열정으로 본다. 반면 부정적 입장에서는 교육욕구, 교육확대, 학구열 등과는 구별되는 것으로 교육열은 정상적 상태를 넘어선 학력 및 학벌 쟁취 현상이라고 정의한다.

2. 교육열의 발생원인과 유형

교육열의 발생원인은 다양한 측면으로 설명할 수 있다.

첫째, 교육열의 발생 원인을 교육적 요인과 사회적 요인으로 나누어 볼 수 있다. 교육열의 교육적 요인은 ① 지필 시험 위주의 평가 및 학생선발과 경쟁력이 약한 학교 수업 질 문제, ② 대입경쟁 심화와 입시위주의 교육체제, ③ 교육에서의 단기간에 성과를 올리려는 업적주의 등이다. 이러한 교육적 요인은 공교육의 약화, 교실붕괴, 학력저하라는 심각한 문제를 야기했다. 교육열의 사회적 요인은 ① 학력을 중시하는 문화풍조, ② 사회·경제적 변화에 따른 사교육 수요 확대, ③ 가족 이기주의의 만연 등을 들 수 있다. 학력 간 임금격차, 학력에 따른 차별적 노동시장은 학생들은 고학력, 일류학벌을 얻기 위하여 서로 치열한 경쟁을 유도하였으며, 가계 소득 증가에 따른 사교육 수요 확대와 내 자녀만 잘되면 된다는 가족 이기주의와 사회공동체 의식부족은 전체를 위한 공교육보다는 개인의 사교육에 투자를 부추기고 있다.

둘째, 교육열을 거시적 측면과 직접적인 측면으로 나눌 수 있다. 거시적 측면으로는 사회의 자원구조, 신분구조, 정서구조로 세분할 수 있으며, 직접적인 측면은 전통과 가치관으로 구분할 수 있다. 우리나라에서 교육열의 직접적 측면은 전통적 가치관에 기초한 부모-자녀 간의 공생적 관계, 인문숭상의 전통, 체면의식 등을 들 수 있다(김봉석 외, 2004).

셋째, 교육열은 문화적 측면과 심리적 측면으로 나누어 설명할 수도 있다. 한국사회에서 교육열의 문화적 측면으로는 숭문주의적 전통, 입신양면주의, 문벌주의로 설명할 수 있다. 심리적 측면에서는 지식과 이해의 동기, 심미적 동기, 자아실현 동기, 그리고 성장 동기로서의 성취동기를 들 수 있다.

김영화(1993)는 교육열의 개념을 명료화하기 위해 6개의 범주로 분류하였다. 6개의 범주는 주체, 대상, 목적, 범위, 교육의 형식성, 그리고 현실감의 정도이다.

〈표 3-11〉 교육열에 대한 6개의 범주

범주	교육열 구분
교육열의 주체에 따라	개인의 교육열 사회집단의 교육열 국가의 교육열
교육열의 대상에 따라	사적 교육열 공적 교육열
교육열의 목적에 따라	도구적 교육열 본질적 교육열
교육열의 범위에 따라	협의의 교육열(취학열, 진학열) 광의의 교육열(다양한 영역에서의 교육열)
교육의 형식에 따라	학교교육열(형식적 교육열) 학교 외 교육열(비형식적 교육열)
현실감의 정도에 따라	이상적 교육열 현실적 교육열

토론해 보기

1. 우리 사회에 여전히 존재하는 성 불평등과 성역차별의 사례를 찾아보고 무엇이 문제인지, 그리고 개선 방안은 무엇인지 토론해 봅시다.

2. 교육열의 장 · 단점을 사회적 측면과 개인적 측면에서 설명해 봅시다.

3. 교육열을 기능주의적 관점과 갈등주의적 관점으로 설명해 봅시다.

CHAPTER 4

문화와 교육

Sociology of Education

일반인들에게 문화하면 가장 쉽게 떠오르는 것은 '문화생활'이다. 이때 문화란 문학, 음악, 미술과 같은 삶을 풍요롭게 하고 세련되게 하는 생활 방식 또는 도구를 말한다. 다음으로 문화는 '전통문화'를 떠올리게 한다. 전통문화는 박물관에서 전시된 유형의 문화재뿐만 아니라 지금까지 그 영향력을 잃지 않은 정신적인 문화까지 포함한다. 최근 문화는 '류'로 설명된다. 이 문화의 개념은 전통과 역사를 갖기보다는 '흐름'으로서의 문화이다.

문화의 개념은 무엇을 문화로 볼 것인가에 따라 다양하게 정의될 수 있다. 이하에서는 주로 문화를 교육내용이라는 관점을 통해 살펴보도록 하겠다.

1 문화의 개념

문화란 우리에게 매우 친숙한 단어지만 쉽게 포착되거나 정착되어 설명되지 않는 특성을 보인다. 현대사회에서 친숙하다는 것은 매우 다의적 의미를 지니며, 개념과 정의에 대한 논쟁이 끊이지 않는다고 할 수 있다. 문화는 '대상 지칭 언어'라기보다는 '방법 매개 언어'로서의 기능이 두드러지는 말이기 때문이다.

문화의 일반적 특징은,

① 관습적이며 : 문화는 사회구성원들이 오랜 세월에 걸쳐 이룩한 것

② 학습에 의해 : 문화는 선천적인 것이 아니라 후천적으로 배운 것

③ 공유하는 것 : 문화는 한 사회의 구성원들이 함께 가지는 공통적인 것이라고 할 수 있다.

문화의 일반적 특징은 문화란 한 사회를 구성하는 구성원 누구나 습득해야 하는 기본 내용이라는 것을 말해준다. 사회는 사회를 유지·발전시키기 위해 사회구성원들이 인정하고 공유하는 가치관, 습관 등 공통된 생활양식, 즉 문화를 학

교라는 공간과 교육이라는 기제를 통하여 다음 세대에 강제적으로 전달한다. 인류학자인 Goodenough는 문화를 "공유하는 인간학습의 소산으로서 지각, 신념, 가치관, 행동을 결정짓는 표준으로 이루어진 것"으로 정의하고 있어 교육과 문화의 관계성이 깊음을 설명하고 있다.

문화라는 말은 독일어의 kulture, 영어와 불어로는 culture라는 용어로 사용되고 있으며, 어원적으로 culture는 cultus로부터 나온 것으로 "밭을 갈아 경작한다."라는 의미를 갖는다. 이는 인간의 자연적응과 자연으로부터의 가치 창조를 의미하며, 나아가 인간 가치나 이념실현이라는 의미를 갖는다. 이처럼 문화는 주어진 자연을 지배하고 형성하는 과정의 의미에서부터 집단에 소속된 인간이 자신의 이상을 실현하기 위해 필수적으로 습득해야 하는 집단구성원이 공유하는 지각, 신념, 가치관, 행동 표준의 의미까지 포함한다. 이는 문화라는 것이 정신적 요소와 물질적 요소 모두를 내포하고 있음을 보여주는 것이다(공영석 외, 2002: 118).

문화에 대한 개념을 종합할 때 생활양식으로서의 문화, 사회적 유산·전통으로서의 문화, 규범으로서의 문화, 복합체로서의 문화로 구분할 수 있다.

1. 생활양식으로서의 문화

문화는 인간 집단의 생활양식의 총체이다. 이 총체적·기술적 관점은 문화의 개념에 대한 가장 고전적 관점으로 근대 인류학의 창시자인 Tylor의 정의에 기초한다. Tylor는 문화를 다음과 같이 정의하였다.

"문화는 지식, 신앙, 예술, 도덕, 법, 관습, 습관 및 사회의 성원인 인간에 의해 획득된 모든 능력과 습관들을 포함하는 복합총체이다(Moore. J. D, 김우영 역. 2002: 37에서 재인용)."

Tylor의 정의는 인류학적으로 문화의 맥락을 주장했던 Boas를 거쳐 『C(1934)』를 저술한 Benedict로 이어졌으며, 다른 사회과학분야에서도 가장 빈번히 인용되고 있다.

총체적, 기술적 관점에서 문화는 인간이 살아온 모든 발자취를 연구하는 인류학적 입장에서 인간이 만든 모든 물건, 문화재, 기계, 기록물 등 겉으로 드러나는 것뿐만 아니라 지식, 규범, 관습 등의 보이지 않는 무형의 것들을 모두 포함하는 개념이다(김병희 외, 2009).

2. 사회적 유산 · 전통으로서의 문화

우리는 문화를 한 사회가 오랜 세월을 두고 축적·발달해 온 것으로 앞선 세대로부터 후세에 전해지는 것으로 여긴다. 즉, 한 세대에서 다음 세대로 계승되는 사회적 유산이며, 역사적 소산이다. 문화는 특정사회의 유산인 공통적 생활양식으로 사회가 존속하고 번영하기 위한 근본이며, 세대를 통하여 전승되는 사회의 생명이라고 할 수 있다.

Malinowski에 의하면 "사회적 유산은 문화를 연구하는 학문의 기본개념이며 우리는 그것을 문화라고 부른다. 문화는 물려받은 가공물, 물질, 기술적 과정, 생각, 습관, 가치 등으로 이루어진다."라고 한다. 그의 정의는 문화라는 것이 한 사회의 유산이면 전통으로 이루어진다는 것을 잘 보여준다(김영찬, 1980: 62).

사회적 유산과 전통으로서의 문화를 구체적으로 구분하면 사회적 유산을 전체적 사회 유산을 의미하는 문화와 특수한 사회의 유산을 가리키는 특정문화로 구분할 수 있으며, 인간도 생물학인 유산과 함께 역사적 전통을 가진 집단의 구성요인으로 본다. 따라서 인간을 포함한 사회의 유산과 전통을 문화라고 본다(김봉석 외, 2004).

3. 규범으로서의 문화

이 관점은 행동의 방식 또는 양식(mode)을 강조한다. 즉, 문화는 인간행위의 전체양식이다. 문화는 행위의 방법과 행동양식으로 인간이 생각하고 행하는 모든 양식을 구성하는 복합적 전체이다.

이 관점은 1972년 Wissler가 문화의 정의에서 생활의 양식(mode of life)이라는 용어를 처음 쓰면서 시작되었다고 할 수 있다. 여기서 행동의 방식 또는 양식은 사회에서 일반적으로 행해지고 공유되는 것이며, 규칙위반자에 대한 제재 및 처벌 방식을 포함한다. Kluckhohn은 그의 저서 『The scientific study of values(1958)』에서 문화를 다음과 같이 정의하고 있다.

"명시적이거나 암시적이거나, 합리적이거나 비합리적이거나, 혹은 합리와 무관하든 간에 주어진 특정한 시간에 인간 행동의 잠재적 지침으로 존재하는 역사적으로 이루어진 모든 생활의 설계를 문화라고 한다(김영찬, 1980: 63에서 재인용)."

문화는 한 집단성원의 특정한 생활방식, 즉 그들의 완전한 '생활설계'를 가리킨다. 거의 모든 인류학자와 사회학자들은 문화가 인간의 특징적 생활양식이라는 명제를 부정하지는 않지만 그렇다고 그의 정의가 완전한 정의라고 보지는 않는 것 또한 사실이다.

4. 복합체로서의 문화

문화를 복합체로 보는 것은 문화에 대한 통상적 개념 규정이다. 문화는 여러 가지 요소로 이루어져 있지만, 단순히 여러 구성요소의 단순한 복합이 아니며, 일정한 사회집단이 공동으로 가지고 있는 생활양식과 행동양식을 포함하는 복합체이다. 즉, 문화는 여러 구성요소의 상호 관련된 조직과 형태이다. 이 정의에서는 대체로 체제(system), 조직(organization), 그리고 형태(configuration)라는 용어가 자주 쓰인다. 문화는 유기적 체제이다. 문화는 학습된 행동과 학습된 결과로 그 행위와 결과가 사회 성원들의 상호작용을 통해 공유되고 전승되는 것이다. 이러한 관점에서 볼 때, 문화는 하나하나의 개별적 요소보다는 요소 간의 관계를 중시하며, 그 관계의 종합적 형태나 체제를 뜻한다(김봉석 외, 2004). 문화는 하나의 통합체로 인간의 행동양식, 사회규범, 지식, 가치관, 태도 등을 모두 포함한다.

문화에 대한 개념을 정리해 보면 다음과 같다.

첫째, 문화는 특정 사회 사회구성원들에 의해 공유되는 것으로 역사적으로 전승되는 것이다. 문화는 학교나 제도 등을 통해 후천적으로 습득되는 것이다. 문화는 한 사회의 유지·발전을 위해 이전 세대에서 다음 세대로 전달된다. 한 사회가 유지되기 위해서는 사회구성원들이 계속해서 충원되어야 하고 사회구성원들은 그 사회의 생활양식을 다음 세대에서 전달한다.

둘째, 문화는 사회 성원의 행동 지침으로 학습되는 것이다. 문화는 한 사회의 규범과 생활양식으로 사회구성원들을 규제하며 강제한다. 여기서 규제와 강제는 속박과는 다른 의미로 사회구성원들이 한 사회에서 살아가기 위한 행동 및 인지적 지침인 생활방식 및 양식을 제공한다는 의미이다.

셋째, 문화는 통합된 체제 또는 형태로 오랜 세월을 거친 상호관계 속에서 발생한다. 문화는 인간의 지속적인 상호관계에서 발생하는 역동적 과정으로 동태적이다. 문화는 후천적으로 배우는 것이기도 하지만 사회구성원들의 상호관계에서 발생하기도 한다. 문화는 개별적 사실과 특성이 아니라 통합된 체제와 형태로 이해되어야 한다.

이상에서 문화의 개념을 살펴보고 정리해 보았다. 이상의 개념들은 어느 입장이 더 옳다 그르다 주장할 수 있는 것이 아니라 문화를 바라보는 측면, 나름대로 관점, 연구방식에 따라 그 견해가 다른 것이다.

2 문화의 성격과 기능

1. 문화의 성격

이상의 문화의 개념에서 문화는 인간이 배운 것으로, 사회적으로 얻어진 것이며, 사회구성원들이 공유하는 생각, 감정, 행위의 반복으로 체계화되고 규준화된 것을 의미한다. 문화의 주체는 인간이다. 문화는 한 개인이 만들어 낼 수 있는 것이 아니다. 인간은 자연환경에 영향을 받기도 하고 주기도 하며, 상호작용을 한다. 이러한 상호작용과정에서 만들어진 문화의 주인공은 바로 인간이다. 이러한 문화의 개념에서 다음과 같은 문화의 성격을 알 수 있다.

문화의 성격을 구체적으로 고찰하면 다음과 같다.

첫째, 문화의 초유기체성이다. 문화는 초유기체적 존재이다. 문화는 개인에 의하여 담당되고 개인의 생활과 행동 속에 표현된다. 개인의 행동은 사회적으로 인정된 행동양식이어야 한다. 행동양식이란 사회화된 집단의 생활양식으로 임의로 개인에 의해 조작되는 것이 아니다. 이러한 의미에서 문화는 초개인적 또는 초유기체적이다.

둘째, 문화의 통합성이다. 문화는 수많은 요소로 이루어진다. 문화는 지식, 신념, 예술, 법, 도덕, 관습 등의 수많은 구성요소로 구성되어 있지만, 문화유산의 단순한 총화가 아니다. 문화는 복합적 전체를 의미한다. 복합적 전체란 문화를 구성하는 많은 요소가 상호 무관하게 임의로 존재하는 것이 아니라 서로 유기적으로 긴밀하게 관련되어 있으며, 통합적인 원리가 내재되어 있다. 이 통합적인 원리로 인하여 문화요소들은 특정 관계를 가진 일정한 유형으로 조직된다. 이러한 조직이나 질서를 문화유형이라고 한다(김구호 외, 2006).

셋째, 문화의 가변성이다. 문화는 변천한다. 문화는 그 문화를 담당하는 세대로부터 다음 세대로 전달되고 계승되는 역사적 성격을 갖는다. 문화는 역사적 산물이다. 따라서 역사가 변화하면 문화도 변한다. 문화는 계속하여 변동해가면서 어느 부분은 그대로 존속하고 어느 부분은 소멸하며, 필요에 따라 생성된다. 즉, 문화는 다음 세대로 전승될 때 변동과 변화를 수반한다. 문화는 항상 변화 가능성을 내포하고 있기 때문이다. 문화는 역동적이므로 본질상 변화하지 않을 수 없다. 문화가 변화하는 데에는 외적인 요인과 내적인 요인이 있다. 외적인 요인은 다른 문화와의 접촉에서 생기는 변화하고, 내적인 요인은 문화 자체의 요인에 의한 변화이다(김구호 외, 2006). 문화는 변화과정을 통해 축적, 전파, 생성·소멸된다.

넷째, 문화는 사회적이다. 즉, 문화의 공유성이다. 문화는 특정 개인의 행동양식이나 생활양식이 아니고 어떤 집단의 구성원들이 공통으로 가지는 생활양식 또는 사고방식을 말한다. 즉, 문화는 집단 전체의 공유물이다. 인간은 신체적으로 많은 약점을 가진 존재로 생명유지와 종족보존에 있어 집단생활의 이점을 깨닫게 되었다. 집단생활을 위해서는 집단생활을 위한 공통된 의사소통도구가 필요해졌으며 사회구성원들이 공유(share)할 수 있는 상징적인 언어를 만들어냈다. 문화는 객관화된 상징의 의미를 내포하는 언어를 통해 공유되고 전달됨에 따라 문화는 같은 언어와 풍습을 지닌 구성원들로 구성된 사회 속에서 육성되며, 사회의 기대와 욕구에 의하여 연마되고 변경된다. 또한 문화는 사회적 유산이기 때문에 특정 사회의 역사적인 개념을 떠나서는 이해될 수 없는 특징을 지닌다.

용어 해설 문화기대(cultural expectation)
한 사회의 문화는 특정 사회에서 태어난 개인에게 그 생활양식에 따라 행동할 것을 기대하고 요구한다. 사회는 사회 자신의 질서를 유지하고 존속을 위해 구성원들에게 문화기대를 하는데 외부적 인 강제 기대와 내부적인 임의적 기대가 있다. 기대된 행동을 기대된 방식으로 행동하는 인간을 평 균인(average man)이라고 한다.

출처: 고려대학교 교육문제연구소(2007). 『교육학용어사전』.

다섯째, 문화는 학습된다. 문화는 학습된 것(습득, acquire)인 동시에 학습되는 것(전승, transmit)이다. 즉, 문화는 학습되고 후천적으로 획득된다. 문화는 본능이 아니다. 문화가 사회구성원들에 의해 공유되기 위해서는 학습되어야 하고 가르쳐져야만 한다. 문화는 선천적이거나 자연적으로 형성된 것이 아니라 후천적으로 창조된 것으로 학습을 통해 전수되고 후세에 전달된다. 문화는 학습의 결과로 습득된 것이며, 학습이라는 과정을 통해 대대로 전승되는 것이기 때문에 사회마다 고유한 문화를 형성할 수 있으며, 각 사회는 문화를 계승하고 발전시킬 수 있게 된다.

여섯째, 문화는 보편적인 동시에 다양하다. 문화는 형태, 성질, 내용 등이 다양하며, 사회에 따라 각기 고유한 문화가 있다. 문화의 제 현상은 그 문화를 소유한 사회가 오랜 세월을 두고 이룩해 온 경험의 소산으로 사회 내에서는 보편성을 가지며, 사회 간에는 다양성 및 특수성을 보인다.

문화는 한 사회를 유지하기 위한 규범적이고 표준적인 것으로 규범 및 표준은 한 사회 내에서 그 사회구성원들에 있어 보편적인 성격을 갖는다. 한 사회의 성원이면 누구나 공유하며 누구나 지켜야 하는 것이 문화이다. 사회구성원들은 이 문화를 공유하면서 공동체의식, 일체감, 사회적 소속감을 갖게 된다. 즉, 문화는 한 사회에서 보편성을 갖는다. 보편성은 사회를 존속시키고 공동생활을 위해 꼭 필요한 요건이다. 반면 각 사회는 환경 및 여건, 역사적 배경 등에 따라 사회마다 다양한 문화를 갖는다. 문화의 다양성은 기본적으로 인간의 다양성과 환경적 여건에 기초하고 있다. 사회를 구성하는 인간의 자연에 대한 적응방식의 차이와 인간관계에 대한 다양한 인식은 한 사회를 다른 사회와 구별되는 의·식·주를 비롯한 독특한 생활양식을 갖도록 했으며, 사회마다 개성 있는 문화를 형성하였다. 문화는 사회마다 다양하고(diverse), 문화는 그 자체로 유일한(unique) 것이다.

2. 문화의 기능

문화의 일반적 기능을 열거해 보면 다음과 같은 것들이 있다.

첫째, 문화는 사회규칙을 습득하게 한다. 한 개인이 사회에 태어나고 개인은 사회 속에서 살아가기 위해서 사회규칙을 습득한다. 둘째, 문화는 개인의 생리적 욕구의 필요를 충족시켜 준다. 셋째, 문화는 현상세계의 사물에 대한 정립된 시각을 제공한다. 넷째, 문화는 기존의 적응방식을 알게 하고 적응력을 길러 준다. 다섯째, 문화는 사회구성원들에게 소속감을 준다. 여섯째, 문화는 개인의 가치와 목적을 제공한다. 일곱째, 문화는 인간의 양식과 상식수준을 결정한다. 아홉째, 문화는 인성을 형성하는 원천을 제공한다. 열째, 문화는 집단구성원들의 갈등을 완화시켜준다. 이처럼 문화의 기능은 다양하며 시대가 변화할수록 문화는 새로운 기능을 요구받게 될 것이다.

이상의 문화의 기능들을 정리하고 분류하는 방식은 다양하다.

첫째, 문화의 기능을 순기능과 역기능으로 구분할 수 있다. 순기능이란 문화가 인간 욕구충족의 측면에서 가치, 생활방식, 지식 등의 발전을 촉진하는 것이다. 역기능이란 문화가 개인의 창의력을 저해하고 사회질서유지에 도움이 되지 않는 것이다. 좋지 않은 문화가 보편화되어 좋은 문화를 몰아내는 현상을 “악화가 양화를 구축한다.”라는 그레셤의 법칙에 적용하여 문화의 그레셤 법칙(Gresham's law)이라 한다(김봉석 외, 2004).

용어 해설 그레셤 법칙(Gresham's law)
그레셤 법칙(Gresham's law)은 16세기 영국의 재무관 Gresham이 제창한 화폐유통에 관한 법칙이다. 이 법칙은 흔히 '악화(惡貨)는 양화(良貨)를 구축(驅逐)한다(Bad money drives out good)'라는 말로 표현된다. 이 말은 Gresham이 악화를 개주(改鑄)하여 외국환의 지배권을 장악하려는 구상에 서 Elizabeth 여왕에게 진언한 편지 속에 나온 말로서, 19세기 경제학자 Macleod에 의해 '그레셤의 법칙(Gresham's law)'이라 명명되었다.

둘째, 문화의 기능을 실용적 기능과 사회적 기능으로 분류할 수 있다. 문화의 실용적 기능이란 문화는 완전히 충족되지 않는 인간적인 수요의 충족을 위해 문화가 봉사한다는 것이다. 즉, 문화는 인간의 생황의 편리와 안락을 위한 지식과 기술을 제공하는 기능을 한다. 사회적 기능은 인간이 사회 속에서 살아가는 데 있어 공동생활을 규제하고 권리와 의무를 분배하는 기능이다. 사회제도, 정치제도, 윤리도덕, 법률은 대표적인 문화의 사회적 기능이다(김구호 외, 2006).

셋째, 문화는 개인에 대한 문화의 기능과 사회에 대한 문화의 기능으로 분류할 수 있다. 문화는 그 사회에 태어난 개인과 사회집단에 대하여 고유의 기능을 갖는다. 문화는 개인으로 하여금 그를 둘러싼 사회적 환경에 적응하여 생리적, 심리적 요구를 충족하도록 하며, 사회집단에는 사회의 존속과 통합이라는 기능을 갖는다(김영찬, 1980).

이 책에서는 개인에 대한, 그리고 사회에 대한 문화의 기능을 구체적으로 살펴보도록 하겠다.

1) 개인에 대한 문화의 기능

문화는 사회구성원들에게 영향을 미친다. 문화는 사회구성원들이 사회에 적응하고 자신의 목표와 가치를 실현하면서 살아가도록 하기 위한 기능을 제공한다. 문화는 사회구성원들에게 사회에서 생활할 때 어떻게 생활하고, 어떻게 생각하고, 어떻게 느껴야 하는지에 대한 일반적인 규칙과 규범을 제시한다. 문화는 한 개인이 태어나면 가정에서 친인척의 어른들의 돌봄을 통해서, 청소년 시절에는 학교교육과 또래집단을 통해서, 그리고 성인이 되면 직장과 다양한 집단을 통해서 개인에게 영향을 미친다.

문화의 개인에 대한 기능을 정리해 보면 다음과 같다.

첫째, 문화는 개인의 생리적 욕구와 필요를 충족시켜준다. 문화는 사회구성원으로서 개인이 인간의 기본적 욕구를 충족시키는 방법, 때, 장소를 가르쳐준다. 즉, 문화는 개인에게 어떻게 입고, 어떻게 먹고, 어떻게 짝을 구하고, 어떻게 사람들과 사귈 것인가에 대한 방법과 절차, 때와 장소 등을 규정하고 제시한다. 한 사회구성원들은 이러한 명시적이고 암묵적인 문화의 강제성에 민감한 반응을 보인다.

둘째, 문화는 현상세계의 사물에 대한 관점을 제공한다. 문화는 한 사회가 옳다고 판단하고 있는(실제 이론적으로 옳든 그르든 상관없이) 인간과 우주의 본질, 그리고 인간의 역할에 대한 정립된 관점을 제공한다. 일반적으로 개인의 우주관, 세계관, 그리고 사람에 대한 관점은 그가 속한 사회체제에 의해, 그리고 개인의 역할은 그 사회의 전통과 관습에 의해 규정되는 경향이 강하다.

셋째, 문화는 사물(事物)의 의미를 현실적으로 규정한다. 개인이 사물에 대하여 내리는 거의 모든 규정, 즉 논리성, 도덕성, 중요성, 흥미성, 그리고 선악에 대한 규정은 문화를 바탕으로 한다.

넷째, 문화는 인간의 양심(良心)을 결정한다. 사람이 양심을 갖는 것은 선천적으로 타고난 것이기보다는 후천적으로 학습되고 습득된 것이다. 즉, 문화는 개인의 인성형성과 발달의 에너지원이다. 문화는 개인의 양심을 결정하는 데 그치지 않고 더 나아가 개인의 인성을 형성하고 개성을 표현하도록 한다. 개인의 양심은 개인 속의 독특한 심리적 현상이 아니라 그 사회집단이 가진 선악에 대한 규정을 내면화시킨 결과로 많은 부분에서 보편적 현상을 보인다.

다섯째, 문화는 한 사회를 구성하는 구성원들에게 소속감을 준다. 여기에서 소속감은 문화적 소속감을 의미한다. 같은 문화를 공유하는 이들은 유사한 가치관과 생활방식을 공유하므로 서로에 대해 친근감을 느끼며, 문화내용의 공유를 통해 다른 집단과 구별되는 정체성을 갖는다.

2) 사회에 대한 문화의 기능

문화는 한 사회의 집단과 개인의 행동 방식을 명시하고 그 행동방식에 맞게 행동하도록 규정함으로써 사회를 존속시키고 통합하는 기능을 한다. 문화는 다양한 수단과 방식으로 사회에 기능한다. 문화는 사회구성원인 개인을 통해서, 기관을 통해서, 그리고 다양한 제도를 통해서 직·간접적으로 사회에 기능한다(김봉석 외, 2006).

문화의 사회에 대한 기능을 살펴보면 다음과 같다.

첫째, 문화는 사회가 나아갈 방향을 제시한다. 문화는 사회를 통해 성립되고 문화는 사회를 이끌어나가는 에너지를 제공한다. 사회는 체제로 구성되며, 체제는 상위체제와 수많은 하위체제로 구성된다. 각 체제는 새로운 사회가 된다. 문화는 사회의 목적과 목표를 달성하기 위해 각 하위 체제의 나아갈 방향을 제시한다. 예를 들면, 학교문화는 학교에서 학생집단과 교사집단이 학교의 목적과 목표를 달성하기 위해 어떻게 행동하고, 어떠한 역할을 수행해야 하는지에 대하여 그 방향을 제시하고 규정한다. 또한 회사에서는 개인의 지위와 역할을 규정하고 각각의 지위와 역할 수행 집단들의 의무를 제시함으로써 회사를 존속시키고 발전시키도록 한다. 즉, 문화는 사회 유지를 위한 기본 지침을 제공하고 사회의 통합을 위한 공동체의식을 형성하며, 사회발전을 위한 사회적 목적과 목표를 제공한다.

둘째, 문화는 각 사회를 구별해준다. 각 사회는 독립성과 자율성을 갖는다. 세상에는 많은 국가와 민족들이 있다. 우리는 이들 국가와 민족을 그들의 문화에 따라 쉽게 특징지을 수 있다. 각 사회도 마찬가지다. 국가와 민족, 그리고 각 사회는 그들 나름대로 독특한 문화를 가지고 있으며 이를 통해 구분된다. 이러한 문화의 독특성은 사회의 역사와 사회구성원의 차이, 그리고 지리적 차이에 따라 다양하게 나타난다.

셋째, 문화는 개인에게 상호작용 통로를 제공함으로써 집단 구성원들의 갈등과 긴장을 해소시켜준다. 문화는 구성원들에게 모르는 것을 가르쳐주고, 개인 간 상호작용을 촉진시킴으로써 개인의 정서적 안정은 물론 개인 간 갈등을 해소할 수 있도록 한다. 또한 문화는 집단구성원들의 협동을 확보할 수 있는 일련의 규칙을 제공함으로써 통일감을 유지할 수 있도록 한다.

사회에 대한 문화의 기능은 복합적인 성격을 갖는다. 이 기능은 개인에 대한 기능을 동반하며, 사회의 유지·존속을 위해 문화적 규범이나 관습, 그리고 법률이라는 과거 시대의 문화적 결과를 통해 강제성을 갖기도 한다.

이상에서 살펴본 바와 같이 문화는 개인으로 하여금 개인의 욕구를 충족시키고 환경에 적응하도록 하는 기능을 하며, 사회에 대하여서는 사회 내의 구성원들을 통합하고 동질성을 부여함으로써 사회를 존속할 수 있게 한다.

3. 문화와 교육의 관계

이상에서 살펴본 바와 같이 문화는 관점에 따라 여러 개념으로 설명이 가능하고 다양한 기능을 수행하고 있다. 문화의 개념과 기능을 살펴보면 교육과 관계되고, 특히 교육의 주요 내용 및 수행과 관련되어 있다. 문화는 각 사회의 근간을 이루는 핵심으로 교육이라는 제도를 통해 계승·발전하기 때문이다.

교육과 문화와의 관계를 살펴보면 다음과 같다(김봉석 외, 2004).

교육활동은 일반적으로 교육목적, 교육내용, 교육방법, 교육평가라는 요소와 단계로 구성된다. 특히 교육내용은 일반사회화를 위한 내용과 특수사회화를 위한 내용으로 구성된다. 일반사회화나 특수사회화 모두 문화적인 내용으로 구성된다. 교육은 문화내용을 가지고 인간과 인간을 연결하고 인간을 사회에 소속시키며, 그 과정을 통해 문화를 계승·발전시킨다. 앞서 설명하였듯이 문화는 학습된 것이기도 하지만 문화전승을 위해 앞으로 가르쳐지고 학습되어야 하는 것으로, 다음 세대는 문화교육을 통해 문화에 잘 적응하고 문화를 적절히 이용할 줄 아는 문화인으로 길러진다. 문화인이란 욕구와 본능을 가진 자연 상태의 인간이 '교화'와 '훈육'을 통해 욕구를 절제할 수 있고 본능을 자기 자신이 통제할 수 있으며, 그리고 이성의 도야를 통해 '세련'된 '교양'을 갖춘 인간을 말한다.

문화와 교육은 다음과 같은 관계를 갖는다(최정숙·박용헌, 1999; 박상호·김경희, 1995: 83).

첫째, 교육의 기능은 문화를 전달하고 발전시키는 것이다. 교육의 최우선 목적은 교육받은 사람들로 하여금 사회에서 자신의 역할과 기능을 다할 수 있게 하고, 자신의 역할과 기능을 충실히 이행함으로써 보람을 느끼도록 하며 자아실현을 이루도록 하는 데 있다. 교육은 사회화이며 문화화이다. 교육은 사회의 입장에서 보면 문화를 전달하는 것으로 교육은 가치 있는 문화적 유산을 교육내용으로 학생들에게 학습·전수시킨다. 따라서 교육은 학습자 개인의 측면에서 생각하면 문화의 학습과정이다. 교육을 통한 한 사회의 문화발전(culture development)은 문화변화의 과정에서 개인의 행복과 안정, 문화의 균형과 질서가 중시될 때 가능하다. 그러므로 문화변화의 과정에서 학습자 개개인은 주체성의 확인과 그 신장이 중요하고 전통의 가치를 체계화해야 한다.

둘째, 문화는 한 사회의 교육목적 및 목표와 교육내용을 추출하는 자원이다. 즉 문화는 교육목적 및 목표와 교육내용을 제공한다. Bobbit는 교육의 목적을 사회의 '이상적 어른(ideal adult)'으로 상정하고 어린이들을 '이상적 어른'이 되도록 하기 위한 교육과정 편성방법을 제시하였다. 그의 교육과정 편성방법은 어른들의 중요한 생활영역에서 출발한다. 교육과정내용은 사회에서 올바른 어른으로 생활하기 위해 필요한 언어활동, 시민생활, 종교활동, 부모활동 등 한 사회의 문화생활에 기초한다. Bobbit는 사회가 지향하는 문화적 가치에 기반을 두고 교육목적과 목표, 그리고 내용을 도출하여 교육과정을 편성하여야 한다고 지적한다.

셋째, 교육의 과정은 인간의 사회적 상호작용에 의하여 이루어지는 사회적 학습과정이다. 즉, 교육은 문화의 한 부분이며 문화적 과정이다. 사회의 모든 활동과 과정은 그 사회의 문화에 영향을 주고받는다. 교육과 문화는 서로에게 영향을 주는 다른 모습으로 보이지만 기능적 측면에서 사회의 유지와 존속 그리고 발전이라는 공통의 기능을 수행한다. 교육과 관련하여 문화는 특정사회와 관련된 학습된 행동이라는 것을 강조한다. 문화의 교수·학습은 교육의 본질이기 때문이다(주동범 외, 2002).

개인은 문화를 교육이라는 과정을 통해서 습득한다. 여기서 교육의 과정은 인간의 사회적 상호작용에 의한 학습과정으로서 그 사회의 문화를 내면화하는 과정이며, 동시에 다른 사회의 문화를 학습하는 과정이다. 문화가 학습되는 과정을 분석하는 것은 교육을 이해하는 기초이다. 교육은 문화를 전수하는 가장 중요한 과정이며 수단이다. 그러나 교육의 과정은 문화적 과정으로 이루어지고 그 교육의 목적은 문화의 가치에 의해, 그리고 교육내용은 문화의 내용으로 채워진다. 따라서 교육은 문화의 한 과정이며, 교육과 문화의 관계는 서로 설명하기 위한 상보적 관계를 갖는다.

3 문화와 관련된 개념

문화에서 파생된 개념과 용어들은 많다. 문화는 개념 정의가 어려우며, 변화가능성을 내포하고 있기 때문이다, 이에 문화에 관련된 개념들을 살펴봄으로써 문화의 개념과 교육과의 관련성의 이해를 돕는다.

1. 문화변동

1) 문화변동의 개념

문화는 사회적 산물로 체제로 구성된다는 것이다. 체제는 변화가능성, 항존성, 합목적성 등의 특징을 갖는바 문화도 이러한 특징을 그대로 갖는다. 현대사회에서 문화는 문화 그대로의 유지와 존속보다는 끊임없는 변화의 과정을 통해 발전하고자 하는 특징을 보여준다. 현대사회에서 문화를 구성하는 다양한 요소들은 가변성과 가동성을 가지고 있어 고정 불변하는 문화는 없다. 어떠한 문화가 하나의 유형에서 다른 유형으로 변화하는 것을 문화변화 또는 문화변동(cultural change)이라고 한다(김구호 외, 2006).

2) 문화변동의 원인과 과정

문화변동(cultural change)은 문화유형이 내·외적 원인에 의해 근본적으로 변화하는 것을 말한다. 문화 변동은 문화에 혁신이 이루어짐으로써 이루어지며, 문화변동의 주요 원인을 내적 원인과 외적 원인으로 구분해 볼 수 있다. 문화변동을 일으키는 내적 동인(動因)으로는 발명과 발견이 있고, 외적 동인으로는 문화

접촉, 문화전파, 문화동화 등이 있다(고려대학교 교육문제연구소, 2007).

〈표 4-1〉 문화 변동 원인

구분	동인
내적 동인	발명, 발견
외적 동인	문화접촉, 문화전파, 문화동화, 문화변용

문화는 다양한 내적, 외적 요인에 의해 변화된다. 한 문화가 변화되는 과정은 다음과 같은 과정을 통해서 진행된다.

① 무엇인가 새로운 요소가 싹트기 시작

② 새로운 요소가 사회 내부에서 생기거나 외부에서 유입되고, 사회구성원들에게 수용되고 공유

③ 새로운 문화 요소가 기존 문화 체제에 통합

④ 기존 문화 체제 변화-변혁

⑤ 문화의 균형상태 회복

용어 해설 **문화적 동화(cultural assimilation)**
다른 문화가 접촉하거나 전파되거나 접변하거나 하여 어떠한 형태로든 이질감을 느끼지 않도록 변화된 현상. 문화가 변화/변동되는 과정상에는 혼란과 저항이 있게 마련이다. 문화에 대한 저항의식은 주변인(marginal man)을 만들어 내지만 문화적 동화가 이루어지면 경계가 모호해지게 된다.'

출처: 고려대학교 교육문제연구소(2007). 『교육학용어사전』.

용어 해설 **주변인(marginal man)**
경계인 또는 한계인이라고도 번역된다. 성질이 현저하게 다른 두 개 이상의 집단 또는 사회에 동시에 소속하여 그 때문에 행동의 기준적 틀이 극히 불안정한 사람. 즉, 둘 이상의 사회집단 및 문화 사이에서 어느 쪽에도 속하지 못한 사람을 말한다. 원래 속해 있던 집단의 문화를 쉽게 버릴 수 없 고 새로운 집단의 문화에 아직 적응하지 못한 경우에 이러한 현상이 나타날 수 있다. 주변인은 언 어적, 문화적 습관의 차이가 가장 주요 원인으로 이민 등으로 많이 나타난다.

출처: 이태신(2000). 『체육학대사전』.

2. 문화변동의 양상

문화는 선천적으로 유전되는 것이 아니고 생후에 가정과 학교·사회 등에서 학습을 통해 얻어지는 것이며, 사회가 변화하고 발전하면서 계속해서 전승되고 변화한다. 인류학자들은 새로운 세대가 앞선 세대의 문화를 전승받는 것을 '문화전계(enculturation)'라 하며, 하나의 문화가 다른 문화와 접촉함으로써 동화와 조절이라는 과정을 통해 새롭게 변화하게 되는 것을 '문화접변(acculturation)'이라 한다. 문화전계와 접변과정에서 습득해야 할 문화를 습득하지 못하거나 문화의 변화속도를 따라가지 못하면 개인적으로는 '문화실조(cultural deprivation)'현상을, 그리고 사회적으로는 '문화지체(cultural lag)' 현상을 보이게 된다. 문화실조와 문화지체 현상은 개인으로 하여금 일탈 현상을 유발하게 하는 한 원인이 되고, 사회적으로는 사회적 규범의 동요와 이완 현상을 유발하여 사회적 혼돈상태인 '아노미(anomie)' 현상을 나타나게 한다(김봉석 외, 2004).

1) 문화접변

문화접변(cultural acculturation)은 두 독립된 문화 간 장기간의 상호작용으로 일어나는 문화변동 현상으로 서로 다른 두 문화체계의 접촉으로 문화요소가 전파되어 한쪽 또는 양쪽의 문화 양식이 새로운 양식의 문화로 변화되는 과정이나 그 결과를 말한다. 문화는 진공 상태에서 형성된 것이 아니라 일정한 역사적 상황에 의해서 사회적 소산으로 나타난다. 이러한 문화의 전승 및 접변 현상은 사회의 입장에서 본 것으로 개인의 입장에서는 문화의 학습 현상이다(정용교, 2001).

문화적 접변은 강제적 문화 접변과 자발적 문화접변으로 구분할 수 있다. 강제적 문화접변은 한 사회가 다른 사회를 군사적, 정치적, 경제적으로 지배·정복할 때 문화를 강제하는 경우에 나타나는 규제된 문화변동 현상이다. 반면 자발적 문화접변 현상은 군사적, 정치적, 경제적 지배관계에 있지 않은 두 문화가 상호교류하면서 사회 스스로 필요에 따라 새로운 문화를 차용하고 수용하는 과정에서 일어난다.

〈표 4-2〉 문화접변의 유형

강제적 문화접변	정복과 식민 통치 → 복고 운동, 거부 운동이 나타나기도 함
자발적 문화접변	이민 사회 → 스스로 필요에 따라 수용적인 입장

연구자들에 따라 문화접변, 특히 강제적 문화접변 현상을 문화 이식으로 해석하는 경우도 있다. 문화 이식이란 서로 다른 두 개의 문화가 접촉할 때 보다 우월하다고 생각되는 특정 문화가 다른 문화에 강제적으로 주입되는 현상을 말한다. 문화 이식은 접촉–동화–변형의 과정을 거친다.

〈표 4-3〉 문화이식의 과정

접촉	동화	변형
서로 다른 문화의 접촉	상대적 우위의 문화가 다른 문화에 동화	기존 문화의 본래 유형을 잃어가며 변형

즉, 문화이식은 직접적 접촉을 통하여 한 문화가 다른 문화에 영향을 미치거나 서로 영향을 미쳐 그중 하나 또는 필요에 따라 모두에게 변화가 일어나는 과정을 말한다.

용어 해설 **문화전계**
문화화 내지 문화전수라는 영어의 'enculturation'을 옮긴 것으로 문화주입으로도 번역된다. 일반적으로 문화전계는 개인이 그가 소속한 사회의 문화를 학습하여 문화에 동화되는 현상으로 정의할 수 있다. 즉, 문화를 학습하고 그 문화를 내면화하는 자문화 학습 및 자문화 동화를 위한 개인과 개 인, 개인과 사회의 상호작용적 과정이다. 따라서 문화전계는 문화화 또는 문화전수, 교육을 포함하 는 넓은 의미로 해석할 수 있다.

용어 해설 문화변용(cultural deculturaion)
한 사회의 문화가 다른 사회의 문화로부터 그 문화 요소를 취득하여 변화하는 과정을 말한다. 출처: 김구호 외(2006). 『최신교육사회학』.

출처: 이태신(2000). 『체육학대사전』.

2) 문화전파(cultural diffusion)

문화는 전파를 통하여 변화된다. 문화는 체제로 되어 있기 때문에 유지와 변화의 특성을 동시에 가지고 있다. 또한 문화는 상호작용을 기본으로 하는 수용과 보급이라는 속성을 통해 어느 한 부분이 다른 부분에 영향을 확대시켜나간다. 문화전파는 문화를 달리하는 사회의 문화요소가 다른 사람들에게 전해지는 현상 또는 문화적 특질이나 복합체가 사회에서 사회로 퍼져 나가는 현상을 말한다. 확대된 개념으로 보면 한 사회의 문화요소가 다른 사회로 전해져 그 사회의 문화과정에 정착되는 현상까지를 문화전파라고 한다.

문화전파는 인구이동, 정복, 선교사업, 교역 등에 의해 이루어지는 경우가 많지만, 현대사회에서는 대중매체와 정보통신기술의 발달로 인한 문화 전파가 그 영향력이 크다고 할 수 있다. 문화전파의 경로는 교역, 부족 간의 통혼 등의 직접적 접촉에 의한 전파, 선교사, 교육자, 여행자, 무역 중개인 등의 간접적 접촉에 의한 전파, 그리고 내용의 전파가 아니라 개념만 전파되는 자극전파가 있다.

〈표 4-4〉 문화전파의 유형

구분	내용
직접 전파	두 문화 체계 간의 직접 접촉에 의한 전파
간접 전파	매개체(선교사, 무역중개자, 여행자, 인쇄물, TV 등)를 통한 전파
자극 전파	문화의 주체적 내용이 전해지지 않고 일반적인 개념만 전파되어 발명을 자극하는 것

3. 문화실조, 문화지체

1) 문화실조(cultural deprivation)

인간이 발달하기 위해서는 인간발달 단계에 따라 적절한 문화요소가 제공되어야 한다. 일정한 단계별로 문화요소가 제대로 공급되지 않으면 발달이 저해되는 현상이 나타난다. 문화실조 현상은 인간발달에서 요구되는 심리적 요소의 결핍, 과잉 및 시기적 부적당성에서 일어나는 지적, 사회적 인성발달의 부분적 상실, 지연 및 왜곡의 현상으로 정의할 수 있다. 즉, 육체적 영양실조의 현상과 마찬가지로 급속히 변화·발전하는 문화를 제대로 수용하지 못하여 생기는 지적, 정의적 결함을 의미한다는 것이다. 문화실조는 인간발달에 있어 유전적 우열보다 환경적 요인에 의한 영향이 크다고 보는 입장이다(박문각, 2013).

1960년 Riesman이 『문화적으로 실조된 아동』이라는 저서를 발간한 이후 문화실조는 미국의 저소득층 자녀의 학업실패를 설명하는 개념으로 사용되었다. 문화실조론에 따르면 가정의 사회문화적 환경, 즉 부모의 교육 수준과 언어사용방식 등에 있어 상대적 결핍이 생기는 경우 학교에서 다른 학생들에 비하여 학업성취 정도가 떨어지고 결과적으로 교육 불평등을 가져온다.

교육현상에 관심 있었던 Taba 등은 학습지진아, 부진아, 그리고 문제아동까지를 포함하여 정의하기도 한다. 교육에 있어서 문화실조란 개인의 가정환경 및 주변 환경, 그리고 물리적·심리적 환경의 빈약으로 인하여 적절한 지적 자극을 받지 못한 결과 발생하는 지적, 정의적 신체적 부적응 현상을 의미한다. 이와 같이 문화실조 현상에서 주로 두드러지게 나타나는 문제가 지적, 정의적 측면의 결함이긴 하지만 많은 연구에서 문화실조아들의 신체적 건강과 발달은 정상아동에 비하여 훨씬 부진한 상태를 나타낸다는 연구결과를 고려할 때, 문화실조 현상으로 인한 신체적 발달의 지연 현상도 간과해서는 안 될 중요한 문제이다.

문화실조 현상을 일으키는 요인들을 살펴보면 다음과 같다.

① 가정의 사회적·경제적 수준

대부분 문화실조 현상이 나타나는 가정의 사회·경제적 수준은 낮다. 이러한 가정에서는 교육을 위한 물리적·심리적 환경을 적절히 조성하지 못하는 경우가 많기 때문에 아동은 다양한 문화적 자극을 받지 못하고 자라게 된다. 이러한 아동은 지적 발달은 물론 신체적, 정서적, 사회성 발달조차 지연되는 경우들이 나타나게 된다.

② 부모의 교육수준

문화실조 현상이 나타나는 아동의 가정의 경우 부모의 교육 수준이 낮은 경우가 많다. 교육 수준이 낮은 부모들은 아동을 교육적으로 양육하지 못하고 아동의 발달에 무관심하거나 지나칠 정도로 성취에 대한 압력을 가함으로써 아동들을 무력감에 빠지게 한다.

③ 거주지역

문화실조 현상이 나타나는 아동의 주거 환경을 보면 사회의 지배적 문화권에서 소외되어 있거나 교통이 불편하여 소외된 지역인 경우가 많다. 소외된 지역의 사람들은 대체로 사회·경제적 지위나 교육 수준이 낮은 경우가 많다.

④ 부모의 양육방식

문화실조 현상은 부모가 아동에 대하여 적절한 양육태도를 갖지 못한 경우에도 발생한다. 문화실조 현상은 일관성 없는 양육 태도를 가진 부모, 성취압력이 결여된 부모, 아동의 적절한 역할 기대를 제공하지 못하는 부모, 적절한 모델이 되지 못하는 부모들의 자녀에서 많이 나타난다.

미국에서는 문화실조이론은 학습자의 학업성취도와 관련되고 교육 불평등을 야기하는 주요한 요인으로 이러한 현상을 예방·보완하기 위해 보상교육

(compensatory education) 정책이 광범위하게 실시되었다. 보상교육이란 교육의 기회균등을 위하여 사회적, 경제적, 문화적으로 혜택을 받지 못한 학생들을 대상으로 실시하는 교육정책이다. 보상교육의 대표적인 프로그램은 미국의 Head Start 프로그램, 캐나다의 Fair Start, 영국의 Sure Start 프로그램이 있다. Start 운동의 기본정신은 빈곤층 아이들에게 교육·복지 면에서 공정하고 확실한 출발선(start)을 마련해줘 성인이 됐을 때 가난에서 벗어날 수 있게 하는 것이다.

미국의 Head Start는 취학 전 빈곤 아동에게 언어, 보건, 정서 등의 포괄적 서비스를 제공해 빈곤의 악순환을 끊겠다는 취지로 1965년 시작된 아동 보육 프로그램이다.

〈표 4-5〉 미국의 Head Start 프로그램

구분	내용
목적	저소득층 아동이 취학 후에도 학교교육을 잘 따라갈 수 있도록 취학 전 단계에서 그 아동의 사회적, 지적, 정서적 발달을 갖추어 주기 위함
목표	① 유아의 건강과 신체적 능력의 증진, 미래의 건강 보호와 신체적 능력을 향한 가족들의 태도를 개선한다. ② 유아의 사회적 · 정서적인 건강과 발달을 돕도록 자신감과 자발성, 호기심, 자기 훈련을 고무한다. ③ 유아의 정신과정 및 정신기능을 개선하고, 특히 개념적 의사소통기술을 고취한다. ④ 유아가 자기의 미래 학업에 대해 자신을 갖도록 분위기를 조성한다. ⑤ 가족 및 타인과 긍정적 관계를 가질 수 있는 유아의 능력을 증진시키고, 또한 아동 및 아동의 문제에 긍정적으로 대처할 수 있는 가족의 능력을 강화한다. ⑥ 사회에 대한 유아와 가정의 책임 있는 태도를 발달시키며, 사회를 위한 건설적 기회를 마련해 준다. ⑦ 유아 및 가족의 자아 가치와 존엄성을 증진시킨다.
구성 요소	① 교육 ② 부모참여 ③ 건강진단 ④ 사회봉사 ⑤ 영양 ⑥교사진과 부모들을 위한 진로지도
결과	① 진학률 증가 ② 범죄율 감소

구분	내용
효과	① 개입(intervention)의 노력은 부모 활동과 부모 교육을 통해 프로그램의 성공을 높일 수 있다는 것이 더 명확해졌다. ② 헤드스타트가 다양한 사회적 배경의 아동들을 위한 학습 자료를 고안하는 방법의 혁신에 박차를 가했다 ③ 정신적 · 신체적 건강에 문제가 있는 아동들, 무시되고 버림받는 아동들의 조기 진단을 가능케 했다. ④ 전문적인 직원뿐 아니라, 부모와 같은 비전문인에게도 새로운 진로를 창출했다. ⑤ 저소득층과 소수 민족 자녀들이 헤드스타트의 결과로 대학 수준 정도의 훈련을 받았다. ⑥ 저소득층에 대한 지역사회 기관의 인식이 직접적으로 바뀌었다.

영국의 Sure Start는 1997년 시작되었다. 이 정책의 핵심은 말하기, 듣기, 사회성이 부진한 빈곤층 아이들을 도와 인생의 '확실한 출발'을 보장하는 것이다. 이 정책은 빈곤층 아이들이 어렸을 때부터 보호와 교육을 받아야만 가난에서 벗어날 수 있다는 생각에서부터 출발했다. 빈곤 아동의 문제를 개별부처만으로는 해결할 수 없기 때문에 위원회에는 교육기술부, 보건부, 노동연금부 등의 실무자들이 배치돼 있다. 이 정책을 통해 소득 하위 계층 20% 지역에 살고 있는 14세 이하 아동과 그 부모에게 보육인력·시설확대, 방과 후 프로그램 운영, 실직부모 구직활동 등을 지원하고 있다.

캐나다 Fair Start는 18개월부터 취학 전까지의 아동에게 시력, 청력, 사회성, 언어능력, 체력, 손놀림 등 여섯 가지 검사를 무료로 받게 하는 프로그램이다. 다섯 살 이전의 시기가 인생을 좌우하며, 뇌의 75% 이상이 다섯 살 이전에 발달하기 때문에 문제를 조기에 발견하고 치료하여 빈곤 아동에게 '공정한(fair)' 출발을 보장한다는 것이다

용어 해설 보상교육(compensatory education)
보상교육은 주로 빈곤 및 문화적 박탈로 인하여 통상적인 교육 기회 및 교육 서비스를 받지 못했던 자 또는 그것들로부터 이익을 받지 못했던 자들을 대상으로 교육력의 회복, 문화 향유능력의 신장, 교육기획의 확대 등의 형태에 의하여 통상적인 교육 프로그램 및 교육서비스를 개선하기도 하고 이에 부가해서 교육적인 불리함을 보상하기 위해서 제공되는 교육을 총칭한다. 즉, 교육의 기회균 등을 위하여 사회적 · 경제적 · 문화적으로 혜택을 받지 못한 학생을 대상으로 실시하는 정책적 교육이 다. 문화실조 또는 문화결핍 현상은 아동의 학업부진과 나아가 취업의 어려움, 빈곤으로 이어진다. 빈곤 → 문화실조 → 학업부진 → 취직의 어려움 → 빈곤이라는 악순환을 단절할 목적으로 혜택받 지 못한 어린이들(disadvantaged children)을 위한 정책적 교육 프로그램을 보상교육이라고 한다.

출처: 서울대학교, 교육연구소(1995). 『교육학용어사전』.

2) 문화지체(cultural lag)

문화지체란 급속히 발전하는 물질문화와 비교적 완만하게 변하는 비물질문화 간에 변동속도의 차이에서 생겨나는 사회적 부조화를 말한다. 즉, 문화지체는 시간이 지날수록 과학기술이 급속도로 발전하는 것에 비해 사회의 관습, 규범, 가치 등이 이를 따라잡지 못하는 부적응 정도, 현상, 내용 등을 포괄한다. 이 이론은 미국의 사회학자 Ogburne이 1922년 저술한 『사회변동론(社會變動論)』에서 주장하였다. Ogburne에 의하면 한 사회의 문화는 물질적인 것과 비물질적인 것을 모두 포함하고 있다. 급변하는 현대사회의 문화변동의 속도와 관련해서 볼 때, 이 물질적, 비물질적 영역은 밀접한 관계를 유지하면서 함께 변하는 것이 가장 이상적이다. 그러나 실제로는 비물질적 영역보다 물질적인 영역에서의 변화가 앞서기 때문에 비물질적 영역의 주요한 부분인 정치, 경제, 종교, 윤리, 행동양식 등 이와 관련된 여러 가지 제도나 가치관의 변화가 이를 따르지 못하는 경우가 많다. 즉, 문화 구성 요소 간의 변동속도의 차이로 인해 발생하는 문화격차가 발생한다.

예를 들면,

- 정보통신기술의 발달로 인하여 유무선의 정보통신기기와 인터넷 보급이 급속히 이루어지고 이용자 수가 급증하였지만 이를 이용하는 사람들의 문화수준이 높지 않아 악성 댓글 등을 포함한 인터넷 윤리 문제가 발생한다.
- 핸드폰 보급이 보편화되면서 생활이 편리해졌지만 공공장소에서의 무분별한 사용으로 인하여 타인에게 불쾌감을 주는 경우가 자주 발생한다.
- 자동차 보급률은 급속히 증가하고 있지만 운전자들의 운전운행과 교통의식이 낮아 끼어들기, 꼬리물기, 신호위반, 음주운전, 폭주 등의 문제가 발생하고 있다.

이처럼 비물질문화가 물질문화의 변동 속도를 따라가지 못할 때 심각한 사회적 부조화 현상이 야기된다. 정신적 문화가 물질적인 기술의 발달에 부합하여 사회가 안정될 때까지 사회변동은 계속해서 이루어진다.

3) 아노미(anomie)

아노미(anomie)는 그리스어 아노미아[anomia: 신의(神意)나 법의 무시]를 어원으로 한 무법, 무질서상태, 법의 무시를 뜻하는 것으로 즉, 사회적 규범의 동요, 이완, 붕괴로 인한 사회적 혼돈상태 또는 사회구성원의 욕구나 행위의 무규제 상태를 말한다.

아노미(anomie)라는 용어는 Durkheim의 『사회분업론(1893)』과 『자살론(1897)』에서 사용되었다. 그에 의하면 사회는 사회적 분업의 발달로 사회의 유기적 연대는 강화되지만, 사회의 전체적 의존관계가 교란되어 무규범·무질서 상태에 빠지게 된다. 산업화와 더불어 급격히 변화하고 있는 현대사회의 무규범·무질서 상태를 아노미라고 설명한다. Durkheim은 아노미를 구성원의 행위를 규제하는 공통의 가치나 도덕적 규범이 혼돈상태, 즉 새로운 규범과 과거의 규범이 혼재되어 있는 상황으로 정의하고 있다. 그는 아노미를 사회해체 현상을 분석하고 기술(記述)하는 유효한 개념으로 사용하고 있으며 아노미를 과도기적 현상으로 보고 있다. 즉, 새로운 규범이 완전히 정착되면 이런 과도적 현상은 사라지게 된다.

아노미 이론을 일탈행위에 대한 일반 이론으로 정립한 학자는 Merton이다. Merton은 Durkheim의 이론을 발전시켜 가난한 사람이 범법의 유혹에 쉽게 빠져드는지를 설명하기 위해 사회구조적 접근법으로 가난과 범죄의 연관성을 살펴보았다. 그의 이론의 핵심은 가난한 사람은 물질적 성공을 하고 싶으나, 성공의 가능성을 제공받지 못하거나 그 가능성이 낮기 때문에 목적과 수단 간 괴리 현상을 경험하게 된다.

용어 해설 **자살론(Le suicide)**

Emile Durkheim이 1897년에 발표한 저서로 자살을 사회 현상으로 자살의 원인 역시 사회적으로 설명한다. Durkheim은 자살을 이기적 자살, 이타적 자살, 아노미적 자살, 숙명적 자살로 구분한다.

사회적 통합 정도	이기적 자살	• 일상적인 현실과 좀처럼 타협 또는 적응하지 못하는 사람들의 자살 • 개인과 사회의 결합력(유대감)이 약할 때의 자살 • 개인주의적 성향이 팽배한 사회에서의 자살
	이타적 자살	• 자신이 속한 사회 또는 집단에 지나치게 밀착되어 있기 때문에 일어나는 자살 • 사회적 의무감이 지나치게 강할 때의 자살 • 집단주의적 사회에서의 자살
사회적 규제 정도	아노미적 자살	• 급격한 사회변동으로 무규범 · 무질서 상태에 빠졌을 때의 자살 • 서로 다른 규범과 가치가 뒤섞여 있는 사회, 급격한 변동에 있는 사회에서의 자살
	숙명적 자살	• 사회가 과도하게 개인의 욕망을 억압하기 때문에 생기는 자살 • 개인이 사회에 의해 과도하게 규제될 때의 자살

따라서 비합법적 방법으로라도 성공하기 위해 일탈 또는 범죄 가능성이 높아진다는 것이다. 여기에서 Merton은 바람직한 가치나 규범, 의식을 규정하는 문화구조와 위계서열과 가치의 실현 가능성을 의미하는 사회구조 사이의 괴리현상을 아노미(anomie)라 명명하였다(고려대학교, 교육문제연구소, 2007). Merton의 아노미 예로는 사기, 절도, 공금 횡령, 문서 위조, 선거에 당선되기 위해 불법 선거운동을 하는 것, 시험 성적을 올리기 위해 부정행위를 하는 것 등이 해당한다.

4 미디어와 교육

1. 미디어의 개념

1) 미디어(media)

미디어(media)란 정보를 시·공간적으로 이동시켜주는 매개물로 어떤 차원에서든 커뮤니케이션이 가능하도록 발신자와 수신자의 메시지(정보)를 건네고 받아줄 매개물이다. 미디어는 발신자가 미디어를 이용하여 메시지를 전달하고 수신자는 미디어를 통해 전해진 정보를 해석하고 의미를 파악하는 커뮤니케이션 과정을 매개한다.

미디어의 의미를 살펴보면(유일상, 2002), 첫째, 미디어는 한곳으로부터 다른 한곳으로 정보를 전달하는 통로라고 할 수 있다. 미디어는 불특정 대중에게 공적·간접적·일방적으로 많은 사회정보와 사상(事象)을 전달하는 인쇄물, 책, 라디오, 텔레비전이나 영화 등이 그 예이다. 둘째, 미디어는 발신자와 수신자를 기호 또는 정보에 따라 하나로 결합시키는 것으로 주로 복수의 사람들이 미디어를 통해 커뮤니케이션한다. 미디어가 사회 속에서 많은 사람에게 정보를 실어 나를 수 있고, 이를 수행할 때 이러한 미디어를 매스미디어(mass media)라 부르고 그러한 행위과정을 매스 커뮤니케이션(mass communication)이라고 할 수 있다.

2) 매스미디어(mass media)

매스미디어는 대량으로 대중적 메시지를 전달하는 매개체로 매스미디어의 출현은 대중사회의 성립과 긴밀한 관계를 맺고 있다. 매스(mass)는 물리학적인 의미에서 대량(大量)을 말하고, 사회학적인 의미로는 대중(大衆)을 말한다(유일상, 2002). 대중은 집단을 구성하는 특정한 인간의 무리를 일컫는 사회적 개념이다. 대중사회는 산업혁명에 의한 사회의 공업화와 도시화의 결과라고 볼 수 있다. 산업화와 도시화는 사회의 거대성, 익명성, 이질성, 그리고 상호작용의 결핍의 특성을 갖는 대중사회를 구성하였다.

매스미디어라는 용어는 한 사회의 구성원 대다수에게 도달하는 대규모 커뮤니케이션 수단을 의미한다. 매스미디어는 신문, 잡지, 영화, 라디오, 텔레비전과 같은 오래되고 친숙한 매체에서부터 개인화되고 쌍방향화된 인터넷과 같은 새로운 매체(뉴미디어)까지를 포함한다.

이상의 내용으로 볼 때 매스미디어는 다음과 같은 세 가지 특징을 갖는다. 첫째, 직업적으로 전문성을 지닌 전달자에 의해 만들어진다. 둘째, 시간과 공간의 한계를 넘어 정보가 공개적으로 동시에 전달된다. 셋째, 다양한 계층의 불특정 다수를 대상으로 한다.

다음으로 매스미디어의 사회학적 특성을 살펴보면 다음과 같다(유일상, 2002).

첫째, 매스미디어의 송신자는 공식적 조직체이다. 매스미디어의 메시지를 생산하고 송신하기 위해서는 출판사, 신문사, 방송사, 음반 및 영화배급사와 같은 공식적이고 일정 규모의 조직이 요구된다.

둘째, 송신자와 수신자의 관계는 비인간적이다. 매스미디어의 수용자는 여러 인간 집단에 소속된 수많은 사람들이다. 이들은 미디어와 메시지 선택에 있어서는 습관적, 목적적 선택으로 어느 정도 동질화되어 있지만 익명(匿名)으로 송신자와 물리적, 시간적, 공간적으로는 분리되어 있다.

셋째, 메시지는 불특정 다수에게 공개되며 그 자체로 상품성을 가질 수 있다. 매스미디어가 전달하는 메시지는 많은 사람과의 이해관계가 있기 때문에 송신자는 사회의 보편적 가치, 윤리, 규범 등의 통제 속에서 메시지를 더 많은 사람에게 흥미롭게 전하려고 한다. 이런 이유로 미디어의 내용은 원하는 정보와 오락으로 채워지는 경향을 보여준다.

넷째, 매스미디어는 상품화될 수 있다. 매스미디어는 전달하려는 메시지의 중요도, 관심도에 따라 전달하려는 지면이나 시간이 상품화되는 경우가 많다.

다섯째, 매스미디어는 수신자인 대중을 통제한다. 매스미디어는 복잡한 사회문제를 지나치게 단순화하거나 다양한 가치를 획일화하여 문화의 다양성을 해치는 경우가 있다. 또한 여론이나 유행을 선도하여 특정 정치적 행위를 조장하거나 상품에 대한 수요를 조장하기도 한다. 매스미디어는 기존체제의 유지에 자발적으로 협조하거나 가치의 획일화와 단순화를 조장함으로써 대중들을 평균적인 의식을 가진 사람들로 조작할 수 있다.

용어 해설 산업혁명(industrial revolution)
18세기 중반부터 19세기 초반까지 영국에서 시작된 기술의 혁신과 이로 인해 일어난 사회, 경제 등의 큰 변혁을 일컫는다. 산업 혁명이란 용어는 Arnold Toynbee가 처음으로 사용했다. 산업혁명은 급격한 산업생산력의 증대를 의미한다. 증기기관이라는 새로운 동력과 기계가 결합하며 그전에는 결코 상상할 수 없었던 생산력의 증대를 가져온 것이다. 1780년대에 영국에서 시작된 산업혁명은 1830년대에는 인접한 벨기에와 프랑스로 퍼지고, 1850년대에는 독일, 1860년대에는 남북전쟁을 끝 낸 미국으로도 확산되었다. 일본과 러시아는 뒤늦게 1890년대에 이에 합세하며 점차 전 세계가 그 물결에 휩싸이게 되었다. 산업혁명은 세계사적으로 큰 변화를 이루어냈고 이것이 오늘날 서양 중 심의 세계를 만든 근본적인 힘이다.

출처: 프레시안(2008. 07. 11.) 산업혁명이란 무엇인가.

3) 뉴미디어(new media)

19세기 이후 신문과 잡지, 20세기 영화와 라디오, 텔레비전과 같은 매체들은 대중사회를 형성하는 기초가 되었다. 1990년대 이후 정보통신기술의 혁신적 발전은 기존 매체에 큰 영향을 주었고 새로운 특성을 지닌 미디어와 미디어의 개념들이 등장하였다. 이를 뉴미디어라고 하고 뉴미디어는 디지털 미디어로 대표된다. 디지털 미디어의 특성은 정보의 복제 및 전송의 용이함, 상호소통성의 강화, 네트워크 연계성으로 요약할 수 있다. 뉴미디어 시대는 정보의 복제와 생산, 그리고 전송이 용이함에 따라 정보가 대량생산되고 유통·확산되어 지식정보를 산업으로 하는 산업구조로 개편되고 있다. 또한 뉴미디어는 상호소통성의 강화로 메시지의 흐름이 한 방향이 아닌 상호적이고 다면적인 방향으로 이루어지게 하고 있다.

〈표 4-6〉 디지털미디어의 유형

유형	종류
정보기기	디지털카메라, PC, 노트북, 디지털캠코더, PDA
저장도구	하드디스크, 플로피디스크, DVD, CD-ROM, 플래시메모리
정보유통공간	인터넷 사이버스페이스, 무선 인터넷망
정보제공 및 유통업체	인터넷 방송국, 인터넷신문사, 광고대행사

출처: 문혜성(2006). 『미디어 교수법』. 한국콘텐츠진흥원. p. 62..

뉴미디어는 기술과 커뮤니케이션의 측면에서 다음과 같은 특성을 가진다.

첫째, 디지털화이다. 디지털화란 뉴미디어가 그 전달능력을 확장하기 위해 정보기술을 응용하여 정보처리와 전달방식에 필요한 정보를 모두 디지털신호로 전환하는 것을 말한다. 디지털화는 신속하고 정확한 정보처리를 가능하게 함으로써 뉴미디어의 가장 핵심적 특성이다.

둘째, 종합화이다. 지금까지는 별개의 영역으로 존재했던 개별 미디어들을 하나의 정보망으로 통합하는 것을 의미한다. 뉴미디어 이용자들은 개별 미디어들이 전달하는 메시지를 하나의 디지털단말기로 자신이 필요로 하는 다양한 유형의 정보를 용이하게 송·수신하고 이용할 수 있다.

셋째, 상호작용성이다. 뉴미디어는 기존 대중 매체들이 갖는 일방향성의 문제를 극복하고 송·수신자 간 쌍방향성을 크게 증가시켰다.

넷째, 비동시화이다. 대중매체의 가장 중요한 특징은 송신자중심의 동시적 메시지 전달이다. 즉, 수용자는 수동적 입장에 있을 수밖에 없었다. 그러나 뉴미디어는 수용자가 원하는 시간에 원하는 메시지, 정보, 프로그램 등을 원하는 곳에서 시청하는 적극적 수용자로 만든다.

2. 미디어의 발달과 종류

미디어는 연구자와 분류 방식에 따라 다양하게 분류될 수 있다. 정보전달의 매개에 따라 유선과 무선 미디어, 전달정보의 형태에 따라 문자, 음성, 영상미디어, 그리고 매체 구분에 따라 신문, 방송, 통신 미디어로 구분할 수 있다. 그러나 현재 이러한 형식적 구분도 매체의 발달에 따라 모호해지고 있다.

미디어의 유형을 구분해 보기 전에 먼저 미디어의 발달과정을 기술 발달 측면에서 나누어 보면 크게 활자, 전파, 비디오, 디지털 미디어로 대표되는 뉴미디어 시대로 구분할 수 있다.

〈표 4-7〉 미디어의 발달 과정

시기	주요 미디어	특징
제1기	활자 미디어	기본적인 정보를 기록, 저장, 전달
제2기	전파 미디어	거리와 시간 개념을 단축하거나 초월
제3기	비디오 미디어	화상 정보의 전달 가능
제4기	뉴미디어	기존 미디어를 복합적으로 활용

출처: 한국언론재단(2005). 『미디어와 시대』. p. 13.

① 제작기술과 제작방식에 의한 분류

미디어는 역사적 구분과 더불어 제작기술과 방식에 따라 분류하기도 한다. 미디어의 발달단계의 제1단계와 제2단계를 구분하는 미디어 구분은 가장 고전적인 분류라고 할 수 있다.

〈표 4-8〉 활자미디어와 전파미디어

활자미디어	구분	전파미디어
• 독서능력 필요	• 요구능력	• 특별한 교육/능력이 필요 없음
• 개인적	• 수용	• 집단적
• 소량	• 정보량	• 대량
• 비교적 늦다	• 전달속도	• 매우 빠름
• 제작비는 저렴하나 구독료는 고가	• 비용	• 제작비는 고가이나 시청료는 저렴
• 소수자	• 대상	• 다수자
책, 잡지, 신문	종류	텔레비전, 라디오

출처: 김구호(2006). 『최신교육사회학』. p. 148 수정 일부 재인용.

② 사유와 인식의 정도에 따른 분류

McLuhan은 『미디어의 이해(1964)』를 통해 미디어가 감각기능의 확장 도구라는 입장을 가지고 미디어를 핫 미디어와 쿨 미디어로 구분하였다. McLuhan의 구분은 사유와 인식의 정도에 따른 분류이다. McLuhan은 모든 기술을 인간기능(function)의 확장이라고 설명한다. 그에 의하면 의복은 피부의 확장이며, 자동차의 바퀴는 다리의 확장이고, 책은 눈의 연장이며, 그리고 전기는 중추신경의 연장이다. 이런 견지에서 매체기술은 감각기관의 확장이며, 매체는 곧 메시지이다. 매체가 다르면 메시지도 달라지고 수용자가 인식하는 방법도 달라진다.

〈표 4-9〉 핫 미디어와 쿨 미디어

핫 미디어	구분	쿨 미디어
신문, 잡지 라디오 사진 영화	미디어	전화 만화 텔레비전
낮음	정세도	높음
낮음	참여도	높음

McLuhan은 정세도(definition)와 참여도(participation)의 개념을 사용하여 핫 미디어와 쿨미디어를 정의하였다. 정세도란 어떤 메시지에 대해서 단일 감각이 받아들이는 정보의 자세한 정도로서 이는 데이터의 충실도와 관련이 있다. 참여도란 인간이 감각 기관을 통해서 받아들인 메시지의 뜻을 재구성하는 데 필요로 하는 상상력 투입의 정도이다.

핫 미디어는 높은 정세도를 가지기 때문에 정보의 양이 많고 논리적이어서 수용자 참여의 여지가 없으며 큰 상상력을 동원할 필요가 없다. 반면에 쿨 미디어는 정세도가 낮은 대신 참여도는 높은 매체로 직관적이며 감성적으로 관여하는 경향이 있다. 또한 정보의 양이 빈약하며 불분명하여 수용자의 적극적 참여가 필요하다.

McLuhan은 텔레비전을 청각과 촉각의 매체이며 쿨 미디어라고 규정했다. 반면에 라디오는 핫 미디어라고 했다. 그는 신문, 잡지, 라디오, 영화 등이 핫 미디어로 전화, 텔레비전, 만화 등은 쿨 미디어로 분류하였다. 미디어를 핫 미디어와 쿨 미디어로 분류함에 있어서 간과하지 말아야 할 것은 절대적인 것이 아니라 상대적인 분류 체계라는 것이다.

③ 정보의 송출 형태에 따른 분류

Fiske에게 문화란 체험된 일상의 경험으로서 의미가 생성되고 순환되는 장소로서 기능하는 매우 실천적 의미를 갖고 있다. 미디어들은 정보의 흐름을 통해 사람과 사람들이 체험된 일상의 경험을 공유하도록 도와준다.

Fiske는 채널과 미디어를 다음과 같이 정의한다. 채널은 단순히 신호가 전달되는 물리적인 수단이며, 주요한 채널은 광파, 음파, 무선전파, 전화선, 신경체계 등을 둘 수 있다. 미디어는 메시지가 채널을 통해 전달될 수 있도록 하나의 신호로 전환하는 기술적 혹은 물리적 수단이다.

〈표 4-10〉 송출 정보 형태에 따른 미디어 구분(Fiske, 1982)

미디어	특징
직접 표현미디어 (현시적 미디어)	발신자 자신이 미디어의 소유자가 되는 경우 소리, 표정, 몸가짐 등
대행 표현미디어 (재현미디어)	원래의 발신자와 분리된 미디어 그 자체가 커뮤니케이션 활동을 행하는 경우 서적, 회화, 사진 등의 문화적 · 미술적 수단이 동원되는 경우
기계 표현미디어 (기술미디어)	시간과 공간을 초월하여 매개하는 미디어 전화, 라디오, 텔레비전 등

출처: 유일상(2001). 『매스미디어 입문』. pp. 20-21.

직접 표현미디어는 목소리나 얼굴, 신체 등으로 전보를 송출하고, 대행 표현미디어는 책, 그림, 사진, 건축물, 인테리어, 정원 등 어떤 유형의 '텍스트'를 창조하기 위해 문화적이고 심미적인 관습을 사용한다. 기계 표현미디어는 전화, 라디오, 텔레비전 등 엔지니어에 의해 만들어진 채널을 말한다.

3. 매스미디어의 기능

현대사회에서 매스미디어는 정보의 제공자, 사회화와 교육의 수단, 동기의 부여자, 토론의 마당, 오락의 도구, 문화발전의 추진체, 그리고 시장경제 유지의 역할을 담당한다.

매스미디어는 이상의 역할을 담당하면서 매스미디어의 개별 기능을 통해 사회적 기능을 수행한다. 매스미디어의 개별적 기능은 정보의 제공, 상호작용과 조정, 문화의 전수, 오락의 제공 및 광고의 매개 등으로 정리할 수 있다. 이러한 기능들의 상호작용에 의해 매스미디어는 사회에 대한 감시, 해석, 연결, 가치전수, 오락과 같은 사회적 기능을 한다(유일상, 2002).

Lasswell은 매스미디어의 기능을 다음과 같이 환경감시, 상관조정, 그리고 사회유산전수 기능으로 분류하여 정리하였다.

〈표 4-11〉 미디어의 기능

미디어의 기능	내용	순기능	역기능
환경감시 기능	• 보도 매체가 일상적으로 다루는 뉴스의 기능	• 과거 소수에게만 집중 되었던 정보를 대중에게 공평하게 전달 • 일상생활과 밀접한 정보를 제공해줌으로써 생활의 편의 제공	• 과다한 정보로 인해 국가나 사회의 정치적 안정을 위협 • 정보에 대한 시청자의 과민반응으로 심리적 긴장이나 공포감 유발
상관조정 기능	• 변화하는 환경에 사회가 제대로 적응할 수 있 도록 미디어가 정보의 의미를 해석하고 대응 책을 처방해 주는 기능	• 어떤 정보가 중요하며 어떻게 대처해야 하는 지에 대한 해석과 평가 를 제공	• 보도에 편견이 개입하거나 불공정한 보도, 각종 이익단체 개입 등으로 인해 비판력과 판단력을 떨어뜨릴 수 있음
사회유산의 전수 기능	• 가치나 규범, 정보를 다음 세대나 새로운 사 회구성원에게 전수하 는 기능	• 사회 전체를 동일한 규범으로 통합하는 교육적인 기능	• 미디어를 통해 제공되는 문화가 규격화되고 획일화된 경향으로 창 의성과 다양성 저해
오락 기능	• 흥미 위주의 내용으로 기분전환과 휴식을 돕는 기능	• 시청자의 오락 욕구를 충족	• 공공문제에 무관심하거나 회피하는 현상

출처: 한국언론재단(2005). 『미디어와 시대』. pp. 14-15.

매스미디어가 어떤 사회적 기능을 수행하는 과정에서는 순기능과 역기능이 동시에 발생할 수 있다.

5 매스커뮤니케이션

1. 커뮤니케이션의 이해

커뮤니케이션(communication)은 '의사소통', 또는 '통신'으로 번역된다. 일반적으로 커뮤니케이션은 송신자가 어떤 메시지를 수신하고, 이에 대한 수신자의 반응 및 피드백까지 포함하는 개념이다(현택수, 2005). 매스미디어에 의존하지 않고 서로 면대면 상태에서 사람들 간의 커뮤니케이션을 매스 커뮤니케이션과 구별한다는 의미에서 인간 커뮤니케이션이라고 부른다.

커뮤니케이션이 효과적으로 이루어지기 위해서는 발신인이 의도한 의미와 수신인이 해석한 의미가 일치해야 한다. 정확한 커뮤니케이션을 위해서는 발신인이나 수신인 모두 메시지의 의미를 제대로 파악하여야 하며, 상대방의 지식 수준, 생활방식, 소속된 사회체제, 태도 등에 대한 이해도 요구된다.

효과적인 커뮤니케이션은 다음 두 가지 원칙을 준수함으로써 성취될 수 있다.

첫째, 피드백(feedback)의 원칙이다. 커뮤니케이션 과정에서 상대방이 메시지를 수용할 때 어떠한 반응을 보이는지 관찰하는 것은 매우 중요하다. 수신인이 발신인에게 보내는 언어적 비언어적 피드백 반응의 공유가 이루어진다면 쌍방간 의사소통은 더욱 정확해진다.

둘째, 역할전이(role taking)의 원칙이다. 역할전이는 메시지를 전달하기 전에 상대방의 입장에서 메시지를 해석해 보는 것이다. 역할 전이를 통해 수신인이 이해하기 쉬운 방식으로 메시지를 작성할 수 있다.

커뮤니케이션의 유형은 분류 방식에 따라 다양하게 분류될 수 있지만 규모와 범위에 따른 분류와 환경에 따른 분류를 살펴보도록 한다.

커뮤니케이션의 유형은 커뮤니케이션의 발생 수준에 따라 자아커뮤니케이션(intrapersonal communication), 대인커뮤니케이션(interpersonal communication), 집단커뮤니케이션(group communication), 그리고 매스커뮤니케이션(mass communication)으로 구분할 수 있다(유일상, 2002; 현택수, 2005).

〈표 4-12〉 커뮤니케이션의 유형(발생 수준)

유형	개념	예
자아커뮤니케이션 (intrapersonal communication)	• 자신의 사고과정이나 자기와의 대화로 행동을 하기 전에 사상과 아이디어를 개발하는 것으로 한 개체 내에서 행해지는 커뮤니케이션	• 인간의 손과 감각기관이 뇌수와 주고받는 것 • 뇌수의 각 조직 간에 행해지 는 것
대인커뮤니케이션 (interpersonal communication)	• 두세 사람 사이에서 이루어지는 커뮤니케이션	• 물리적으로 동일한 장소에서 이루어지는 커뮤니케이션 • 물리적으로 분리되어 있지만 정서적으로 연결된 사람들 사이에 이루어지는 편지나 전화
집단커뮤니케이션 (group communication)	• 진단 내부 또는 집단 간에 벌어지는 커뮤니케이션	• 소모임 커뮤니케이션 • 강당 내에서 청중을 대상으로 하는 연설
매스커뮤니케이션 (mass communication)	• 매스미디어 이용한 커뮤니케이션	• 이상의 예들을 모두 포함

다음으로 커뮤니케이션은 환경(setting)에 따라 유형을 구분할 수 있다. 커뮤니케이션은 행해지는 환경 요소에 따라 대인 커뮤니케이션, 기계에 도움을 받는 대인 커뮤니케이션, 그리고 매스 커뮤니케이션으로 구분된다(유일상, 2002).

〈표 4-13〉 커뮤니케이션의 유형(환경)

유형	개념
대인커뮤니케이션	기계장치의 도움을 받지 않고 면대면 커뮤니케이션
기계에 도움을 받는 대인 커뮤니케이션	대인커뮤니케이션과 매스커뮤니케이션의 특성을 결합한 것으로 수신자와 발신자는 면대면이거나 면대면이 아닐 수 있음
매스커뮤니케이션	복잡한 조직이 각종 기계설비를 활용하여 대규모의 이질적이고 분산된 수신자에게 공공적 메시지를 전달하는 과정

2. 매스커뮤니케이션

매스커뮤니케이션(mass communication)은 대중매체를 통하여 이질적이고, 분산된 불특정 대중에게 정보가 전달되는 사회적 과정이다. 매스커뮤니케이션은 대중과 대중매체에 의한 커뮤니케이션으로 언어, 문자로 대표되는 기호 또는 상징 등의 방법을 통하여 어떤 정보, 지식, 의미 등을 전달하며 교환하는 메커니즘을 말한다. 매스컴이란 용어는 일본에서 매스커뮤니케이션을 줄여 쓴 말이다.

1) 매스커뮤니케이션의 특징

매스커뮤니케이션은 매스미디어를 이용한 커뮤니케이션으로 다음과 같은 특징을 갖는다(현택수, 2005; 김구호 외, 2006).

첫째, 공개성이다. 매스커뮤니케이션의 대상은 수신능력을 가진 모든 사람에게 공개되어 있다. 이 공개성은 개방사회를 형성하는 데 크게 공헌하였다. 그러나 수용자의 연령, 지식 수준 등과 관계없이 많은 정보가 무차별적으로 제공되므로 인하여 어린이나 청소년들에게 좋지 못한 영향을 미친다는 비판을 받는다.

둘째, 일시성이다. 매스커뮤니케이션에서 전달하는 대부분의 내용은 적시성·

시의성이란 욕구충족을 위한 일시적 정보제공에 그치는 경우가 많다.

셋째, 대량 정보의 생산과 소비이다. 매스커뮤니케이션은 다양하고 방대한 정보를 생산하고 수많은 사람에게 전달하는 특성이 있다.

넷째, 정보의 신속한 전달이다. 매스미디어 정보전달 속도는 빠르다. 미디어를 다룰 줄 알고 미디어를 소유한 사람은 그가 어떤 곳에 있든지 매스미디어에서 전달하고자 하는 대부분의 정보를 실시간으로 제공받을 수 있다.

다섯째, 익명성이다. 대부분 매스커뮤니케이션 과정에서 전달자는 메시지를 전달받는 수용자가 누구인지(계층, 지위, 성별, 지역, 나이 등)를 알 수 없다.

여섯째, 등질성이다. 매스커뮤니케이션은 불특정 다수인 대중을 대상으로 하기 때문에 그 내용에 있어서 등질적 특성을 가질 수밖에 없다. 즉, 대상자들은 이질적이지만 대상자들의 지적 수준과 요구 정도와는 관계없이 내용은 등질적이다.

일곱째, 일방성이다. 매스커뮤니케이션은 정보의 수용자들로부터의 피드백이나 상호작용이 거의 없이 전달자 중심의 일방향적 과정으로 진행된다.

2) 매스커뮤니케이션의 효과 이론 : 사회심리적, 비판적 효과 이론

매스커뮤니케이션 현상은 다양한 측면에서 연구되고 있다. 미디어와 사회구조의 거시적 측면과 개인 및 사회 집단에 대한 미시적 측면에서의 연구, 문화적 기능과 결과에 대한 연구와 개인에 미치는 영향 연구, 그리고 장기적 효과에 대한 연구와 단기적 효과에 대한 연구 등으로 나눌 수 있다. 여기서는 매스미디어 폭력의 사회심리적 효과 이론과 매스커뮤니케이션의 비판적 효과 이론을 설명하도록 한다.

매스미디어의 사회심리적 효과 이론에는 카타르시스 이론, 자극적 효과 이론, 모방 이론, 강화 이론, 흥분전이 이론 등이 있다.

〈표 4-14〉 매스미디어의 사회심리적 효과 이론

이론	내용
카타르시스 이론	• 미디어의 폭력물을 시청은 일반인들의 걱정과는 달리 수용자 등이 대리 만족감을 얻고 스트레스와 좌절감을 정화(catharsis)시켜 폭력적 성향을 감소시킨다.
자극적 효과 이론	• 카타르시스 이론과 반대 이론으로 매스미디어가 제공하는 폭력물에 노출된 수 용자는 자극을 받아 즉각적인 생리적 · 감정적 흥분상태에 이르러 폭력적이 된다.
모방 이론 (관찰학습 이론)	• 수용자는 매스미디어가 제공한 폭력물에 즉각적으로 흥분하여 반응하는 것이 아니라 폭력 행위자를 모방(modeling)하게 될 때 비로소 폭력적이 된다. • 제공된 정보의 폭력행위자, 예를 들면 극 중의 폭력행위자가 폭력행위로 보상을 받거나 해당 폭력에 대한 처벌을 받지 않는 경우 수용자들의 폭력물에 대한 모방 정도는 강해질 수 있다
강화 이론	• 매스미디어의 폭력물이 수용자를 무조건적으로 폭력적으로 만드는 것이 아니라, 폭력적 기질이 있거나 폭력적 환경(친구, 가족 관계 등에서)에 놓여 있는 수용자들에게 폭력적 메시지가 제공될 때 폭력적 성향을 강화(reinforcement)시킨다. • 매스미디어의 폭력이 수용자에게 미치는 영향은 어떠한 집단적 혹은 사회적 상황/환경에서 폭력물을 수용하는가에 따라 좌우된다.
흥분전이 이론	• 어떤 자극에 의해 생긴 흥분은 다른 자극에 의해서 생긴 흥분에 누적되어 공격행위에 영향을 준다. 즉, 흥분이 채 가라앉지 않은 상태에서 새롭게 자극을 받게 되면 이전의 흥분이 전이되어 더욱 흥분하게 된다.

출처: 오택섭(2009). 『뉴미디어와 정보사회』. pp. 68-71,
현택수(2005). 『매스커뮤니케이션과 사회』. pp. 43-45.

매스커뮤니케이션의 비판적 효과 이론을 살펴보면 다음과 같다. 매스미디어의 효과는 국가 권력 또는 사회 체제 유지와 관련하여 지속적이고 장기적인 인지효과로 나타난다. 이러한 효과는 이데올로기적 효과로 매스미디어는 대개 지배 세력의 입장에 기초하여 지배 세력의 지배 이데올로기를 보편화시킨다. 따라서 비판적 효과 이론을 이데올로기적 효과 이론이라고도 한다. 매스커뮤니케이션의 비판적 효과 이론에는 크게 정치·경제적 입장, 문화주의적 입장, 구조주의적 입장, 그리고 문화산업론적 입장으로 구분할 수 있다.

〈표 4-15〉 매스커뮤니케이션의 비판적 효과 이론

입장	내용
정치 · 경제적 입장	이데올로기는 사회의 경제 구조에 좌우되는바 매스미디어의 내용은 경제적 이익에 의해 결정된다.
문화주의적 입장	경제 구조로부터 이데올로기의 독립성을 주장한다. 대중문화가 사회의 저항 세력을 어떻게 통합하고 굴종시키는 역할을 하는지를 살펴봄으로써 이데올로기를 전달하는 문화에 관심을 기울인다.
구조주의적 입장	매스미디어의 숨겨진 의미와 그 의미의 심층 구조 및 표출 양태의 분석을 통해서 개인들의 삶의 실제적인 조건이 어떻게 왜곡되어 나타나는가에 관심을 갖는다.
문화산업론적 입장	대중문화는 이윤을 추구하는 산업 활동의 결과로 이윤을 위해 조작된 욕구의 산물이다. 매스미디어는 이윤을 위해 체제 유지적인 이데올로기 기능을 하고 있다.

출처: 현택수(2005). 『매스커뮤니케이션과 사회』. pp. 46-47.

용어 해설 **이데올로기(Ideology)**

이데올로기(ideology)는 이념(idea)과 논리(logie)의 합성어로 관념 체계, 의식 체계, 사상 체계, 그리 고 허위의식 등의 의미로 사용되고 있다. 사회 집단에 있어서 사상, 행동, 생활 방법을 근본적으로 제약하고 있는 특정계급의 관념이나 신조의 체계로 역사적 · 사회적 입장을 반영한 사상과 의식의 체 계이다. 즉, 특정한 계급 이익을 표현하며 또 그에 상응하는 행동규범, 입장, 가치평가를 포괄하는 정치적 · 사회적인 교의, 세계관, 신조(信條)체계를 일컫는 용어이다.

『21세기 정치학대사전』.

출처: 한용환(1999). 『소설학 사전』; 강동효(2009). 『Basic 고교생을 위한 윤리 용어사전』; 한국사전연구사(2010).

3. 새로운 커뮤니케이션

현대의 커뮤니케이션 유형을 네트워크(network 또는 interaction) 커뮤니케이션이라고 부른다.

네트워크 커뮤니케이션은 기존 매스미디어 커뮤니케이션과 달리 정보통신망을 이용하여 상호커뮤니케이션이 가능하고, 시·공간의 제약 없이 발신자나 수용자가 원하는 시간과 원하는 장소에 정보, 지식 등을 전달한다. 네트워크 커뮤니케이션은 사이버 공간에서 새로운 공동체 형성을 가능하게 해준다.

네트워크 커뮤니케이션을 포함한 현대사회의 커뮤니케이션의 특징을 살펴보면 다음과 같다.

첫째, 상호작용이다. 상호작용은 쌍방향이란 용어로 설명될 수 있다. 상호작용의 범위를 넓혀보면 미디어 시스템이 사용자 지향적이고 선택적인 모든 상황에 적용되기도 한다.

둘째, 동시적·비동시적 커뮤니케이션이다. 매스미디어는 동시적으로 메시지를 제공한다. 현대사회에서는 정보통신기술과 미디어 산업의 발달로 자신이 원하는 시간과 장소에서 이미 제공된 정보를 검색하고 얻을 수 있다.

현대사회에서 커뮤니케이션은 커뮤니케이션 기술의 발달과 융합, 그리고 문화적 관습이 변화하면서 커뮤니케이션 유형의 명백한 구분이 사라지고 있고 새로운 패턴이 등장하고 있으며, 이러한 커뮤니케이션에 대한 올바른 대처와 습득, 그리고 참여와 활용이 개인의 발전에 영향을 주고 있다.

4. 미디어 교육

1) 미디어 교육의 정의와 필요성

현대사회에서 미디어의 영향력은 매우 크다고 할 수 있다. 현대사회는 언제 어디서나 미디어에 접할 수 있다. 미디어에 둘러싸인 현대사회에서 인간은 자연스럽게 미디어가 제공하는 정보에 의존하게 되고, 결국 인간은 수동적 존재가 되어 대중매체에서 전해주는 가치, 규범, 그리고 사상에 길들여지게 된다. 인간이 미디어사회에서 인간이 주체의식을 회복하고 능동적 인간성을 되찾기 위해서는 적극적인 수용자 의식화 교육의 필요성이 제기된다.

미디어 교육은 매스미디어 이용자들이 안고 있는 현실적인 문제점을 깨닫게 하는 것이며, 미디어를 비판적으로 인식하고 활용할 수 있도록 돕는 데서 시작되어야 한다(설진아, 2007).

미디어 교육에 대한 관심은 영화가 일반대중에게 일반화된 1930년대부터이고, 본격적인 미디어 교육에 대한 논의는 1960년대부터라고 하겠다.

미디어 교육은 미디어의 다양한 기능을 극대화하고 급증하고 있는 여러 가지 역기능적 문제점들을 최소화하기 위한 방안의 하나로, 능동적이고 적극적인 수용자 의식을 토대로 스스로 미디어를 선택하고 활용할 줄 아는 주체적 능력을 배양시키기 위해 필요한 교육이다(김기태 외, 2006). 더 나아가 미디어 교육은 수용자로 하여금 다양한 미디어를 해독, 평가, 분석할 수 있는 능력을 신장시켜 민주시민으로서의 미디어 소양을 갖출 수 있도록 하는 내용을 포함한다.

최근의 미디어 교육은 미디어 리터러시(media literacy)교육을 의미한다. 미디어 리터러시(media literacy)는 단순히 미디어를 읽고 쓸 줄 아는 능력 이상의 의미를 가지고 있다. 미디어 리터러시의 의미는 첫째, 매스미디어의 내용에 대한 비판적인 해독 능력을 키워주는 것이다. 둘째, 영상 언어 등 언어로서 미디어가 가지고 있는 문법을 이해하는 능력을 키워주는 것이다. 셋째, 미디어가 환경에

작용함으로써 벌어지는 영향을 이해하는 능력을 키워주는 것이다.

이상의 미디어 리터러시의 의미를 통하여 미디어 교육의 목표를 정리해 보면 미디어의 내용과 형식에 대한 이해는 물론 그를 기반으로 미디어에 따라 달라지는 사회문화적 효과를 이해토록 하는 데 있다(한국전파진흥원, 2009).

미디어교육은 미디어에 대한 교육(education about media), 미디어를 통한 교육(education through media), 그리고 미디어와 함께하는 교육(education with media)으로까지 이해되는 등 거시적 개념으로 사용되어 왔다(한국전파진흥원, 2009).

2) 미디어 교육의 종류와 영역

미디어 교육의 종류를 살펴보면 비판적 수용 교육, 미디어 리터러시 교육, 시민교육으로서의 미디어 교육, 소비자 교육으로서의 미디어 교육, 수용자운동과 미디어 교육, 그리고 인성교육으로서의 미디어 교육으로 구분할 수 있다(김기태 외, 2006).

첫째, 비판적 수용교육은 미디어를 비판적으로 수용할 수 있는 능력을 기르기 위한 교육으로 보고, 미디어에 대한 주체적이고 적극적 수용자로서의 자질을 함양시키기 위한 교육을 미디어 교육으로 본다.

둘째, 미디어 리터러시 교육은 미디어를 이해하고 파악하는 능력으로서의 미디어 문법 또는 미디어 언어를 가르치는 교육이다. 미디어 리터러시 교육은 미디어를 올바르게 이해하고 사용하기 위해서는 미디어마다 지니고 있는 독특한 구조적 특성에 대한 이해가 선행되어야 한다고 본다.

셋째, 시민 교육으로서의 미디어 교육은 능동적이고 적극적인 시민의식 함양을 통한 사회참여 유도 방안이다. 현대사회는 시민의 자발적 적극적 참여를 바탕으로 형성되고 이끄는 시민 참여형 사회이다. 따라서 시민의 참여를 유도하기 위한 방안으로서 미디어 교육이 주목받고 있다.

넷째, 소비자 교육으로서의 미디어 교육은 미디어가 생산하고 유통하는 콘텐츠에 대한 올바른 소비생활을 할 수 있는 능력을 기르기 위한 활동이다.

다섯째, 수용자운동과 미디어 교육은 적극적인 미디어 수용능력을 기르기 위한 의식화 교육인 동시에 실천적 프로그램이다.

여섯째, 인성 교육으로서의 미디어 교육은 미디어를 통해 유포되는 다양한 가치관과 규범을 건전하게 판단할 수 있고 선택적 수용과 내면화할 수 있는 능력을 기르는 교육이다.

미디어교육의 영역은 다양하게 분류될 수 있다. 설진아(2007)는 미디어 자체를 탐구함으로써 올바른 매체 이용을 권장하는 매체특성 교육, 다양한 미디어의 제작과정을 파악하고 직접 미디어 콘텐츠를 만들어 봄으로써 미디어가 만들어 내는 산물의 한계를 익히게 하는 미디어 제작 교육, 그리고 미디어를 이용하여 수용자들의 특성과 문제점 분석을 통해 올바른 미디어 사용법을 교육하는 수용자 교육 분야로 구분하였다.

김기태 외(2007)는 미디어 교육의 영역을 매체별 미디어 교육, 교육방법별 미디어 교육, 교육장별 미디어 교육, 교육대상별 미디어 교육, 그리고 교육 기간별 미디어 교육으로 구분하여 각각의 범주를 제시하고 있다. 미디어 교육의 영역과 범주를 자세히 살펴보면 다음과 같다.

〈표 4-16〉 미디어 교육의 영역과 범위

유형	범위 및 사례
매체별 미디어 교육	• TV 시청자 교육 • 신문읽기교육과 신문활용 교육 • 컴퓨터 활용 교육 • 기타 매체별 미디어 교육
교육 방법별 미디어 교육	• 메시지 분석중심 : 프로그램이나 기사 분석 • 매체감시활동중심 : 매체 모니터링 • 미디어 제작활동중심 : 신문 제작, 콘텐츠 제작 활동 • 매체의 교육적 활용중심 : 신문활용
교육방법 미디어 교육	• 학교에서의 미디어 교육 • 사회에서의 미디어 교육 : 언론, 종교단체, 시민단체 등 • 가정에서의 미디어 교육
교육 대상별 미디어 교육	• 지도자교육과 피교육자 대상 교육 • 연령별 교육 • 매체 생산자 교육과 매체 소비자 교육
교육 기간별 미디어 교육	• 교육의 지속적 측면 : 일시교육 vs 정기교육 • 교육의 기간적 측면 : 단기교육, 중기교육, 장기교육

토론해 보기

1. 일반적으로 문화는 주류문화와 대중문화로 크게 구별할 수 있는데, 대중문화의 특징, 한계점, 그리고 문제점을 지적해 봅시다.

2. 교육도 하나의 문화라고 생각해 볼 수 있다. 그렇다면 교육문화에 대한 지체 현상은 개인에게 어떤 문제를 가져 올지 논의해 봅시다.

3. 교육에서 미디어의 활용 가능성을 설명해 봅시다.

CHAPTER 5

현대사회와 교육

Sociology of Education

1 정보사회와 교육

1. 정보의 의미와 분류

1) 정보란 무엇인가?

정보(information)의 어원은 중세 라틴어 'informatio'에서 출발한다. 그 당시에 정보는 주어진 어떤 '형상', '구성', 또는 '교시' 등을 뜻했다. 정보는 두 가지의 의미를 갖는다. 첫째, '알리는 행위(telling)'로서 어떤 주어진 사실이 전달되는 행위로 과정(process)으로 규정한다. 둘째는 '알려지는 사실(being told)'로서 구성된 형태 그 자체로 상태(state)로 규정될 수 있다(전석호, 2002).

일반적으로 정보(information)란 어떤 사물이나 상태를 나타내는 모든 데이터, 음성, 영상, 이미지 중에서 수신자에게 의미가 있는 형태로 전달되는 데이터, 음성, 영상, 이미지만을 의미한다(최동수, 2011). 정보는 사람들과 관련되어 있으며, 미래의 사건에 대한 불확실성을 감소시켜 의사결정의 질을 높일 수 있어야 하기 때문이다. 따라서 정보는 수신자에게 의미 있는 형태로 전달되어야 하고 수신자의 의사결정에 유용하여야 하므로 수신자에 의해 결정된다.

① 정보의 특징

정보는 정보사회에서 자본, 노동, 토지 등의 물리적 자원과 비교하여 무형성, 적시성, 독점성, 비소모성, 비이전성(non-transfer), 가치의 다양성, 결합성, 누적가치성, 비분할성, 매체의존성, 결과지향성 등의 특성을 갖는다.

- **무형성** : 정보는 표현된 내용만으로 존재하기 때문에 일정한 형태를 갖추고 있지 않으며 유동적이다.

- 적시성 : 정보는 수요자에게 의미 있는 것이어야 하는바 수요자가 원하는 시간에 전달되어야 정보로서의 가치가 있다. 즉, 정보는 전달속도와 획득시점이 중요한 요소가 된다.
- 독점성 : 높은 가치를 갖는 정보는 공개되기보다는 비공개되고 독점화되는 경우가 많다.
- 비소모성 : 정보는 물리적 자원이 아니기 때문에 사용 여부와 관계없이 정보 자체는 소모되지 않는다.
- 비이전성 : 정보는 한 개인이 소유하던 것을 다른 사람에게 양도되어도 원래 소유주에게 그대로 남아 있게 된다. 일반 상품은 소유권 개념이고 정보는 사용권 개념이다.
- 가치의 다양성 : 상품에는 하나의 상품에 하나의 가격이 형성된다는 일물일가의 법칙이 적용되지만 정보는 정보이용자의 필요성에 따라 다양한 가격과 가치가 존재할 수 있다.
- 결합성 : 정보는 일반 상품에 비하여 새로운 정보와 결합되고 가공되기가 쉽다.
- 누적가치성 : 정보는 축적되면 될수록 가치가 커진다.
- 비분할성 : 일반상품들은 여러 개의 부품으로 분할될 수 있고 그 자체가 가치가 있지만 정보는 항상 집합체로 전달되고 사용됨으로써 의미를 갖는다.
- 결과지향성 : 정보를 얻기 위해 아무리 노력해도 좋은 결과를 얻지 못하면 그 정보는 아무런 소용이 없게 된다.

이상의 정보의 특성을 통해 볼 때 정보의 유용성과 가치는 연속적이고 축적이 많을수록, 채널이 다양할수록, 빨리 전달될수록, 다양한 정보를 취급하는 사람들일수록 확대될 수 있다.

② 정보의 가치

현대사회에서 정보의 소유, 창출, 유통은 중요한 가치를 갖는다. 정보사회라는 말이 암시하듯이 정보사회에서 가장 중요한 요인은 정보의 가치부여이다. 높은 가치를 부여받는 것은 사회적 요구에 따라 시대마다 변화하였다.

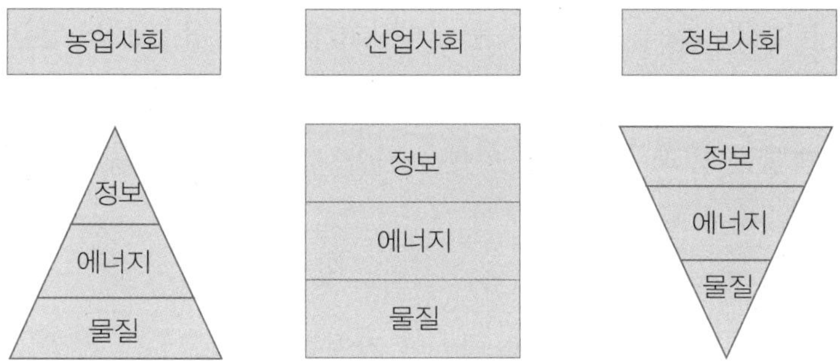

[그림 5-1] **가치의 변화**

출처: 전석호(2002). 『정보사회론』. p. 37.

정보는 사용 용도에 따라 상업적 가치, 개인적 가치, 그리고 공공적 가치로 나누어 볼 수 있다(전석호, 2002; 최동수, 2011).

1 정보의 상업적 가치

정보의 상업적 가치는 정보의 상품성을 강조한다. 정보의 상품성은 서적, 신문, 방송, 미디어 산업과정에 잘 나타난다. 현대사회에서 정보에 경제적 가치를 부여하는 것은 자본주의 경제체제에서 당연한 것이다.

2 정보의 개인적 가치

정보는 정보이용자의 필요에 따라 여러 가치를 부여받을 수 있다. 이와 같이 정보는 누구든지 공통으로 일정한 가치를 갖는 것이 아니라 필요한 사람에게만 필요의 정도에 따라 가치를 갖는 것을 정보의 개인적 가치라고 한다. 따라서 정보의 개인적 가치는 각 개인에 국한시켜 이용되고 제한됨으로써 정보의 기밀성을 포함한다. 개인적으로 이용되는 정보는 '자산(property)'의 성격을 갖게 되며, 특허, 저작권과 같은 방법으로 법적 보호를 받게 된다.

③ 정보의 공공적 가치

정보는 본질적으로 공공적 가치를 내재하고 있다. 특정 정보의 접근을 쉽게 함에 따라 보다 더 높은 가치를 갖게 되는 것을 정보의 공공적 가치라고 한다. 도서관, 학교, 박물관 등과 같은 공공시설은 자유로운 정보유통 체제가 확립되고 정보창고의 역할을 하게 된다. 언론의 자유, 의사표현의 자유, 정보접촉과 정보이용의 자유 등은 정보의 공공적 가치와 밀접한 관련을 갖는다.

정보의 상업적, 개인적, 그리고 공공적 가치는 각기 고유의 속성을 가지고 정보의 가치를 실현하고자 하지만 각 가치관의 이해관계는 상호대립이 불가피하다. 이 정보 가치의 상호대립은 현대사회에서 정보에 대한 기본 개념이 다르기 때문이다. 정보에 대한 기본 개념과 이해의 범위에 따라 정보의 자유로운 접근과 유통을 주장하는 개인적 가치와 경제적 가치를 부여하여 경제적 이익을 추구하려는 상업적 가치, 정보 접근의 제한과 통제를 엄격히 유지하려는 정보의 공공적 가치는 서로 대립된다. 예를 들면, 학교나 도서관 등을 통한 지식습득과 정보공개의 공공적 가치와 연구결과의 비밀유지의 상업적 가치의 대립, 개인정보의 보호라는 개인적 가치와 소비자 정보 수집에 따른 개인정보의 상업적 가치의 대립 그리고 국가안보를 위한 연구개발 정보의 통제와 공개의 공공적 가치와 연구개발 정보의 통제와 유통을 통한 기업의 이익 증대라는 상업적 가치와의 대립 등이 있다.

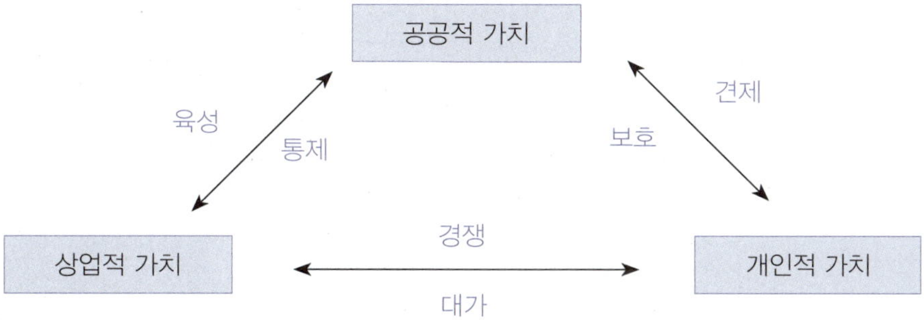

[그림 5-2] 정보가치의 대립관계

출처: 최동수(2011). 『정보사회』. p. 11.

2. 정보사회

정보사회는 어떤 사회를 말하는 것인가? 정보사회라는 용어는 1960년대 중반 일본 연구자들에 의해 처음 사용되었으며, 미국에서는 '후기 산업사회'라는 개념이 대두되었다. 1970년대 들어서면서 컴퓨터 및 정보통신기술의 대중화가 시작되면서 정보사회라는 용어는 급속히 파급되었다.

정보사회는 지식과 정보라는 무형의 자산이 중요하게 부각되고, 가치판단의 중요한 기준이 된다. 즉, 정보사회는 급속한 정보기술을 바탕으로 정치, 경제, 문화 등 사회구조 전반에 걸쳐 정보와 지식의 가치가 높아지는 사회이다.

1) 사회의 역사적 발전

사회의 발전과정은 수렵사회, 농업사회, 공업사회, 정보사회로 발전하였다. 사회마다 핵심적 기술이 있으며, 생산력의 혁명적 변화를 가져온 새로운 혁신적 기술발달에 의해 새로운 사회로 이행하였다.

〈표 5-1〉 사회의 역사적 전개

수렵사회		농업사회		공업사회		정보사회
수렵기술		농경기술		공업기술		정보통신기술
활,불 언어		쟁기, 관개 천문학, 문자		증기기관 산업기계, 인쇄		컴퓨터, 전기통신
		농업혁명 농업화 : 제1물결		산업혁명 산업화 : 제2물결		정보혁명 정보화 : 제3물결

출처: 최동수(2011). 『정보사회』. p. 33.

수렵사회는 야생동식물의 수렵과 채집/채취 생활을 기반으로 하는 사회로 수렵채집사회(hunter-gatherer society)라고도 한다. 농업이 발전하기 이전의 사람들은 어디서나 수렵과 채집에 의존하고 살았다. 수렵사회에서는 돌도끼, 돌칼, 활, 창 등과 같은 수렵 도구를 만들고 사용할 수 있는 수렵기술 등이 유용한 사회적 기술이었다.

농업사회는 농업을 경제 체제의 기반으로 한 사회로 농경사회로 이전의 수렵·채집 경제보다는 안정된 경제 체제를 이루었다. 기원전 3,000년경에 쟁기가 발명되어 메소포타미아와 이집트에서 사용되면서 원시적인 농경사회가 시작되었고, 그 후 관개 시설과 영농 기술의 보급으로 점차 정착 농경 형태로 바뀌었다. 선진화된 농경사회가 나타난 것은 10세기경 철이 농기의 재료로 사용되고, 말과 바퀴 달린 도구가 농업 및 수송 수단으로 이용되면서부터이다.

정보사회는 정보혁명을 통하여 기존의 실체가 있는 물질중심의 문명에서 무형의 정보가 주체가 되는 문명으로 전환된 사회이다. 정보사회에서는 정보통신기술이라는 사회적 기술을 바탕으로 정치, 경제, 문화 등 모든 분야에서 정보가 기여하는 역할이 크게 증대되고 물질이나 에너지 중심에서 정보중심 사회로 전환되는 정보화 과정을 경험하게 된다.

〈표 5-2〉 사회발전단계에 따른 사회적 기본 소양의 변화

구분	생산요소	주요산업	기본소양
농업사회	토지, 노동	농업, 가내수공업	농업관련 기술, 경험
공업사회	토지, 노동, 자본	제조업	표준화된 기술 및 자격
정보사회	토지, 노동, 자본, 지식과 정보	정보통신산업	창의력, 컴퓨터사용능력, 네트워크 사용 및 활용능력, 정보의 생산, 가공, 활용, 유통, 검색 능력

출처: 최동수(2011). 『정보사회』. p. 38.

2) 정보사회의 특징

정보사회는 정보통신기술에 의해 사회적 기반이 형성된 사회이며, 정보통신기술의 발달은 아날로그형 미디어에서 디지털형 미디어로의 전환을 의미한다. 먼저 디지털 문화의 특징을 살펴보면, 첫째, 선형적 사고의 몰락과 카오스의 부상, 둘째, 이원성의 몰락과 전체성의 부상, 셋째, 기계론의 몰락과 애니미즘(animism)의 부상, 넷째, 중력감의 몰락과 공감 몽환의 부상, 다섯째, 메타포의 몰락과 압축 재현의 부상, 여섯째, 신의 몰락과 자연의 부상 등의 현상을 들 수 있다.

용어 해설 애니미즘(Animism)
애니미즘은 정령신앙(精靈信仰) · 영혼(靈魂)을 의미하는 라틴어인 아니마(anima)에서 유래한 말로 영국의 인류학자인 Tylor의 『원시사회(Primitive culture)(1871)』에서 처음 사용되었다. 모든 생물 · 무생 물에 영혼 또는 정령이 깃들어 있다고 하는 신앙으로 육체나 사물에는 영적 존재가 깃들어 있고, 그 것이 생명 활동이나 사물의 기능을 지배하는 동시에 외부 세계로 튀어나가기도 한다. 즉, 모든 대 상에 영(靈)적인 능력이 있다고 믿는 세계관으로 주로 원시종교의 특성을 설명할 때 사용되는 용어이다.

출처: 임석진 외(2009). 『철학사전』; 고영복(2000). 『사회학사전』.

정보사회는 정보통신기술이 사회적 기반을 형성하고 정보가 대량으로 신속하게 전달·가공되고 생산·유통·소비되는 디지털형 미디어 사회 구조를 말한다.

정보사회의 특징은 학자마다 다양하게 기술하고 있다. Bell은 첫째, 전자매체의 발달에 의해 정보산업에 대한 관심이 높아질 것이다. 둘째, 연구집약적 지식산업, 서비스업, 교육기관, 매스커뮤니케이션 산업에 집중화 경향이 나타날 것이다. 셋째, 전체사회의 최적화된 그룹화·네트워크화를 구현하여 관리사회를 형성할 것이다. 넷째, 정보나 연구가 급속하게 진전됨에 따라 정보에 대한 요구가 증대될 것이다.

김병성(2008)은 미래 정보사회의 특징을 다섯 가지로 정리하였다. 첫째, 정보의 엄청난 양적 확대가 이루어진다. 둘째, 생산현장의 생산활동에서도 '일(work)'의 의미와 성격에 대한 혁신을 가져올 것이다. 셋째, 산업사회 조직기반에서 정보사회 조직기반으로의 조직기반에 대한 패러다임의 변화가 도래한다. 넷째, 인간 삶의 가치지향적 관점에서 볼 때, 편리성을 추구하는 인간의 욕구를 충족시켜주는 방향으로 변화될 것이다. 다섯째, 삶의 질을 높이기 위한 여가시간에 대한 커다란 인식의 변화가 일어날 것이다.

현택수(2005)는 정보사회 특징을 첫째, 시·공간의 압축, 둘째, 경계의 소멸, 셋째, 네트워크 사회, 넷째, 사이버스페이스의 네 가지로 설명하고 있다.

최동수(2011)는 정보사회의 운영원리적 특징을 여섯 가지로 정리하였다. 첫째, 양의 사회에서 질의 사회로의 변화, 둘째, 시·공간적 거리의 소멸, 셋째, 지역 간·영역 간 경계의 소멸, 넷째, 소프트화, 다섯째, 네트워크화, 여섯째, 자동화이다.

이상 정보사회의 특징을 통해 공통된 요소만 정리하여 시·공간의 거리 소멸, 네트워크화, 그리고 경계의 소멸이다.

첫째, **시·공간의 거리 소멸**. 정보사회는 정보통신기술과 정보고속도로의 구축은 기업 내에서 시간, 공간의 제약을 극복하고, 체제 간 유기적 연대를 통해 국가사회의 전반적 시스템을 '지능화'시키게 될 것이다. 이와 같은 정보사회의 시·공간의 압축 현상은 교통혁명이나 정보통신 혁명으로 인하여 공간으로부터 시간을 분리시킴으로써 '거리의 소멸'을 가져온 결과이다(현택수, 2005).

둘째, **네트워크화**. 정보사회는 모든 정보분야가 연결된 네트워크 사회이다. 네트워크는 커다란 외부경제효과를 갖는 사회로 네트워크에 가입한 사람이 늘어날수록 망 자체의 가치는 커진다. 네트워크사회의 특징을 정리해 보면 다음과 같다(현택수, 2005).

- 네트워크 사회는 많은 독립적인 시스템들의 협력 체계에 의해 이루어지는 다원화·수평화된 사회이다.
- 네트워크 사회에서 개인들은 조직의 구성원으로서의 정체성을 상실하게 된다.
- 네트워크 사회에서는 정보의 공유 가능성이 확장되므로 정보의 높은 부가가치를 창출할 수 있고 커다란 외부경제효과를 갖는 사회이다.
- 셋째, **경계의 소멸**. 정보사회는 모든 영역 간 경계가 무너지는 '무경계' 사회화가 된다. 시·공간의 거리 소멸 현상은 지리적 경계의 개념도 모호하게 만들며, 영역 구분을 해체한다. 즉, 정보사회는 경계를 초월하는 복잡하고 신속한 흐름만 존재하는 사회로 변화되어 간다.

3) 정보사회에 대한 관점

정보사회에 대한 개념에 대한 논의마다 시각과 기준에 따라 몇 가지 관점으로 정리해 볼 수 있다. 김병성(2008)은 기술공학적 관점, 경제학적 관점, 사회학적 관점, 문화적 관점으로 구분하였고, Webster는 기술적 관점, 경제적 관점, 직업적 관점, 공간적 관점, 그리고 문화적 관점으로 구분하였다(현택수, 2005). 여기에서는 공통된 관점들을 중심으로 정리해 보기로 한다.

첫째, **기술적 관점**이다. 정보사회는 정보 처리, 저장 및 전송의 획기적인 기술 발전에 의해 출현했다고 보는 관점으로 정보사회에 대하여 낙관적 관점을 갖는다. 이 관점에 의하면 한 사회가 정보사회로 변화하기 위해서는 어느 정도의 기술축적이 요구된다. 정보사회에 대한 기술적 관점은 기술결정론적(기술공학적 관점)인 시각에 의존해 있으며, 기술혁신의 사회적, 경제적, 정치적 차원을 완전히 분리된 영역으로 간주하는 한계를 갖는다.

둘째, **경제적 관점**이다. 정보사회에서 경제적 부는 지식이나 정보산업에 의한 결과로 인해서 생겨난다고 보는 관점이다. 이 관점은 정보를 재화 또는 상품으로 간주하는 사회로 정보관련 산업이 국민총생산에서 50% 이상의 비중을 차지하는 사회를 말한다. 정보 사회에 대한 경제적 관점은 정보산업의 성장을 가시적으로 보여주지만 미래의 빠른 성장속도를 예측하지 못하고 있고, 너무 단편적인 시각으로 본다는 문제점을 가진다.

용어 해설 **국민총생산(Gross National Product: GNP)**
한 나라 국적을 가지고 있는 사람들이 국내와 해외에서 새로이 생산한 재화와 용역의 가치를 모두 합한 것이다. 국민총생산은 국민소득에서 파생된 개념으로 국민소득은 생산 · 분배 · 지출의 세 가지 측면에서 파악된다. 생산 면에서 보면 국가 경제에 있어서 일정기간 동안 생산으로 취득한 소득의 총계이며, 지출 면에서 보면 국가 경제에 있어서 일정 기간 동안 소비되고 구입된 최종생산물의 총 액이다. 우리 국민이 외국에서 단기간 일하여 생산한 것은 우리나라의 GNP에 포함되고, 외국인이 우리나라에서 단기간 일하여 생산한 것은 우리의 GNP에 포함되지 않는다. 시장가격으로 평가된 이 GNP가 명목 국민총생산이며, 시장가격은 매년 변동하기 때문에 다른 해와 비교하기 위해 물가 변동을 감안해 수정하여 실질 국민총생산을 산정하게 된다.

출처: 서경원(2002). 『Basic 고교생을 위한 정치경제 용어사전』.

셋째, **문화적 관점**이다. 정보사회를 보는 문화적 관점은 기호와 이미지의 폭발에 의한 의미의 상실 또는 의미의 해체로 기호 자체만 존재한다는 관점이다. 이 관점은 의미화나 상징적 상호작용에 대한 증대를 감각적으로 인식할 수 있지만, 이들을 측정할 기준이 없다는 단점이 있다.

3. 정보사회와 교육체제

뉴미디어의 발전과 정보의 가치변화는 정치, 경제, 사회 각 부문에 걸쳐 영향을 미치고 있으며, 교육 전반에 걸쳐–교육 목표, 교육내용, 교육방법, 그리고 교육환경–변화를 가져올 것이다(이훈병, 1997). 즉, 정보사회는 교육 패러다임의 변화를 가져왔다. 정보사회에서 학교교육체제 패러다임변화의 방향은 첫째, 교육의 개념과 가치관이 창의적이고 확산적 사고로 변화되어야 한다. 둘째, 교사·학생의 역할과 교육내용 및 방법은 능동적이고 소규모화되어 다양한 교육과정 마련되어야 한다. 셋째, 교육환경과 사회문화, 제도, 조직구조에 있어서도 소량생산체제, 아이디어 창출, 지식근로자, 다양성의 형태로 변화되어야 한다(김병성, 2008).

〈표 5–3〉 교육 패러다임의 변화

산업사회 교육	정보사회 교육
• 교수자중심	• 학습자중심
• 획일적 · 직선적 강의중심	• 다양한 학습자원 및 경험학습
• 교실 내 교육 강조	• 생활과정에서의 교육 강조
• 논리적 · 분석적 사고	• 직관적 · 통찰적 사고
• 상급학교 진학중심	• 자기계발중심
• 개인적 성취	• 협동적 팀 성과
• 현재 및 과거의 이해	• 미래 예측, 대응 및 설계
• 동일한 교육과정	• 교육과정 선택의 다양성
• 학교규율 중시	• 자율성 중시
• 강의중심 교수 · 학습	• 토론, 탐구, 체험학습중심

교육정보화가 가져오는 장점은 다음과 같다(박승배, 1999).

첫째, **학습동기유발**이다. 학습은 학습하고자 하는 사람의 주의와 관심을 통한 동기유발에 근거한다. 교육정보화를 통해 개인의 관심과 흥미 유도 등을 통하여 교육의 동기유발에 커다란 공헌을 하게 된다.

둘째, **개인차를 고려한 수업실현**이다. 산업사회의 수업은 교실에서 같은 교육내용을 통해 같은 방법으로 제공됨에 따라 개인차가 고려되지 않았다. 정보사회에서는 집단적으로 일어나는 수업의 폐단을 없애고, 개인의 차이에 따라 자신이 선택한 교육을 받을 수 있다.

셋째, **교육기회의 확대**이다. 종래의 교육은 일정장소에서 제공되지만 교육정보화는 교육적 공간과 시간의 필요 없이 원하는 시간에 원하는 내용을 제공할 수 있다.

넷째, **창의적이고 탐구적인 수업**이다. 정보화는 정보에 대한 다양한 접근 방식을 허용할 뿐만 아니라 새로운 생각과 창의적이고 융합적·복합적 문제해결력을 중시함으로써 탐구 및 발견적인 수업을 가능하도록 한다. 또한 문제해결에 있어 개인의 다양하고 창의적인 의견을 존중한다.

정보시대는 교육에 있어 이상의 장점에도 불구하고 정보화의 역기능 문제를 고려하지 않을 수 없다. 교육과 관련된 역기능 문제로 가장 쟁점이 되는 사항들을 살펴보면 다음과 같다.

첫째, **개인정보 문제**이다. 정보사회에서 정보는 데이터베이스로 뉴미디어를 통해 이용 및 가치창출의 편리성을 위해 정리 및 관리된다. 해당 정보의 대부분은 상당 부분 극히 개인적 정보와 관련되거나 연결되어 있다. 따라서 개별 개인의 특성과 활동이 타인에 의해 관리되고 불특정 다수에게 노출될 수 있다는 문제점을 갖고 있다. 교육현장에서도 학습자의 기본 정보, 성적, 상벌내용, 상담내용 등이 관리되고 있다. 이러한 정보가 유출될 경우 학습자 개인에게는 심각한 문제가 될 수 있다는 점에서 학교현장의 정보관리체계 및 안전성 문제에 대한 면밀한 검토가 요구되고 있다.

둘째, **정보 과잉과 정보격차, 그리고 교육격차의 문제**이다. 정보 과잉이란 정보제공 채널의 다양화와 미디어의 증가가 정보 공급량을 증가시키지만 그것이 이용자들의 정보이용량 증대로 이어지지 않는 현상을 말한다. 정보 과잉의 문제는 수용자의 입장에서 자신의 취향이나 여건에 따라 정보와 미디어에 대한 선택폭이 넓어졌다는 긍정적인 의미로도 해석할 수 있지만 수용자 극화현상(audience polarization)이 발생할 수 있다. 수용자 극화현상이란 수용자들이 특정 정보의 유형이나 특정 채널에 극도로 치우치거나 혹은 그것을 배제함으로써 발생하는 극단현상을 말한다.

정보격차는 정보의 접근과 이용에 따른 정보 불평등 문제이다. 지식격차설에 따르면 한 사회체계 내에서 매스미디어가 확산되고 정보유통량이 증가될 때, 계층 간 지식격차는 점차 감소하는 것이 아니라 점차 증가하는 경향이 있다. 즉, 매체선택의 여지에 따라 정보접촉의 차이가 발생하고 이 차이는 정보격차를 유발한다.

이상의 정보 과잉과 정보격차의 문제는 교육격차의 문제를 발생시킬 수 있다. 다시 말해 교육 정보에 대한 수용자 극화현상, 정보수집·관리·처리 관련 매체의 소유 여부에 따른 정보격차문제는 새로운 교육격차 및 교육문제를 발생시킬 것이다.

셋째, **정보화와 민주화 문제**이다. 정치적 차원에서 정보화는 민주화의 강화인가 약화인가라는 문제로 관심이 모아진다. 즉, 정보통신기술의 발전은 민주화에 어떠한 영향을 미칠 것이며, 그 결과 권력은 집중화될 것인가 또는 분산화될 것인가. 정보화는 국민의 정치적 참여와 평등을 확대하는 데 기여할 수 있는 수단으로써 그 명분을 확보하고 있지만 정보화의 진척에 따른 정치적 문제는 통제와 이익의 문제와 직결된다. 통제와 이익의 문제는 누가 미디어를 통제하는가의 문제와 그 결과 누구에게 이익이 돌아갈 것인가의 문제이다. 이 정보화 문제는 교육 정보화라는 관점에서 볼 때, 교육관련 정보를 제공하는 미디어의 통제와 이익의 문제와 직결된다.

용어 해설 지식격차(knowledge gap)설
첫째, 사회경제적 지위가 높은 계층과 낮은 계층 사이의 '커뮤니케이션 수준'의 차이에서 지식의 격차가 발생한다. 둘째, 개인마다 축적된 지식의 정도에 따라 지식의 격차가 발생한다. 셋째, 사회적으로 대인간의 접촉 정도에 따라 지식의 격차가 발생한다. 넷째, 사회 · 경제적 지위가 낮은 사람들은 일반적으로 심각한 공공문제에 대한 관심도가 낮다. 다섯째, 매스미디어와 유형과 보급 정도에 따라 지식 격차가 유발될 수 있다.

출처: 전석호(2002). 『정보사회론』.

2 지역사회와 거버넌스

1. 지역사회

인간은 태어나면서 일정한 지역이나 공간 속에서 사회집단을 구성하고 적극적인 생활을 영위한다. 개인은 이러한 지역적 공간적 기반을 통해 소속감이나 사회의식을 공유하게 된다. 즉, 개인에게 개인의 정체성과 사회인식에 있어 지역사회는 매우 중요한 의미를 갖는다. 일반적으로 지역사회는 사회, 집단, 사회체제, 사회조직과 동일한 개념으로 사용된다.

지역사회에 대한 이해에 앞서 지역에 대한 개념을 명확히 할 필요가 있다. 지역(region)과 지방(local)은 구분되어야 한다. 지방은 정치적, 행정적 중앙과 대비되는 개념으로 사용되고 지역은 중립적인 의미로 쓰인다. 지역은 물리적 공간이라기보다는 인간들의 활동 무대의 의미가 강하다.

지역의 주요한 의미와 특징을 다음과 같이 정리할 수 있다.

첫째, **지역성**이다. 이는 지역이 갖는 지역적 특수성에 기반한 일정 영역 및 위치 내의 정착의 의미만을 의미한다.

둘째, **지역 내 관계망**이다. 지역은 사회체계로 지역 내에서 일어나는 관계의 총칭이다. 일정 지역 내 사람 및 체제들 간의 상호관계망을 가리킨다.

셋째, **의미 공동체**이다. 지역은 지역 내 존재 여부와는 관계없는 유의미한 일체감과 공유된 경험의 바탕으로 하는 공동체 자체를 의미한다.

지역사회(community)란 공동 'common'과 통합 'unity'의 합성어로 용어 자체가 자율적 통치기구와 복지기구를 가진 공동체사회의 기본단위로 규정된다.

지역사회의 의미를 정리하면 다음과 같다.

첫째, 지역성이나 영토성 측면에서 행정구역이다.

둘째, 이해관심의 공유성, 이해집단들의 관점에서 지역공동체를 의미한다.

셋째, 공통된 문제를 갖는 사람들로 구성된 집단을 의미한다.

이상의 의미 속에서 지역사회는 공간적 지역사회, 이해·관심의 지역사회, 그리고 애착의 지역사회로 구분될 수 있다(Miller, 2004).

이상에서 지역사회란 지리적 영역, 공동 연대, 사회적 상호작용이라는 공통요소를 갖는바 지역사회는 일정한 물리적 지역 내 위치한 구성원들이 공동의 목표를 설정하고 서로 상호작용을 통하여 목표를 달성해 가는 조직 공동체를 의미한다고 할 수 있다.

2. 거버넌스(governance)

1) 개념 및 정의

거버넌스는 지역사회와 연결하여 관심의 대상이 되고 있다. 거버넌스는 사회적 연결망(network)에 기초하여 지역사회의 다양한 주체들이 협력하여 공공문제를 해결하는 새로운 통치(문제해결) 방식이다. 거버넌스는 1980년대 중반 이후 복잡하고 다양화된 현대의 사회·경제적 맥락 아래에서 정부역할의 변화를 포괄하는 중요한 패러다임으로 논의되었고, 1990년대 이후 세계화와 분권화가 가속화되면서 국가운영의 틀을 재구축하는 이론적 토대를 제공하였다. 거버넌스는 민주주의적 특성인 참여와 합의 형성 등을 중시하면서, 정부·시장·시민사회의 협력과 자발적이고 자생적 네트워크를 강조하는 패러다임으로 진화하였다(김기곤 외, 2015). 따라서 거버넌스는 능률보다는 신뢰, 통제보다는 조정, 규제보다는 협력, 집권보다는 분권의 원리를 강조한다.

현대사회에서 거버넌스의 필요성은 첫째, 정부기능과 시장기능 절충의 필요성 확대, 둘째, 정부역할의 축소와 신자유주의의 대두, 셋째, 국제사회의 상호의존성 증대에 의한 세계화와 지방의 자율과 분권을 통한 지방화의 심화, 넷째, 시민사회 네트워크 조직 확산을 야기한 정보시대, 다섯째, 정책의 기능분화 및 정책결정의 전문화에 의한 정부의 분권화와 전문화의 필요성 등이라고 할 수 있다(김용탁, 2007).

거버넌스의 의미는 광의의 의미와 협의의 의미로 구분할 수 있다. 보통 광의의 의미에서의 거버넌스는 '자율적이고 독립적인 행위자들 간의 외부 권위나 내부적인 자기조절 및 자기통제 메커니즘에 의한 조정과 관리'로 정의된다. 협의 의미에서의 거버넌스는 국가 내에서 결정을 내리고 집행할 수 있는 제도화된 권력으로 정의되는 정부와 구분하는 의미에서, '공공영역과 민간영역 행위자 사이의 네트워크 방식의 수평적인 협력 구조'로 정의된다.

이러한 거버넌스에 대한 학자들의 개념 정의를 보면 다음 〈표 5-4〉와 같다.

〈표 5-4〉 거버넌스의 개념 정의

학자	개념
Rosenau(1995)	가족으로부터 국제조직까지 모든 인간 활동 수준에서 규칙체계
Commission on Global Govermance(1995)	개인들의 사적 · 공적 조직들이 그들의 공동사를 관리하기 위한 여러 가지 방 식들의 조합
Rhodes(1997)	상호의존성, 자원교환, 게임규칙 그리고 국가로부터의 자율성의 특징을 가지는 자기조직적인 조직 간 네트워크
Stoker(1998)	상호의존성, 자원의 교환, 게임규칙과 국가로부터 자율을 특징으로 하는 조직화된 네트워크
Keohane&Nye(2000)	조직의 집단적 활동을 이끌고 제약하는 공식 혹은 비공식적 과정과 제도들
Pierre&Peters(2000)	국가, 시장, 네트워크, 공동체, 결사체 등 다양한 유형을 포함하는 것
Kooiman(2002)	공식적 권위 없이도 다양한 행위자들이 자율적으로 호혜적인 상호의존성에 기반을 두어 협력하도록 하는 제도 및 조종형태
Peter(2001)	제도화된 정책 공동체 내의 이해관계자들을 정책과정에 참여시켜 문제를 해결하고 책임을 지게 하는 공적 의사결정의 형태
원구환(2003)	공공부문과 민간부문, 그리고 다양한 시민사회의 조직들이 자발적으로 상호의존 및 협력하는 통치 방식 혹은 네트워크 체제
한승준(2004)	다양한 참여자들이 새로운 네트워크를 형성하여 정책결정에 참여하고 상호협력하는 시스템

출처: 김용탁(2007). Gonernance의 의미와 시사점. 한국장애인고용촉진공단; 라미경(2009). 거버넌스 연구의 현재적 쟁점. 『한국거버넌스학회보』, 제16권 제3호의 내용에서 부분 인용.

선행연구자들의 개념을 검토해 보면 거버넌스는 다음과 같은 특징을 갖는다.

첫째, 전통 행정기능과는 다른 행정의 수평적 패러다임을 강조한다.

둘째, 네트워크를 강조한다. 여기서 네트워크는 신뢰에 기반을 둔 상호적응이라고 할 수 있다.

셋째, 상호작용을 중시한다. 통제자와 피통제자, 지시자와 수용자가 아닌 상호 영향력을 강조한다.

거버넌스의 개념을 정리하면, 거버넌스는 다양한 이해집단이 공동으로 참여하여 공통된 목적을 달성하기 위해 상호의존 및 협력하는 통치구조라고 할 수 있다(김문준 외, 2016).

2) 거버넌스 유형

거버넌스는 개념의 다양성과 같이 그 유형도 다양하게 구분할 수 있다. 거버넌스 구분 기준 일반적으로 공간적 범위, 주제 영역에 따라 그 유형을 구분해 볼 수 있다.

공간적 범위를 단위로 하여 다양한 유형으로 구분해 보면, 글로벌 차원에서부터 지역적, 국가적, 지방적 차원으로(김기곤 외, 2015), 주제 영역에 따라 구분하면 경제 거버넌스(economic governance), 정치 거버넌스(political governance), 행정 거버넌스(administrative governance), 그리고 체제 거버넌스(system governance) 구분할 수 있다(임호, 2004; 김기곤 외, 2015),

〈표 5-5〉 거버넌스 유형

구분	거버넌스 유형	의미
공간 범위	글로벌 거버넌스 (global governance)	세계를 대상으로 하는 것으로서 국가정부와 지방정부 그리고 세계적으로 활동하는 자발적 조직들의 정책네트워크 구 성을 의미
	국가 거버넌스 (national governance)	중앙정부와 지방자치단체, 그리고 국내외 자발조직이 포함 된 정책네트워크를 의미
	로컬 거버넌스 (local governance)	지방정부와 지역 내의 다양한 자발적 조직이 포함되는 네트워크

구분	거버넌스 유형	의미
주제 영역	경제 거버넌스 (economic governance)	빈곤, 형평성, 삶의 질과 같은 사회적 이슈들에 많은 영향력을 행사하는 것으로 국가나 지방정부의 경제적 활동이나 경제 관계에 영향을 미치는 정책결정 과정을 포함
	정치 거버넌스 (political governance)	정통성과 권위를 갖는 국가의 정책결정 및 정책집행과 관련된 과정을 포함
	행정 거버넌스 (administrative governance)	효율성, 독립성, 책임성을 가진 개방적인 공공 섹터를 통해 수행되는 정책집행의 체계
	체제 거버넌스 (system governance)	구성원들에게 보다 나은 삶을 유도하고 개인적 역량을 행사할 기회와 환경을 제공하기 위해 정치적, 사회적, 경제적 관 계들을 가이드하는 사회의 과정들과 구조를 총괄

3) 교육 거버넌스

우리나라에서 교육 거버넌스의 개념은 통치, 협치, 지배구조, 국정운영, 의사결정구조, 정책결정구조 등의 용어로 번역되어 왔다. 이러한 이유 중 가장 큰 이유는 교육분야에서 거버넌스의 개념은 의사결정 과정에 대한 참여방식 혹은 권력관계 등의 역동적인 과정과 기능에 중점을 두기보다는 '통치구조'나 '지배구조' 등 정태적인 '구조'로 제한되는 경향이 있었기 때문이다(안기성, 1997; 주삼환, 2007; 유선미, 2015).

일반적인 거버넌스의 개념에 기초하여 볼 때, 교육 거버넌스는 교육활동 및 문제 해결을 위한 다양한 장면에서 다양한 관련자들이 협의의 과정을 거쳐 교육(기관)을 통제하는지에 관한 의사결정을 내리고 정책을 개발하는 과정으로 정의 내릴 수 있다. 교육이라는 중요성에 비추어 볼 때, 의사결정의 범위는 교육정책에 관한 의사결정뿐만 아니라 교육 프로그램, 교과과정 및 교육활동을 실천해 내는 과정, 평가 과정 등 합의와 협의가 필요한 국면까지 확대할 수 있다.

지역분권 및 지역 교육을 강조하고 있는 우리나라의 경우 교육 거버넌스는 지역사회의 다양한 참여자 및 기관들 간의 관계망 속에서 합의라는 의사결정 형태로 전개되기 때문에 지역사회의 교육적 인적·물적 자원을 활용하고 학생들의 배움을 지역 속으로 확장시키고자 하는 사회적 배움공동체 구축을 위한 적합한 리더십 기제가 될 수 있다(주삼환, 2007; 유선미, 2015). 교육 거버넌스는 지역사회의 협력적 문제해결 과정을 통해 지역사회의 '역량강화(capacity building)'를 위한 핵심 메커니즘으로 작용할 수 있다(김근수, 2008). 최근 교육은 학교교육을 중심으로 한 형식교육을 넘어서 사회교육과 평생교육의 개념으로까지 확대되어 교육거버넌스를 중심에 두고 학교-지역사회 연계, 학교문제 해결을 위한 지역사회의 지원, 학교의 지역사회 문제해결 참여, 지역사회의 학교발전 지원 등 학교와 지역의 상호 역량을 강화하기 위하여 인적·물적 자원을 활용하는 논의가 중심적으로 이루어지고 있다.

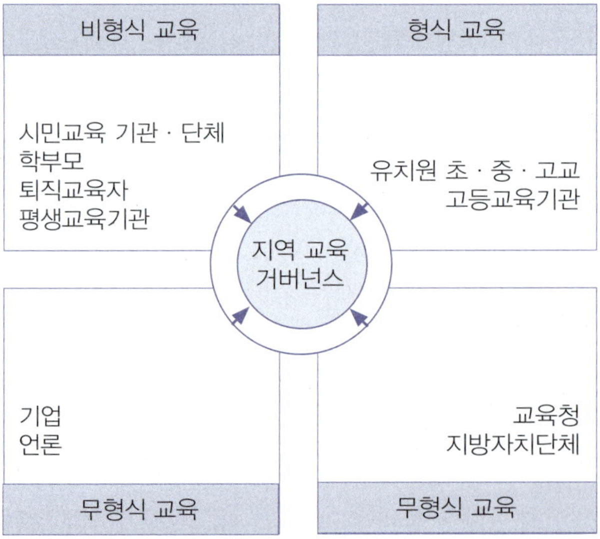

[그림 5-3] 학교-지역사회의 교육 거버넌스 유형

출처: 김근수(2008); 변원정(2015), 재구성.

교육 거버넌스의 핵심은 지역사회를 구성하는 체제와 집단들이 교육관련 정책에의 참여와 지원을 통하여 정책수행의 민주성과 효율성을 증대시키는 데 있다(김근수, 2008). 따라서 교육 거버넌스 유형은 교육 당국과 지역사회 구성체들 간 의사소통망의 형식에 따라 구분될 수 있다(김근수, 2008).

유형	설명
일방적 교육 거버넌스	• 학교 당국이 일방적으로 자발조직을 제어하고자 할 경우 나타남 • 학교 당국이 자발적 조직을 무시하는 자세에서 아직 탈피하지 못한 상태이거나, 자발적 조직 자체의 성향과 능력이 부족한 경우
특혜적 교육 거버넌스	• 특정 조직에게는 참여를 허락하지만 여타 집단에 대해서는 정책참여를 거부하는 경우 • 자신에게 유리한 의사결정을 유도하려 들거나, 특정 자발적 단체와 거래가 있거나, 특정 자발적 단체의 세력이 강해서 그들의 참여를 배제하는 것이 어려울 경우
집합형 교육 거버넌스	• 지역 내에 어느 정도 다양한 자발적 조직이 형성되어 있고, 자발조직의 참여에 대한 학교 당국의 자세도 대체로 개방적일 경우 • 학교 당국과 자발적 조직과의 개별적 상호작용은 이루어지나 자발석 조직들간의 의사소통과 연결은 미흡 • 학교 당국을 중심으로 자발적 집단이 연결되어 하나의 참여 집합을 이루는 가운데, 주도권을 학교 당국이 행사하게 되며 자발적 조직들은 자기조직의 사안에 대한 참여만 허용
별거형 교육 거버넌스	• 자발적 집단 간의 의사소통 네트워크는 열려 있으나, 학교 당국의 네트워크는 열려 있지 않은 상태 • 지역사회의 발전 수준에 학교 당국의 수준이 못 미치는 경우 • 학교 당국이 주도권을 갖는다는 점에서는 집합형 교육 거버넌스와 같으나 자발적 조직 간의 의사소통의 창구가 열려 있다
통합형 교육 거버넌스	• 시민사회가 상당히 성숙하여 시민사회단체들의 수준이 높고 상호 협력할 자세가 되어 있을 경우 • 학교 당국의 경우에도 다양한 집단들과의 협력을 추구하고 그들이 참여하는것에 큰 제약을 가하지 않는 것이 보편적
네트워크형 교육 거버넌스	• 학교 당국과 자발적 조직이 함께 네트워크의 구성요소가 되며, 자발적 집단 간의 의사소통과 연대가 활발하다는 점에서 통합형 교육 거버넌스와 구별 • 학교 당국은 주도자의 역할보다는 네트워크의 조정자 역할

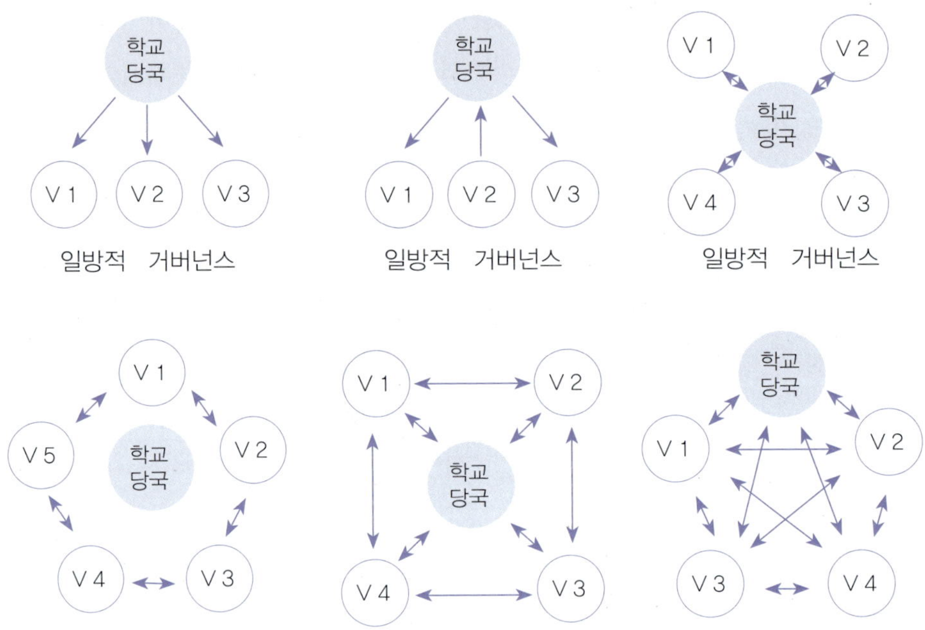

[그림 5-4] 교육 거버넌스 유형

출처: 김근수(2008).

교육 거버넌스의 효율적 운영을 위한 나아갈 방향을 살펴보면 다음과 같다.

첫째, 교육 거버넌스의 건전한 운영과 성과는 시민의 참여역량에서 비롯되며 이는 시민교육을 통해 이루어지는바 협력적 로컬 거버넌스 구축과 시민교육이 필요하다(김동엽, 2012).

둘째, 지방교육 거버넌스의 가장 큰 중심축인 지방자치단체와 교육청의 연계와 협력이다. 부족한 지방교육재정과 자원의 안정화를 위하여 지방자치단체의 효율적인 연계협력을 강화할 수 있는 방안을 도출해야 한다(성수자, 2011).

셋째, 교육 거버넌스는 지역의 지속가능한 발전에 기여하기 위한 전략과 지속가능 발전교육 프로그램을 운영할 필요가 있다. 교육 거버넌스는 교육 거버넌스를 통하여 시민 의식이 변화되고, 지역의 지속가능성에 대한 기대감 제고가 이루어져 지역의 지속가능한 발전으로 이용될 수 있다는 가능성을 제시하여야 한다(변정원, 2014).

이상과 같이 교육 거버넌스를 활성화하기 위해서는 지역사회의 다양한 기업, 지자체나 교육청, 시민단체, 학교 구성원들이 지역사회를 기반으로 하는 교육 거버넌스에 참여하고 이를 토대로 교육 공동체 구축을 통해 협력적 체계를 더욱 공고히 해야 할 것이다.

3 다문화 사회와 교육

1. 다문화의 이해

'다문화(multiculture)'라는 것은 일반적으로는 기존의 단일문화와 대비되는 개념으로써 동일한 혈통과 문화를 추구하는 단일문화에 다른 문화들이 통합되어 하나의 사회 안에 각기 다른 집단들이 형성해 낸 문화가 혼재된 상태를 의미한다. 일반적으로 한 사회구성원들이 가지고 있는 공통의 생활양식을 문화라고 하며 여러 유형의 이질적인 문화가 제도권에서 형성된 것을 다문화라 한다. 다문화에 대한 협의의 개념은 자유민주주의에 대한 광범위한 합의와 지지가 선결된 조건하에서 다양한 문화적 주체자들의 특수한 삶의 권리에 대한 제도적 보상을 뜻하지만, 광의로는 상이한 국적, 체류자격, 다른 인종, 다른 문화적 배경, 성별이나 연령, 계층적인 귀속감 등과 관련 없이 모든 인간이 인간으로서의 보편적 가치를 향유하는 것을 말한다.

그러나 다문화에 대한 개념의 정의는 한 국가나 사회에서 문화를 규정하는 방법에 따라서, 다문화의 주체에 따라서, 그리고 연구목적이나 연구방법에 따라 다양하게 정의될 수 있다. 먼저 문화를 '사회구성원의 일반적인 생활양식'으로 규정하는 경우 다문화는 개인 대 개인 혹은 집단 대집단의 생활양식상의 차이를 모두 포함하지만, 문화를 소수 공동체 고유의 관습처럼 일종의 특수한 생활양식으로써 규정하면 다문화는 사회 내의 다수집단과 특정 소수집단 간의 문화적 차이를 의미하게 된다.

다문화의 일차적 의미는 복합문화이다. 다문화란 단일문화에 대하여 다수의 문화가 혼재, 복합된 상태를 지칭한다. 단일문화사회는 제도권 내에 의식가능하고 인정 가능한 단 하나의 주류문화만이 존재하는 사회라고 할 수 있다. 단일문화에 대한 전통적 문화 개념은 ① 사회적 동질성, ② 인종적 기반, 그리고 ③ 상호문화적 경계결정이라는 세 요소로서 특징화될 수 있다.

첫째, 사회적 동질성 요소는 하나의 문화가 민족 전체뿐만 아니라 개인의 삶 영역까지 영향을 미쳐 모든 행위와 모든 대상을 혼동될 수 없는 단일한 구성요소로 만들어야 한다.

둘째, 인종적 기반 요소는 문화가 특정한 민족과 결합되어 민족문화로 자리 잡아야 한다.

셋째, 상호문화적 경계결정은 특정 민족 문화는 다른 민족 문화와 분리되고 구별되는 엄밀한 경계가 설정되어야 한다(이용재, 2012). 이상의 내용을 정리하면 단일문화개념은 민족문화를 기반으로 단일민족국가 내에서 형성 가능하다. 이러한 문화적 개념은 다른 문화사회의를 가진 개인들을 반사회적 또는 반민족적이라는 명목으로 분리·배제할 수 있는 결과를 초래할 수 있다.

오늘날 문화는 독특성과 함께 연관성을 함께 지닌다. 문화를 아무리 작은 단위로 쪼갤지라도 다른 개체와 완전히 다른 속성만을 지닌 문화는 존재하지 않는다.

이에 다문화사회와 단일문화사회의 구별은 문화의 수가 아니라 문화의 공존형식을 중심으로 이해되어야 한다. 다문화사회는 한 사회 내에 존재하는 각 하위사회의 인간집단의 신념의 상대성을 인정하고 존중하는 사회이다(박이문, 2002). 즉, 다문화주의는 한 국가 내에 다양한 인종과 민족 출신이 함께 어우러져 모든 사회 구성원이 각자의 문화적, 사회적 배경에 의해 차별받지 않고 시민 또는 국민으로서 기본적으로 갖게 되는 권리를 향유하고 각각의 특별한 삶의 방식을 존중하여 모두가 공존하는 사회를 만드는 것을 말한다. 따라서 다문화주의는 다문화의 보장, 주류사회와 비주류사회의 상호 이해 촉진, 소수집단 간의 교류, 사회 전반적인 평등수준의 향상과 구조적 차별의 극복 등을 목적으로 하여 국가, 사회, 개인 수준에서 광범위한 이해와 합의를 통해 정책으로 구체화되어 실현된다.

다문화시대를 형성하게 된 배경은 다문화주의(multiculturalism)에서 비롯된다. Store(1996)에 의하면 다문화는 여러 유형의 이질적인 문화의 주변문화를 제도권 안으로 수용하여 형성된 문화를 말하는 것이며, 다문화 시대를 이루게 된 것은 다문화주의라는 철학적 배경에 의해서이다. 따라서 다문화사회의 개념규정은 원칙적으로 다문화주의에 의존하며, 원칙적으로 고유한 문화들의 공존을 통해 다문화사회를 규정한다.

다문화주의는 다인종으로 구성된 사회에서 다양한 인종의 문화에 대한 상호 존중과 관용을 지칭하는 태도로 1957년 스위스에서 사용되기 시작한 이후, 1960년대 후반 캐나다에서 사용되기 시작했고, 1970년대를 전후해 서구에서 본격적으로 논의되기 시작한 다문화주의는 이민자들에 대한 전통적인 '동화주의(assimilation)' 통합정책에 대한 대안으로 등장한다. 즉, 다문화주의는 민주주의의 확산과 다양한 인종의 정체성이 복잡하게 얽혀 있는 국가에서 정부가 시행하는 새로운 정책이나 국민통합의 이데올로기로 그 필요성이 지적되었다. 따라서 다문화주의는 정치통합, 국민통합, 공생공존, 인간적 권리공유 등의 목적을 가지고 있다(조석주, 2007).

〈표 5-6〉 동화주의와 다문화주의의 차이점

동화주의	구분	다문화주의
• 문화적 동질화 • 추상적인 수준에서 다른 문화 이해와 수용	문화적 지향점	• 문화적 이질성 존중 • 구체적인 수준에서 다른 문화 인정과 보호
• 소수자 집단의 주류 문화로의 동화를 통한 사회통합	정책 목표	• 소수자 집단의 고유성 인정과 다양한 문화 공존
• 소수자 집단에 대한 차별방지 법제화(소극적)	정책 수단	• 소수자 집단의 문화와 권리보호 법제화(적극적)
• 사적 영역의 문화적 다양성 보호	다양성 개념	• 공적, 사적 영역의 문화적 다양성 보호
• 기회의 평등	추구하는 행동 특징	• 기회의 평등 • 결과의 평등
• 통합의 대상 : 이방인 • 경제적 관점 : 노동력, 부양자	이주자에 대한 시각	• 공존의 주체 : 사회구성원 • 문화적 관점 : 다양성의 원천

동화주의와 다문화주의의 가장 큰 차이는 동화주의는 강한 문화가 약한 문화를 흡수하는 이론으로 각 문화를 존중하고 고유한 가치를 인정하여 문화 간의 우열관계를 부정하지 않는다. 이에 반해 다문화주의는 한 사회 공간 내에서 복수의 문화가 공존하는 것을 인정하고 문화의 공존이 유발하는 긍정적인 면을 적극적으로 평가하고자 한다.

용어 해설　동화주의(assimilation)

소수 문화를 주류 문화에 일방적으로 흡수시키려는 생각이나 그를 지지하는 정책 등을 아우르는 개념이다. 이는 소수 문화의 일방적 변화를 강요한다는 점에서 각 문화의 다양성을 인정하는 문화 상대주의와 상반된다.
한 문화의 소수민족이나 이민자나 정복당한 민족들이 지배 문화나 사회 주류 문화로 동화하는 것을 장려하는 사회 구조. 흔히 '용광로(Melting Pot)'라는 말로 대표되며, '샐러드 보울(Salad Bowl)'이 라는 말로 대표되는 다문화주의와 반대되는 이민수용정책으로 여겨진다.

출처: 서울대학교 교육연구소(1995). 『교육학용어사전』.

다문화주의에 대한 처음의 개념은 하나의 정치체(polity) 내부에서도 다양한 인종적(ethnic) 그룹이나 피차별 집단의 독자성을 공인할 것을 요구하는 입장을 취하였다. 즉, 다문화주의를 다양한 민족 집단의 정체성이 어떤 모습으로 보전되어야 하는가에 대해 동화(assimilation), 다원화(pluralism), 분쟁(conflict) 개념을 적용하는 것이라고 정의하고, 다문화사회를 민족 집단 정체성의 보존에 대한 시각으로 보았다.

그러나 다문화주의는 개념은 점차 여성, 장애인, 동성애자, 소수인종, 비서구 등의 비주류권 문화를 적극적으로 수용하려는 입장으로 비주류의 소수집단에 주류문화에 무조건적으로 동화할 것을 강요한 과거사에 대한 반성 등으로 확대되어 사용되면서 다양한 의미를 가지게 되었다.

오늘날 다문화주의에 대한 관점은 국가나 인종, 민족 등의 거시적인 차원만이 아니라 사회 내의 소외 계층이나 소수 인종, 또는 세대 간 갈등과 성 역할의 차이 등과 같은 매우 미시적이고 광범위한 주제를 포함한다. 따라서 다문화주의를 하나의 관점이나 의미로 정의하는 것은 불가능하다.

현대 다문화주의의 관점은 다문화주의에 대한 다음의 세 가지 입장을 부분적 또는 전적으로 채용하고 있다.

① 자유를 실현 가능하게 하는 기초로서의 문화의 중요성

다문화주의의 이론은 자유를 실현 가능하게 하는 기반적 조건의 하나로서 문화를 설정하고, 그 근거로서 풍요로운 문화를 유지해야 한다고 주장하고 있다. 문화의 존재와 자유 실현의 관계는 문화는 개인에 대해 다양한 선택지를 제공하고, 선택지에 이해 가능한 의미를 부여한다.

② 집단적 정체성의 적절한 승인의 필요성

개인 또는 집단의 정체성은 일방적으로 규정될 수 있는 것이 아니며, 타자로부터의 적절한 인정과 승인을 통해 이해될 수 있다. 특히 집단적 정체성 상호승인의 중요성은 해당 집단에 속한 개인은 상호 승인된 정체성을 가질 수 있고, 인간으로서 요건을 충족할 수 있는 상태에 놓이게 된다. 즉, 집단적 상호 적절한 승인은 개인으로 하여금 자신이 현실적으로 존재하는 모습대로 승인받고, 동시에 자신도 그러한 자기평가를 할 수 있게 한다.

③ 정치적 통합을 가능하게 하기 위한 동포의식의 필요성

다문화주의 이론은 개인이 정치적인 통합을 이루기 위해서는 동포의식이 공유되어야 한다고 생각하고 있으며, 나아가 동포의식의 기초로서 문화의 공유가 설정되고 있다.

확인한 세 가지 기본전제는 논리적으로는 상호 독립되어 있다. 즉, 어느 하나의 기본전제를 수용하는 것이 다른 기본전제의 수용도 거절도 함의하지 않는다. 논리적으로는 이러한 기본전제 전부를 수용할 수도 일부만을 수용할 수도 있다.

2. 다문화주의의 유형

다문화주의는 개인적 자유와 선택의 자유를 포함하고 있고, 정책결정과정에서 시민의 참여와 동의에 기초한 민주주의와 깊은 관련성을 지니고 있다. 따라서 다문화주의의 인권 이데올로기는 사회민주화와 균등한 발전을 가능하게 하고, 소수집단의 권리, 집단 속의 개인의 권리, 문화적 권리가 보장되는 시스템을 상정하고 있기 때문에 민주 국가에서는 모든 시민의 권리 체계로 이해된다(이용승, 2004).

다문화에 대한 일반적 시각은 한 사회 내에서 문화와 특성을 달리하는 문화에 대해서도 그것을 승인하고 존중하는 태도를 갖는 것으로 다문화주의는 그 특성을 달리하는 문화, 소수집단, 그리고 그들 문화를 보호하고 발전시키기 위해 적

극적으로 개입하는 것을 의미한다.

따라서 다문화주의 유형을 타 문화에 대한 보호와 발전에 대한 적극적 개입 정도에 따른 정책 특성과 소수집단의 사회통합 형태에 따른 유형으로 구분해 볼 수 있으며 그 유형은 다음과 같다.

1) 정책특성에 따른 유형화

다문화주의를 정책과 제도적 측면에서 가장 일반적으로 많이 활용되고 있는 분류가 차별배제모형(differential exclusionary model), 동화모형(assimilationist model), 그리고 다문화 모형(multicultural model)으로의 구분이다(Castles & Miller, 2003; 설동훈, 2005; 이영범·남승연, 2011). 이 유형화는 외국인과 이민자들을 받아들임에 있어 국가가 어떠한 정책과 제도를 채택하고 있으며, 그 근저에 일반 국민이 외국인과 이민자들에 대해 어떠한 태도를 견지하는지에 따라 분류한 것이다.

① 차별배제 모형

이는 철저하게 규제된 경제특구나 수출자유지역과 같은 특정지역이나 특징 직업에 한하여 일부 영역 외에는 외국이나 이민자의 유입을 배제하는 배타적인 외국인 이민 정책이다. 이 모형은 국가가 원치 않는 이민자의 정착을 원천적으로 차단하려는 정책유형으로 유입국 사회가 이민자를 특정 노동시장(예를 들면 3-D 업종)의 형태로 특정 경제적 영역에만 받아들이고, 복지혜택, 국적, 시민권, 선거권, 피선거권 부여와 같은 사회적. 정치적 영역에는 절대 받아들이지 않는 형식이다. 이주자의 법적 지위는 안정적이지만 토착민보다 낮다. 그러나 최근 우수 전문 기술 인력의 이주 및 최근 국제결혼이 급증하면서 이와 같이 이민 수용을 철저히 배격해온 차별배제모형은 점점 줄어들고 있다.

② 동화 모형

이는 이민자들이 언어·문화 등의 모든 면에서 주류 사회와 똑같아져야 한다는 모형으로 이민자는 주류사회가 다수를 차지하고 있는 커다란 용광로(melting pot)에서 섞여져 출신국의 언어·문화·사회적 특성을 완전히 포기하고 주류 사회의 문화에 동화되어 단일한 성격의 국민으로 융해된다. 1960년대 미국의 '용광로 정책'으로 대변된다.

③ 다문화 모형

다문화 모형은 다른 인종과 민족에 대해 포용적인 특성을 가진다. 이 모형은 이민자가 그들만의 문화를 지켜 가는 것을 인정하며, 정책 목표를 주류 또는 먼저 도착한 이주문화와 후에 이주한 문화 간의 수평적 공존에 둠으로써 흔히 '샐러드 그릇'(salad bowl)에 비유된다. 다문화주의모형은 타 문화·타 언어·이교도 집단의 정체성을 인정함으로써 사회의 분열과 갈등을 예방할 수 있는 국민통합 정책이다.

다문화 모형은 문화의 다원성·다양성을 인정하면서도, 주류사회가 존재함을 전제하는 문화다원주의(cultural pluralism)와 주류사회의 존재를 인정하지 않고 다양한 문화 간 대등한 관계, 사회 전체의 소통과 교류에 초점을 두는 다문화주의(multiculturalism)로 나뉠 수 있다.

2) 다문화정책의 개입 정도와 범위에 따른 유형화

다문화주의의 유형화 연구에서 비교적 많이 사용되고 있는 기준이 바로 소수문화에 대해 주류사회가 어떠한 입장을 취하는가이다. 가장 포괄적인 분류는 '온건(soft)' 다문화주의와 '강경(hard)' 다문화주의로의 구분이다. 온건 다문화주의는 어떤 국가 내에서 발생하는 다문화적 현상과 같은 현상적 특성을 지니고 있다. 반면, 강경 다문화주의는 국민적 정체성을 확장시킬 것을 제안하며 그 과정에서 민족 집단들을 포함시킬 가능성을 제시하기도 한다(김영철, 2005).

① 온건 다문화주의

온건 다문화주의는 다문화주의를 생활양식이나 소비의 취향에서 다양한 문화를 향유하는 수준에서 이해함으로써 피상적인 다문화주의로 설명된다. 즉, 개인적인 취향과 선택에서는 문화적 차이 인정하지만 집단적, 정치적인 요구는 인정하지 않는다.

온건 다문화주의는 다문화주의를 일상생활에서의 다양한 삶의 양식 공유, 문화적 소비의 대상 정도로 국한시킴으로써 '식탁 위의 다문화주의' 혹은 '부티크(boutique) 다문화주의'라는 비판을 받는다.

② 강경 다문화주의

강경 다문화주의는 '온건' 다문화주의 내에 존재하는 피상적인 다원주의를 극복하면서 민족적 정체성이라는 근원적 문제를 제기한다. 그리하여 인종·민족·성별에 근거한 차별 철폐, 소수자들이 자신들의 문화를 향유하고 풍요롭게 할 수 있는 권리의 정책적 보장, 그리고 개인 또는 소수집단의 문화적 정체성과 다양성을 받아들일 수 있는 국민적 정체성의 확장을 주장한다.

다문화정책의 개입 정도와 포괄 범위에 따른 또 다른 분류는 다문화주의를 보수주의적 다문화주의, 자유주의적 다문화주의, 좌파 자유주의적 다문화주의, 그리고 비판적 다문화주의로 분류한다(McLaren, 1994; 추병완, 2007; 한건수, 2012).

① 보수주의적 다문화주의

시혜적 입장에서 소수 문화를 인정하는 유형으로 주류 집단이 소수 집단에 관용을 베푸는 차원으로 소수자의 문화적 권리를 인정하여 소수집단의 저항과 사회적 균열을 예방한다. 일종의 단일문화주의로서 서구 문화 우월론에 근거해 있다. 형식적으로는 문화적 차이를 존중하지만 궁극적으로는 주류 문화로의 동화가 전제된다.

② 자유주의적 다문화주의

자유주의적 다문화주의는 다양한 인종과 젠더, 계층이 동등성과 평등성을 갖는다는 신념에서 출발한다. 자유주의적 다문화주의는 공통적인 인간성을 통하여 기회의 균등을 강조하고 문화적 차이를 인정한다. 따라서 불평등이 존재하는 이유는 집단 간의 문화적 차이에 기인하는 것이 아니라 기회의 차이 때문이다. 따라서 집단 내에서 기회의 균등한 보장을 요구한다.

③ 좌파-자유주의적 다문화주의

좌파-자유주의적 다문화주의는 보수주의적 다문화주의와 정 반대로 민족 간의 문화적 차별성을 강조한다. 이 입장의 다문화주의자들은 개별적인 문화적 차이를 중시하기 때문에 자유주의적 다문화주의자들처럼 자유와 평등을 내세우지 않는다. 좌파 자유주의적 다문화주의는 문화적 차별성을 본질화 하려는 나머지 차별성의 역사적·문화적 상황을 소홀히 하거나 아예 무시하는 경향이 있다.

④ 비판적 다문화주의

비판적 다문화주의는 보수주의적 다문화주의와 좌파-자유주의적 다문화주의의 한계를 극복하고 조화와 균형을 꾀하고자 한다. 비판적 다문화주의에 차별성이란 역사, 문화, 권력 그리고 이데올로기가 만들어내는 산물이기 때문에 차별성을 본질화 하려고 시도하지 않는다. 비판적 다문화주의는 지배 문화에 대한 비판을 서슴지 않기에 저항적 다문화주의로 불리기도 한다.

3) 정책적 대응방식에 따른 유형화

다음으로 정책적 대응방식에 따라 다문화주의 유형을 구분할 수 있다. 이 유형 구분은 문화적 다양성의 인지 정도와 그 허용 정도와도 관련된다.

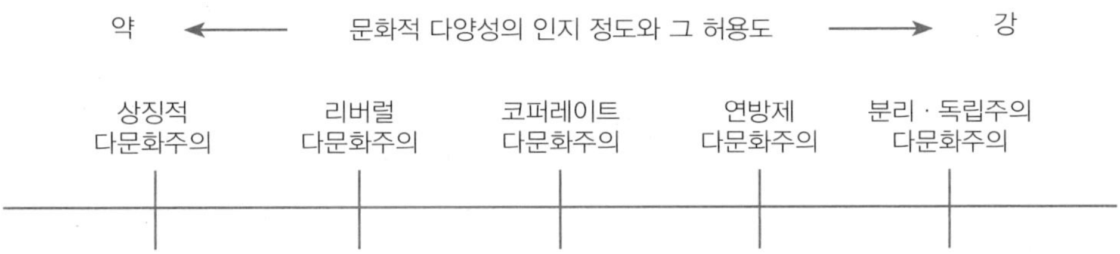

[그림 5-5] 정책적 대응방식에 따라 다문화주의 유형

① 상징적 다문화주의

상징적 다문화주의는 동화주의와 유사하다. 상징적 다문화주의는 늘어나는 외국음식점, 다문화 축제 등에서의 민족의상, 민족의 춤·노래와 같은 전통예술을 향유하는 것은 적극적으로 인정하지만, 그 이상으로 문화·언어의 다양성을 인정하고자 하지 않는다(박영도 외, 2008).

② 리버럴 다원주의

문화다원주의로도 불리는 리버럴 다문화주의는 사적 생활영역에서의 문화적 다양성은 인정하지만, 공적 생활영역에서는 인정하지 않는다. 이것은 사회통합 측면에서 문화적 다양성을 인정하고 에스닉 집단(ethnic groups)이나 민족(nations) 집단 존재를 인정하고 각각의 문화적 다양성을 허용하지만, 공적 생활에서는 주류 사회의 언어를 사용하고, 시민문화, 사회관습에 따라야 한다(박영도 외, 2008). 예를 들면, 가정이나 공동체 등 사적이 생활공간에서는 어떤 언어를 사용해도 되고, 어떤 의상을 착용해도 좋지만 학교, 공공시설, 직장에서의 다른 언어사용이나 전통의상의 착용에는 소극적으로 공적인 생활공간에서는 공용어를 사용하고, 시민사회의 생활규칙을 준수해야 한다. 즉, 공적 생활에서는 보편주의적이며 근대시민적이며 합리적인 가치와 규범, 기본적 인권 등을 준수할 것이 강조된다. 따라서 인종차별은 적극적으로 금지되며 처벌된다(조석주, 2004). 소수집단의 사회참여를 위해 국가는 공용어 교육이나 사회제도에 관한 교육에 적극적이며, 소수민족 공동체에 대한 원조도 주류사회에의 적응을 돕기 위한 방편이다(강휘원, 2006).

③ 코퍼레이트(corporate) 다문화주의

코퍼레이트(corporate) 다문화주의는 자유주의적 다문화주의보다 다양성의 승인이 조금 더 보장될 수 있다. 리버럴 다문화주의는 기회균등을 보장하지만, '코퍼레이트 다문화주의'는 '구조다문화주의'라고도 불리며 '결과의 평등'을 지향하는 입장이다. 이 이론은 피차별자의 경쟁상 불리한 점을 인정하고, 정부는 재정적, 법적 원조를 인정한다(박영도 외, 2008). 즉, 코퍼레이트 다문화주의에서는 다문화와 타 문화자의 불리한 점을 극복하기 위해서 공적 영역에서도 다언어방송이나 다언어문서가 사용되고, 다언어·다문화 교육을 추진하며, 사적 영역에 속하는 에스닉 스쿨에 대한 원조도 확대된다. 이 입장은 다문화사회를 유지하면서 이질성 때문에 차별되거나 불리한 경우가 발생하지 않도록 노력을 기울인다(조석주, 2004).

④ 연방제 다문화주의

연방제 다문화주의는 한 국가 내에서 인종, 민족, 에스닉 집단마다 거주지역이 다른 경우, 즉 소수민족집단을 지역적으로 구분하여 자치성을 인정하는 입장이다. 이는 각 지역의 문화, 언어, 사회관습을 독자적으로 유지 또는 분리 및 격리도 가능한 정책이다. 연방제 다문화주의에서 각 지역 간의 관계는 형식상 평등하고, 정치적, 법적 권리도 동등하다(조석주, 2004).

⑤ 분리·독립주의 다문화주의

이 이론은 지역적으로 주변적인 마이너리티가 민족의 분리와 독립을 요구하는 이론이다. 지역적으로 분리하기 쉬운 소수민족의 분리·독립의 요구가 중앙정부나 연방정부로부터 동정적인 반응이 없는 경우, 분쟁, 대립이 격렬하게 되기 쉽다(구견서, 2004). 이는 더 이상, 국가통합을 유지한다고 하는 의미에서의 다문화주의의 범주를 넘어선 개념이라고 할 수 있다.

3. 다문화사회의 등장요인

다문화사회의 등장배경과 요인은 연구자마다 다양하게 정리하고 있다. Kymlicka (2005)는 다문화사회의 등장배경과 요인을 첫째, 선진국의 낮은 출산율과 고령화에 따른 새로운 인구 유입의 필요성으로 경제적 요인으로 이주하는 소수인종문화집단 등장, 둘째, 1960년대 이후 진행된 인권의식의 확산으로 소수인종, 소수문화집단의 권리의식이 고양됨에 따라 이들의 평등한 시민권의 요구증가, 셋째, 민주주의의 확립에 따라 소수문화집단들 요구의 공개적 개진, 넷째, 냉전의 종식에 따라 다른 국가로부터의 안보위협이 감소하고, 국가의 안전 확보, 다섯째, 자유민주주의 확대에 따른 소수인종문화집단에 대한 주류사회구성원들의 관용적 대응으로 정리하고 있다. 김비환(2007)은 첫째, 탈냉전에 따른 이데올로기적 대립보다 국부의 증가라는 경제적 요인, 둘째, 자유화와 민주화가 진행됨에 따라 인권의식이 확립되고, 소수인종, 소수문화집단의 문화적 인정에 대한 요구와 이해로 정리하고 있다.

연구자들의 내용을 정리해 보면 일반적으로 다문화사회의 등장요인에 대한 입장은 이주의 결과로 인종·국적·종교적 차이에 의해 발생하는 사회갈등에 주목하는 사회갈등중심 입장과 포스트모더니즘에 기초한 다원주의를 바탕으로 다양한 가치관의 공존으로 보는 철학적 입장으로 구분된다.

먼저 다문화주의의 가장 주요한 요인 중 하나는 이주에 의한 문화이동이다. 국가 또는 민족 간 이주에 의한 국제적 문화이동의 근대역사는 다음의 단계로 구분할 수 있다(김용찬, 2006).

- **1단계** : 1500년부터 1800년까지의 중상주의 시기이다. 이 시기는 경제성장과 식민지화의 진행으로 유럽인들의 아메리카, 아프리카, 아시아, 오세아니아 지역 등으로의 이주가 현저하게 진행되었던 단계이다.

- **2단계** : 19세기 초반부터 시작된 산업화 시기이다. 산업화 시기에는 유럽의 경제발전과 전 식민지국들에서 산업화가 확산되면서 유럽인들의 대규모 이주가 다시 진행되었으며, 대부분의 국제이주는 아르헨티나, 오스트레일리아, 캐나다, 뉴질랜드, 미국 등의 5개국에 집중되었다.

- **3단계** : 국제적 이주가 감소한 시기이다. 이시기는 제1차 세계대전의 발발과 함께 약 40년 동안 유럽인들의 다른 대륙으로 이주가 급격히 감소했으며, 특히 1920년대 경제대공황과 제2차 세계대전은 국제이주의 큰 위축을 가져왔다.

- **4단계** : 1960년대부터 시작된 탈산업화 시기이다. 이 시기 이주의 특징은 기존 유럽 중심의 국제이주에서 세계적인 차원으로 확대되었다는 것이다. 이주송출과 이주수용국가들은 유럽지역을 넘어 제3세계 국가들을 포함하면서 더욱 다양화되었다. 국제이주는 1970년대 중동 지역과 1980년대 괄목할 만한 경제성장을 이룩한 동아시아 지역으로까지 확산되었다.

- **5단계** : 탈냉전이 본격화된 1980년대 후반부터 새로운 형태의 국제이주가 본격적으로 나타나기 시작하였다. 이는 불법이주, 망명신청자와 난민의 국제이동, 단기간의 국제이주 등의 새로운 이주 유형으로 나타나고 있다.

국제 이주로 인한 이주민의 증가 현상은 다문화사회를 촉진시켰다. 그러나 한 사회가 다문화사회로 이행되는 과정은 진입단계, 전환단계, 정착단계로 구분된다. 다문화사회로의 이행단계를 살펴보면 다음과 같다(한승준, 2008).

- **1단계** : 진입단계이다. 1단계는 전체인구구성에서 이주민이 증가하면서 이주민이 차지하는 비율이 가시적으로 증가하는 단계이다. 이 시기에는 전통적인 단일민족국가 가치관의 혼란이 발생하는 동시에 매스컴 등을 통해 이주민들과 이들의 문화에 대한 관심이 높아진다. 이 시기에는 이민자에 대한 주류사회의 심리적 저항과 차별적 태도, 행동의 다양성이나 가치관의 상이에 따른 규범의식의 저하 현상 등의 사회문제가 나타날 수 있다.

- **2단계** : 전환단계이다. 이주민들이 정착하기 시작하면서 점차 다문화사회로 전환되는 단계이다. 이 시기는 이주자들이 서서히 가족을 형성, 다문화가정의 2세 탄생 및 교육, 외국인노동자의 정착, 이주민 공동체 및 집단거주지역의 형성이 이루어지는 시기이다. 사회적으로는 다문화 가족 내 구성원 간 문제(의사소통 문제, 가족 해체 문제 등), 소수 인종공동체의 사회적 고립 및 빈곤화, 새로운 사회적 불평등, 사회적 일체감 해체 등의 문제가 나타나기도 한다.

- **3단계** : 정착단계로 인구학적, 사회문화적, 정책적으로 다문화사회가 정착되는 시기이다. 다문화 가족 내에서 2세가 사회진출이 이루어지면서 이주민 공동체가 재생산되고 사회적 정치적으로 집단 세력화된다. 이 시기에는 이주민 2세의 인종적 정체성 혼란, 사회적 약자 계층의 이주자들에 대한 사회복지 부담의 증대, 주류문화에 대한 저항표면화로 인한 사회적 불안 가중 등의 문제가 발생할 수 있다.

〈표 5-7〉 다문화사회 이행단계별 주요 내용

단계	1단계	2단계	3단계
	진입단계	전환단계	정착단계
다문화 사회 현상	• 외국인 인구비율의 가시적 증가 • 국제결혼의 증가 • 이주민과 다문화사회에 대한 태도형성 • 다문화정책의 개시	• 다문화 가족의 형성 • 노동이주자들의 정착 • 다문화 2세의 양육, 교육 시기 • 이주민공동체 형성 • 다문화정책의 확산	• 이주민집단의 세력화 • 다문화 2세, 이민 2세의 사회 진입기 • 이민정책과 사회통합 정책의 정치이슈화 • 다문화정책의 수정 및 정착
긍정적 요소	• 타문화에 대한 호기심 증대 • 노동력 부족 해소 • 농촌 결혼문제해소	• 타문화 접촉 증대 • 출산율 증가 • 이중언어 역량 강화	• 타문화에 대한 개발적 태도 • 이주민의 사회자본화 • 긍정적 세계화
부정적 요소	• 단일민족국가에 대한 혼란 • 이민자에 대한 차별 • 이민자의 소외감	• 다문화 가족 내의 갈등 증가 • 이주민의 빈곤계층화 • 이민에 대한 저항 • 이민 2세에 대한 차별	• 주류사회와의 갈등증가 • 인종 간 · 종교 간 마찰의 증대 • 사회적 응집력 약화 • 사회통합비용 증대

출처: 한승준(2008). "다문화사회 이행단계별 거버넌스 전략에 관한 연구". 『국정관리연구』. 제3권 제2호. p. 115.

다음으로 포스트모더니즘에 기초한 다원주의를 바탕으로 한 개념의 등장 배경은 민주주의의 확산과 다양한 인종의 정체성이 복잡하게 얽혀 있는 국가에서 국민통합 이념(ideology)으로서 그 필요성이 지적된다. 다원주의는 1960년대 프랑스 철학자를 중심으로 논의되기 시작한 20세기 후반의 서구철학인 포스트모더니즘의 핵심적인 사상으로 등장하게 되었다(김욱동, 1998). 다원주의는 다수성을 통일성으로 환원하는 일원론적 시각과 대립되는 시각을 상정하는 이원론적 시각을 극복하고 다양성이 통일성이나 이원적인 사고보다 중요한 것이라는 믿음에서 출발한다. 따라서 넓은 의미로 다원주의는 어떤 문제나 사상영역에 대해 서로 독립된 근본적인 원리 및 요소를 인정하는 것이고, 좁은 의미로는 세계가 서로 독립된 여러 가지의 근본적인 요소나 원리로 이루어져 있다고 생각하는 세계관이다(이옥선, 1999). 다문화사회가 다원주의에 근거한다고 할 때, 다문화사회의 이론적 바탕은 포스트모더니즘에 있으며 다문화사회란 결국 다양한 가치관의 공존을 의미한다.

용어 해설 **다원주의(pluralism)**
• 가치의 다양성이 허용되고 존중되어 소수의 입장과 가치관이라도 받아들이고 인정해주는 사상 • 사회를 구성하고 있는 개인이나 각 분야의 독자적인 가치를 인정하고 각각의 독립성과 자율성을 보장 • 사회는 하나의 집단이 아닌 여러 독립적인 이익집단이나 결사체로 이루어져 있으므로 소수의 권 력 엘리트에 의하여 지배되기보다는 그 집단의 경쟁 · 갈등 · 협력 등에 의하여 민주주의적으로 운영 된다고 보는 사상 어떤 단일한 제도 또는 제도적 집합체도 지배적인 것은 없다. 사회는 오히려 여러 상충되는 목표를 가진 수많은 이익집단으로 구성되거나 특별한 문제를 중심으로 일시적으로 연합하는 변화무쌍한 연합체로 구성되어 있다. 출처: pmg 지식엔진연구소(2013). 『시사상식사전』. 박문각; 서경원(2002). 『Basic 고교생을 위한 사회 용어사전』. 신원문화사.

4. 다문화 이론

1) 다문화 주요 이론

다문화 이론은 세계 여러 나라에서 생성되어 발전해왔으며, 용광로(melting pot) 이론, 모자이크(mosaic) 이론, 그리고 샐러드 볼(salad bowl) 이론으로 구분해 볼 수 있다(서종남, 2008; 한승완, 2008).

① 용광로 이론(theory of melting pot)

용광로 이론은 동화주의라고 할 수 있다. '용광로'란 1908년 Zangwill의 연극 'The Melting Pot'에서 유래되었다. 19세기 말 미국에 이민자가 급증하던 시절, 계몽사상과 다윈의 진화론, 그리고 앵글로-색슨 프로테스탄트(White Anglo-Saxon and Protestant: WASP)의 백인주류문화를 바탕으로 생겨났다. 이주민들은 미국사회에 정착하는 과정에서 백인주류인 WASP 문화에 녹아들어 새로운 미국인으로 바뀐다는 것이다. 이 이론은 소수 문화가 지배 문화에 동화, 포섭되는 것을 전제로, 여러 민족의 고유한 문화들이 그 사회의 지배적인 문화 안에서 변화를 일으키고, 서로에게 영향을 주어서 새로운 문화를 만들어 나간다는 이론이다. 즉, 용광로 이론에 따르면 이주민이 원주민에 동화되어 그 본연의 민족적 정체성을 상실하지만 여러 문화의 상호작용으로 말미암아 기존의 문화들이 융화되어 하나의 새로운 문화가 출현하게 된다.

② 모자이크 이론(theory of mosaic)

'모자이크'는 John Murray Gibbon의 저서 '캐나다 모자이크(Canadian Mosaic, 1938)'에서 유래하였다. 그는 미국의 이민자들의 뿌리를 없애려는 용광로 이론을 비판하고 이민자들의 문화적 특성을 살리면서도 함께 새로운 삶과 사회를 이루어가는 다문화사회 모자이크 이론을 제시하였다. 소수자들이 주류 사회 속에서 자기 나름대로 문화를 유지하고 하위문화들이 공존하여 조화를 이룬다는 문화다원주의 이론이지만, 결국 밑바탕에는 주류 문화가 존재해야 함을 인정하는 문제가 있다. 즉, 다양한 조각과 여러 색상의 조각들인 이민자들이 모여서 하나의 아름다운 모자이크를 이루지만 그 밑그림은 서구문화를 근본으로 한다는 것이다.

③ 샐러드 볼 이론(theory of salad bowl)

미국의 사회학자들은 동화주의 용광로 이론을 비판하면서 캐나다적인 모자이크 이론과 구별되는 샐러드 볼 이론을 제시한다. 이 이론은 다문화주의에 기반을 둔 이론으로 문화의 다양성과 다원성을 인정하면서 사회통합을 추구한다. 이는 주류사회의 존재를 인정하지 않고 다양한 문화가 독립적으로 평등하게 공존되어야 함을 강조하며, 소수민족의 문화를 지원하는 이론으로 문화다원주의를 기반으로 한 모자이크 이론과는 조건과 실천방안이 다르다. 샐러드 볼 이론은 샐러드는 각기 다른 채소와 과일들이 섞여 각각의 고유한 맛을 지키면서도 하나가 되는 것처럼, '누구나 이주민이 될 수 있고, 우리는 모두 이주민이다.'라는 관점으로 다양한 사람들이 서로의 이익을 추구하고 조화를 이루면서 새로운 문화를 형성한다는 것을 뜻한다. 이 이론은 주류사회로의 동화를 추구하는 동화 이론을 거부하며 각각의 이민자들의 고유한 문화가 독립적으로 평등하게 공존되어야 함을 강조하며, 소수민족이 정체성을 유지하도록 그들의 문화를 지원한다는 점에서 현대적인 다문화교육 이론과도 부합한다.

현재 논의되고 있는 다문화주의는 상호 간의 이해와 존중, 대화와 신뢰를 바탕으로 전체를 관통하는 다문화적 정체성을 수립하는 것을 목적으로 한다. 이에 오늘날의 다문화사회는 한 국가 안에서 여러 가지 다양한 문화와 요소들이 서로의 존중을 바탕으로 공존하며 각각의 색깔과 냄새를 그대로 유지하면서 그들 고유의 개별성과는 또 다른 통합성을 이루어내는 '샐러드 볼'과 같은 측면이 강조된다.

2) 다문화 사회에서의 사회 문제

다문화사회란 특정한 정치·경제적 상황에서 다양한 문화가 혼합되는 것을 의미하는 단순한 사회의 한 형태를 의미하는 것이 아니라, 이질적인 만남으로 인해 야기된 갈등과 고통의 과정 속에서 서로의 타자성을 인식하고, 그 속에서 각각의 문화가 확장되고 새로운 통합의 문화를 만들어가는 경험으로의 역동적인 변화가 일어나는 사회를 말하는 것이어야 한다.

〈표 5-8〉 다문화 사회에서의 욕구충돌

구분	기존시민	새로운 이주민
동화욕구	이주자들에게 심정적 유대감과 주류사회에 신속히 적응 · 동화하도록 정착을 도우려는 인간적인 동정과 노력을 보임	기존 시민으로부터 자신들의 인종과 문화에 관계없이 한 개인으로서 인정받기를 원하며, 주류집단에 참여하고 성취하기를 원함
보존욕구	이주자들이 새롭게 선택한 주류사회의 규칙과 관습, 생활양식을 존중하고 적응해 줄것을 기대	소수집단의 일원으로서 자신들의 문화적 정체성을 인정받기를 원하고, 자신의 문화와 전통을 유지하기를 원함

출처: 강휘원(2006). "한국 다문화사회의 형성 요인과 통합 정책". 『국가정책연구』. 제20권 제2호. p. 13.

새로운 통합의 문화를 만들어가는 다문화사회로의 이행과정에서 서로 다른 문화, 집단, 개인은 이질적인 만남으로 문화충격을 받게 되고 동화욕구와 보존욕구의 조절을 통해 문화적응과 통합을 이루게 된다.

Oberg(1960)의 문화충격(culture shock) 이론에 따르면 문화 적응단계는 크게 네 가지 적응단계로 이루어진다.

〈표 5-9〉 Oberg(1960)의 문화충격(culture shock) 단계

단계	구분	특징
1단계	우호적 관계(honeymoon) 초기 행복ilnitial euphoria)	• 새로운 문화에 대한 흥미와 흥분 • 차이에 대한 호기심 • 문화적 유사성에 대한 강조
2단계	위기(crisis) 좌절(frustration)	• 다른 행동양식, 가치와의 대립 • 혼란과 불안 • 새로운 문화에 대한 거부
3단계	적응(adjustment) 회복(recovery)	• 새로운 사회 · 문화적 규범 배우기 • 유효성과 편안함 • 새로운 문화에 대한 존중
4단계	문화 공존(biculturalism) 통달(mastery)	• 문화적 차이의 인식과 이해 • 자치권과 만족 • 이중 문화정체성

- **1단계 : 우호적 관계(honeymoon) 단계**. 사소한 문제들은 간과하고 새로운 문화를 배우기를 기대한다. 새로운 문화를 처음 접했을 때의 생소함과 이국적임은 기쁨과 환희로 전달되어 문화적 차이는 매력적이고 긍정적인 것으로 보이며, 강한 호기심과 긴장감과 모든 것이 흥미로운 시기이다.
- **2단계 : 위기(crisis) 단계**. 실제적인 문화충격 단계로 초기의 즐거움이 스트레스로 변하여 '스트레스 단계'로 발전한다. 새로운 문화에서 모국과는 다른 가치, 신념, 상징, 언어적 차이로 사람들과의 의사소통의 어려움에 반응하기 시작한다. 이 시기는 주변 환경을 현실적으로 직시함으로써 정체성이 흔들리고 새 문화의 부정적인 측면을 보게 되면서 스트레스는 가속화되고, 성급함, 좌절, 혼란 등을 경험하게 된다.
- **3단계 : 적응(adjustment) 또는 회복(recovery) 단계**. 이 단계에서는 시행착오와 다양한 경험을 통해 배우게 된다. 좌절, 포기, 수용 등을 통해 자기자리를 찾고 이곳에서 어떻게 살아남을지를 배우게 된다. 이 시기는 이동의 시기이며 전환점이 되는 시기라고 할 수 있다. 이 단계에서 모국으로 귀환 내지는 거주국의 주류문화에 대한 이해와 적응이 이루어진다. 거주국의 문화와 언어에 대한 많은 지식을 획득함으로써 적응이 진전되며, 문화충격의 회복이 이루어지게 된다.
- **4단계 : 두 개 문화의 공존(biculturalism) 단계**. 이 단계는 문화의 차이를 긍정적으로 받아들이며 그것을 받아들이는 행동을 한다. 긍정적으로 두 문화의 차이점을 인정하게 되며 그것을 받아들이는 행동을 하게 된다.

문화충격에서 문화적응의 과정으로 나아가게 되는데 문화적응은 서로 각기 다른 문화를 가진 사람들이 둘 중 하나 또는 두 집단의 원래 문화 패턴의 변화들과 지속적이고 직접적으로 접촉했을 때 발생하는 현상이다. 문화적응 유형은 직선적-양극적 모델(linear-bipolar model) 또는 단일차원 모델(unidimensional model)과 2차원적 모델(bidimensional model) 또는 중다문화적 모델(acculturation–biculturalism model)로 분류된다.

단일차원의 모델에 따르면 이주자나 소수민이 그들의 오랜 역사적 전통적 사회문화 측면을 잊어버리고 새로운 사회문화 속으로 적응해 간다. 이 모델에서 문화적응은 한쪽으로 이루어지고 그들의 문화적 가치, 태도, 행동 그리고 정체성은 거주국가의 전체 사회와 유사하게 진행된다. 반면 2차원적 모델에서는 문화적 다양성의 가치를 인정하며 기존 문화를 보유하면서도 새로운 문화의 다양한 장점을 적극적으로 수용하고 가치를 인정하는 방향을 취한다.

다문화사회로 이행되는 과정 속에서 사회구성원들은 문화충격과 문화적응의 과정을 겪게 되며, 그 과정에서 정체성 문제는 중요한 과제가 된다. Sue and Sue(1981)는 이주와 관련하여 구성원들이 경험하게 되는 문화적 정체성의 혼란과 재정립의 발달을 동조의 단계(conformity), 부조화의 단계(dissonance), 저항과 몰입의 단계(resistance and immersion), 상호 통찰의 단계(introspection), 통합적 인식단계(synergy or integrative awareness)의 단계로 나누어 설명한다. 이 모델은 소수인종집단 정체감 모델의 발달로 소수인종집단에 속한 개인은 정체감을 형성함에 있어 처음에는 무조건적인 순응을 하지만 무조건적인 순응에도 불구하고 지배집단의 성원이 될 수 없는 것에 대한 갈등과 부정을 반복하게 된다. 이후 자기 소속집단을 중심으로 지배집단에 저항하게 되고, 집단 정체감을 형성하고 무조건적 긍정을 하게 된다. 이렇게 형성된 집단 정체감에 무조건적 긍정을 반성하게 되는 과정을 거치면서 지배집단과 소속집단에 대해서 선택적·감정적인 균형 있는 긍정의 단계로 나아간다(이익섭, 2007).

Berry는 문화적응(acculturation)을 문화적 접촉이 동반하는 문화적·심리적 변화의 과정으로 정의한다. 문화적 변화는 어느 집단 내의 관습, 경제적, 정치적 삶의 방식의 변화 등을 의미하며, 심리적 변화는 개인들이 자신의 문화적 정체성과 문화변용에 대해서 갖게 되는 태도의 변화를 포함한다.

Berry(1981))는 문화적응의 상태를 이주 집단의 고유문화에 대한 문화적 유지와 이민사회의 주류문화에 대한 방향성이라고 할 수 있는 접촉과 참여라는 두 개의 축으로 구성된 다차원적 접근방법을 제시하였다. 두 가지 차원이란 첫째, 자신의 문화적 가치와 특성을 유지할 것인가, 아닌가의 문제와 둘째, 주류 사회와 관계를 유지할 것인가, 아닌가의 문제이다. 모국의 문화도 유지하면서 새로운 문화를 동시에 받아들이면 통합(integration), 모국의 문화를 유지하고 새로운 문화를 수용하지 못하면 분리(segregation), 모국의 문화는 유지하지 않고 새로운 문화만을 받아들이면 동화(assimilation), 모국의 문화를 유지하지도 못하면서 새로운 문화와도 접촉하지 못하면 주변화(marginalization)가 된다.

〈표 5-10〉 Berry의 문화적응 모형

요인		고유의 문화적 가치 · 특성 유지	
		강	약
주류사회 접촉 및 참여	강	통합(integration)	동화(assimilation)
	약	분리(segregation)	주변화(marginalization)

출처: Berry, J. W.(1997). "Immigration, Acculturation, and Adaptation," Applied Psychology: An International Review, 46(1), p. 10 재구성.

다문화주의의 사각에서 문화적 공존을 추구하기 위해서는 다문화사회가 갖는 문화적 조건과 제도적 조건들도 함께 고려해야 한다. 제도적 조건은 평등화와 계층화, 문화적 조건은 동질화와 이질화로 다시 구분할 수 있다. 제도적 조건에서 평등화는 소수집단의 제도적 조건이 지배집단과 동등한 수준에 이른 것이고, 계층화는 사회의 자원에 대해서 제도적 접근이 불가능한 불평등의 상태로 남아 있는 상황을 의미한다. 문화적 조건에서 동질화는 문화적 측면에서 소수자들이 다수집단의 문화와 관습에 동질화된 상황이며, 이질화는 소수자들이 다수집단의 문화와 관습에 완전히 분리되어 고립된 상황이다.

한 사회의 소수자가 '주류 문화'에 적응하는 유형을 제도적 조건과 문화적 조건을 두 축으로 해서 설명해 보면 다음과 같다.

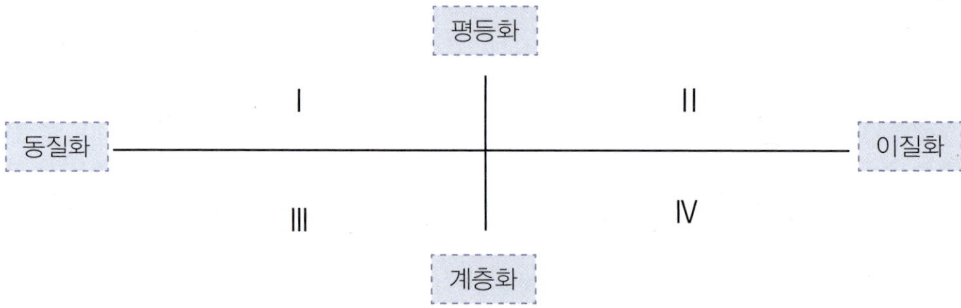

[그림 5-6] 소수자의 적응 유형

- **I-유형 : 평등화-동질화가 이뤄진 유형**. 제도적으로 차별이 없으면서도 문화적으로 주류사회의 생활방식에 충분한 동화가 이루어진 상태이다.
- **Ⅱ-유형 : 평등화-이질화가 만나는 유형**. 제도적으로는 충분한 자원과 인프라를 구축하고 있지만, 문화적으로는 자신의 고유한 문화를 고수함으로써 주류사회와 동떨어진 생활을 하는 경우이다.
- **III-유형 : 계층화-동질화 유형**. 제도적으로는 지위를 얻지 못해서 사회적 이동의 출구가 매우 제한되어 있지만 문화적으로는 주류사회에 매우 동화되어 있는 경우이다.
- **IV-유형 : 계층화-이질화 유형**. 정치·경제적으로 상향이동을 하지 못해서 하층의 지위를 차지하고 있으면서 문화적으로도 주류사회와는 동떨어져 고유 언어와 문화를 유지하는 경우에 해당한다.

5. 다문화 교육

1) 다문화 교육의 개념

글로벌화·국제화로 인한 자본과 노동의 유입과 이동의 증가, 국제결혼의 증가, 유학생의 증가 등으로 인종적, 문화적, 종교적 구성이 급격한 속도로 변화함으로써 다문화주의는 다양하고 복잡한 양상을 띠게 되었다(양계민 외, 2008). 이러한 변화의 요구 속에서 사회적으로는 다문화가 유행처럼 번지고 있지만 소수집단 및 소수문화에 대한 고정관념과 차별, 심리적 거리감 등은 여전히 존재하고 있다. 이러한 현상은 사회갈등으로 표출되며, 집단 간 편견과 고정관념은 다음 세대로 계승될 수 있다. 이러한 의미에서 다문화사회 속에서 더불어 살아가기 위한 올바른 인식의 다문화교육은 매우 중요하다고 할 수 있다.

다문화 교육에 대한 정의를 살펴보면 다음과 같다.

Banks(1994, 2008)는 다문화교육을 학교교육 개혁운동의 일환으로 학교나 다른 교육기관을 변화시키고자 다양한 문화, 민족, 성, 사회적 계층의 배경을 가진 학생들이 학습을 위해 균등한 기회를 갖게 하는 것, 또는 공평한 교육적 기회를 가질 수 있도록 교육과정의 변화를 시도하는 총체적인 노력으로 정의한다. 즉, 다문화교육은 다양한 집단의 학생들이 교육적 평등을 경험할 수 있도록 교육기관을 변혁하는 것이다.

Bennett(2007)에 의하면 다문화교육은 민주주의의 가치관과 신념에 기초한 문화적으로 다양한 사회 혹은 하나의 독립된 세계 속에서 문화적 다양성을 촉진하기 위해 문화적 다원주의를 수용하도록 가르치고 배우는 교수–학습 방법이다. 따라서 다원화된 민주사회에서 다문화교육의 주요 목표는 모든 학생의 지적, 사회적, 개인적인 발전을 도모하고 그들의 잠재력을 최대한 발휘하도록 하는 데 있다고 하였다. 그는 다문화교육을 구성하는 상호관련성을 가진 네 가지 범위를 제시하였다. 그 네 가지 범위는 균등교육을 지향하는 평등(equity)교수법, 다원주의적 관점에서의 교육과정 재고 또는 교육과정 개혁, 다문화적 역량 혹은 문화 간 상호작용의 기초로서 자신과 타인의 문화이해하기, 사회정의를 위한 교수 및 모든 종류의 차별과 편견에 대한 저항이다. 따라서 다문화교육은 문화다원주의를 지지하고 확장하는 과정으로 소수민족 집단이 자신들의 문화적 양식을 자유롭게 유지하도록 승인하는 것이다.

Campbell(2004)은 문화적, 인종적 배경이 다양한 청소년들이 상호 문화적 전통을 이해하고 존중함으로써 궁극적으로 인간의 존엄성, 인간 진보의 가능성, 그리고 모든 인간의 평등을 증진시키는 데 도움을 주는 교육으로 정의한다. 이 정의는 문화 민주주의 차원에서 다문화 교육에 접근한다.

이상의 입장들의 공통점은 교육에서의 평등을 강조하고 모든 인간은 평등하다는 교육철학적 접근을 시도하고 있다는 것이다.

2) 다문화 교육의 목적

다문화 교육의 목적은 다문화 교육의 개념에 따라서 여러 가지로 나타날 수 있다.

Bennett(2007)는 다문화 교육의 핵심 가치를 ① 문화적 다양성의 수용과 인정, ② 인간의 존엄성과 보편적 인권에 대한 존중, ③ 세계 공동체에 대한 책임, ④ 지구상에 존재하는 모든 사람에 대한 존중으로 정하고 다음과 같이 다문화교육의 여섯 가지 목표를 제시하였다. 여섯 가지 목표는 ① 자신 및 다른 집단을 포함하는 다양한 역사 인식 발전시키기, ② 보편적이지 않으며 근원적으로 다른 세상을 지각하고 인식하기 위한 문화 인식 강화하기, ③ 문화 간 의사소통과 다양한 문화 속 관심을 해석하기 위한 간문화적 능력 강화하기, ④ 반인종차별주의자와 반성차별주의자로서 행동할 수 있도록 인종차별, 성차별과 편견을 줄이는 것, ⑤ 일반적인 세계의 상황, 추세, 발전에 관해 앎으로써 역동적인 세계와 지구의 상태에 관한 인식 증가시키기, 그리고 ⑥ 인류의 행복과 지구의 미래를 위협하는 중요한 문제들을 해결할 수 있도록 사회적 행동 능력 훈련하기이다.

Banks(1994)는 다문화 교육의 목적을 ① 개인들로 하여금 다른 문화의 관점을 통해 자신의 문화를 바라보게 함으로써 자기에 대한 이해 증진, ② 문화적, 민족적, 언어적 대안들(alternatives)을 배움, ③ 다문화사회에서 요구되는 지식, 기능, 태도를 습득, ④ 소수민족집단이 그들의 인종적, 신체적, 문화적 특성 때문에 겪는 고통과 차별 감소, ⑤ 전 세계적인 테크놀로지 세상에서 살아갈 때 필요한 읽기, 쓰기, 그리고 수리적 능력을 습득하는 것, 그리고 ⑥ 다양한 인종, 문화, 언어, 종교 집단의 학생들이 자신이 속한 문화공동체, 국가적 시민공동체, 지역 문화, 그리고 전 지구적 공동체에서 제구실하는 데 필요한 지식, 태도, 기능을 습득하도록 도와주는 것이다.

Ramsey(1987)는 다문화 교육 목표를 8가지로 제안했다. ① 성차, 인종, 계층, 문화, 개인의 정체성에 대한 긍정적 사고를 발달시키고, 타 집단을 인식하고 인정하기, ② 아동들이 자신의 정체성, 감정이입, 다른 집단 사람들과의 관련성에서 좀 더 큰 사회 일부로서 자신을 바라보게 함, ③ 다른 사람이 살고 있는 다양한 방식에 대한 존중과 가치 인정하기, ④ 타인에 대한 개방과 흥미, 다른 사람을 기꺼이 포함시키고자 하는 의지, 협력하고자 하는 욕구를 갖게 함, ⑤ 현 사회에 대한 실제적인 인식, 사회에 대한 책임감, 자신들의 가족과 이웃에 대한 확장된 개념의 발달, ⑥ 아동이 사회환경 속에서 자발적이고 비판적인 분석을 하도록 하고 활동할 힘을 부여, ⑦ 개인적 스타일, 문화지향적, 언어적 배경에 매우 적절한 방식을 보다 큰 사회의 완전한 참여자가 되기 위하여 필요한 교육적·사회적 능력의 발달, ⑧ 학교와 가족 간의 효과적이고 상호보완적인 관계를 촉진시키도록 한다. 궁극적으로 주류 문화 속에서 성장하는 학생들에게는 다양한 문화와 생활방식이 존재한다는 것을 이해하게 하고, 반대로 비주류 문화 속에서 성장하는 학생들에게는 자기 문화를 존중하고 인정할 수 있는 교육이 되어야 한다.

이상의 논의에서 다문화교육의 목적을 정리하면 정체성(identity), 다양성(diversity)과 다원성(pluralism), 그리고 사회정의(social justice)라고 할 수 있다.

- **정체성** : 다문화교육은 사회통합을 지향하는 교육으로 자신의 정체성에 대한 자긍심, 타인의 정체성에 대한 상호 존중과 협력을 통해 공존하는 사회 분위기를 형성하고 국가적 통합을 지향할 수 있도록 하는 시민을 길러내는 것을 궁극적인 목표로 한다.
- **다양성과 다원성** : 다양한 문화집단의 공존과 사회통합을 도모하기 위해서

는 다문화교육을 통해 각 집단의 역사적 전통·다원적 가치관을 서로 존중하는 태도 등을 육성하는 것이 중요하다. 이에 다문화 교육에서 다양성·다원성의 이해는 기본적인 교육의 목표가 된다.

- 사회정의 : 다문화 교육은 다양한 문화적 차이에 대한 이해를 넘어 사회적 불평등 문제의 해소를 궁극적 목적으로 하는 교육이다. 이런 측면에서 다문화교육은 인간 존엄성, 보편적 인권에 대한 존중, 사회정의를 위한 실천적 교육이다.

4 ESG, 공정무역, 그리고 사회문제

1. ESG

1) ESG의 개념과 발전

ESG는 환경(Environmental), 사회(Social), 지배구조(Governance)의 약자로 기관의 비재무적 요소를 통틀어 가리키는 말이다. 즉, ESG는 기관이나 비즈니스에 대한 투자의 지속가능성과 영향력을 측정하는 세 가지 핵심지표이다.

ESG는 CSR(Corporate Social Responsibility), CSV(Creating Shared Value)와 비슷한 개념으로 사용되지만, 기업의 사회적 책임을 가장 구체적으로 정의하고, 투자자들뿐 아니라 외부 이해관계자의 요구에 대응하여 환경, 사회, 지배구조를 중요하게 고려할 것을 강조한다. 이처럼 사회적 책임, 공유가치창출, 그리고 시민의식은 ESG와 깊은 관련이 있는 개념들이라고 할 수 있다. 첫째, 사회적 책임은 기관의 활동이 환경적이고 윤리적으로 사회에 공헌하며 사회 전체에 이익을 추구하는 것이다. 둘째, 공유가치창출은 경제적 가치와 사회적 가치를 동시에 창출해야한다는 개념이다. 셋째, 기업, 학교, 기관들도 지역사회의 구성원으로서 일정한 권리와 책임을 갖는다는 의식이다.

용어 해설 CSR, CSV
• CSR(Corporate Social Responsibility) – 기업의 사회적 책임을 강조하여 취득한 이윤을 사회에 환원할 의무가 있음을 주장 – 자선활동, 기부, 환경보호 등 기업의 사회공헌활동 강조 • CSV(Creating Shared Value) – 기업경영시 기업가치와 사회가치를 모두 추구해야 함을 강조 – 사회적 책임이 기업 본연의 경영활동과 함께 이루어진다고 보는 측면에서 CSR보다 기업의 사회적 책임을 강하게 주장

출처: 김민희(2018). 사회적 가치의 시대: CSR에서 CSV로. 공학교육 25(4). pp. 25~26.

ESG에 대한 논의는 2020년을 전후하여 정치, 경제, 사회뿐 아니라 학문 분야에서도 화두가 되고 있다. 과거 기업가치는 재무제표와 같은 정량적 지표에 의해 주로 평가되어 왔지만, 환경과 사회적 가치를 중시하는 방향으로 변화된 패러다임 하에서, ESG는 기업은 물론 사회, 국가의 장기적인 생존과 번영과 직결되는 핵심적 가치로 자리매김하고 있다. 특히, 전 세계적인 기후변화 위기와 코로나19 팬데믹을 거치면서 최근에는 ESG와 같은 비재무적 가치의 중요성이 커지고 있다.

ESG의 개념과 용어는 2000년대 초반부터 본격적으로 사용되었으나, 유사한 움직임은 1972년 로마클럽보고서 '성장의 한계(The Limits to Growth)'에서 부터라고 할 수 있다. 이 보고서는 인구, 환경, 자원, 식량 등의 문제로 성장이 정체될 위기임을 주장하고 있다.

〈표 5-11〉 ESG의 개념의 주요 발전과정

1987	UNEP · WCED, 브룬트란트보고서 발간	• 세계적인 차원에서 지속가능발전이 의제로 등장. • 지속가능발전 : '미래세대에게 필요한 자원과 잠재력을 훼손하지 않으면서, 현 세대의 수요를 충족하기 위해 지속적으로 유지될 수 있는 발전'으로 정의. • 인류가 빈곤과 인구증가, 지구온난화와 기후변화, 환경 파괴 등의 위기에 직면해 앞으로 대재앙이나 파국을 맞이하지 않고도 경제를 발전시키기 위해서는 지속가능발전으로의 패러다임 전환이 필요하다고 주장.
1992	UNEP 리우선언 채택	• ESG 환경영역의 기반이 되는 세계3댄환경협약 신설 : 기후변화협약, 생물다양성협약, 사막화방지협약.
2000	UN '새천년개발목표' 채택	• 빈곤타파를 위한 범세계적 이제로 8대 실행목표 제시. ①빈곤과 기아 퇴치 ②교육의 개선 ③남녀평등 ④유아사망감소 ⑤임산부 건강개선 ⑥질병퇴치 ⑦환경보호 ⑧전세계적 협력 구축
2006	UNGC · 금융기관, 'Who Cares Wins' 보고서	• UNGC(United Nations Global Compact) : 전 세계 기업들이 지속가능하고 사회적 책임을 지는 기업 운영의 정책을 채택하고 그 실행을 국제기구에 보고하도록 장려하는 유엔 (United Nations)의 국제기구. 기업체의 사회적 책임에 대한 역할을 관장하며, 기업들에게 동기 부여를 하는 국제 사무소. • UNGC10대 원칙 [Human Rights] – 원칙 1. 기업은 국제적으로 선언된 인권 보호를 지지하고 존중. – 원칙 2. 기업은 인권 침해에 연루되지 않도록 적극 노력. [Labour] – 원칙 3. 기업은 결사의 자유와 단체교섭권의 실질적인 인정을 지지. – 원칙 4. 모든 형태의 강제노동을 배제. – 원칙 5. 아동노동을 효율적으로 철폐. – 원칙 6. 고용 및 업무에서 차별을 철폐. [Environment] – 원칙 8. 환경적 책임을 증진하는 조치를 수행. – 원칙 9. 환경친화적 기술의 개발과 확산을 촉진. [Anti-corruption] – 원칙 10. 기업은 부당취득 및 뇌물 등을 포함하는 모든 형태의 부패에 반대. • 'Who Cares Wins'보고서 : 환경, 사회, 지배구조의 투자연계방안(ESG 용어 등장) 제시.

2006	UN PRI(책임투자 원칙)발표	• 현재 ESG 투자의 출발점이 되는 UN PRI(Principles for Responsible Investment, 책임투자원칙)가 결성. • UN PRI는 환경, 사회, 지배구조와 관련된 이슈를 투자 정책 수립 및 의사결정, 자산 운용 등에 고려한다는 원칙을 발표. • UN PRI는 금융투자 원칙으로 ESG를 강조함으로써 현재 기업 경영에서 강조되는 ESG의 초석을 제시한 것으로 볼 수 있음.
2016	GRI표준 발표	• GRI(Global Reporting Initiative) : 기업이나 기관이 발간하는 지속가능경영보고서에 대한 가이드라인을 제시하기 위해 비영리단체. • 기업 및 기관의 지속가능성 평가지표설정: GRI 표준은 경제, 환경, 사회 부문으로 나누어 기업이나 기관의 지속가능성을 평가하기 위한 지표를 제시.
2017	TCFD권고안 발표	• TCFD(Task Force on Climate-related Financial Disclosures) : 세계 금융시장을 모니터링하는 국제기구인 금융안정위원회가 설립한 협의체. • TCFD에서 기후변화와 관련된 리스크와 기회요인을 분석하고, 거버넌스, 전략, 리스크 관리, 지표 및 목표의 4가지 측면에서 재무정보공개 권고안을 제시.
2019	BRT연례회의	• BRT(Business Roundtable) : 애플, 아마존, 월마트, 블랙록과 같이 미국에서 가장 영향력이 있는 기업 CEO가 참여하는 연례회의. • 모든 이해관계자의 가치가 통합된 새로운 기업의 목적(Purpose of a Corporation)을 선언 : 주주를 포함해서 고객, 직원, 협력사, 지역사회 등 모든 이해관계자(Stakeholder)의 가치를 고려해야 함. ①고객에게 가치를 전달한다. ②직원에게 투자한다. ③협력사를 공정하게 윤리적으로 대한다. ④우리가 속한 지역사회를 지원한다. ⑤주주를 위한 장기적 가치를 창출한다.
2020	세계경제포럼	• 스위스 다보스에서 개최된 세계경제포럼(WEF:World Economic Forum) : 지속가능성과 이해관계자가 핵심 주제로 다뤄짐. 이후 9월에는 이해관계자 자본주의 측정(Measuring Stakeholder Capitalism) 이라는 제목의 지속가능한가치 측정 가이드라인 백서 발간. • 거버넌스, 지구, 사람, 번영을 4대 축으로 하여 지속가능성을 측정하기 위한 지표가 제시.

출처: ESG발전과정 : https://www.clickesg.co.kr/ui/overview/descriptionEsg.html, 와 중소기업벤기업부(2021).중소벤처기업을 위한 ESG경영안내서의 내용을 정리함

용어 해설 UNEP, WCED, 지속가능발전

• UNEP (United Nations Environment Program) : 유엔환경계획
– 환경에 관한 유엔 활동을 조정하는 국제기구

• WCED(World Commission on Environment and Development) : 세계환경개발위원회
– 1984년에 발족한 WCED는 UN 산하의 특별위원회
• 지속가능발전(Sustainable Development) : 1987년 세계환경개발위원회(WCED)가 발표한 보고서 "우리 공동의 미래"(Our Common Future)에서 '미래 세대가 그들의 필요를 충족시킬 능력을 저해하지 않으면서 현재 세대의 필요를 충족시키는 발전' (development that meets the needs of the present without compromising the ability of generations to meet their own needs) 이라고 정의하면서 본격적으로 사용. 우리나라 「지속가능발전법」에서는 "지속가능성"이란 현재 세대의 필요를 충족시키기 위하여 미래 세대가 사용할 경제 · 사회 · 환경 등의 자원을 낭비하거나 여건을 저하(低下)시키지 아니하고 서로 조화와 균형을 이루는 것을 말하고,"지속가능발전"이란 지속가능성에 기초하여 경제의 성장, 사회의 안정과 통합 및 환경의 보전이 균형을 이루는 발전을 말한다고 정의.

ESG는 환경, 사회, 지배구조 관련 투자 위험을 관리하자는 독립적인 개념이었으나 2000년 이후 기후변화, 이해관계자 자본주의 논리 확대, Covid 19 등의 주요 사태로 그 개념이 발전하는 현상을 보여준다. 이에 최근 ESG는 경영, 경제의 영역뿐 아니라 우리 사회 전반에 있어 거스를 수 없는 대세가 되어가고 있다.

2) ESG의 기본 구조

ESG는 세 가지 비재무적 차원은, E–환경에 대한 영향, S–사회 제도 및 인간관계에 대한 영향, G–조직이 스스로를 관리하고 결정을 내리는 방식에 걸친 지표이다. 즉, ESG의 핵심 요소는 환경, 사회, 지배구조이다.

세 가지 핵심 요소

환경 Environmental	사회 Social	지배구조 Governance
• 기후변화 및 탄소배출 • 환경오염 · 환경규제 • 생태계 및 생물 다양성 • 자원 및 폐기물 관리 • 에너지 효율 • 책임 있는 구매 · 조달 등	• 고객만족 • 데이터 보호 · 프라이버시 • 인권, 성별 평등 및 다양성 • 지역사회 관계 • 공급망 관리 • 근로자 안전 등	• 이사회 및 감사위원회 구성 • 뇌물 및 반부패 • 로비 및 정치 기부 • 기업윤리 • 컴플라이언스 • 공정경쟁 등

[그림 5-7] ESG의 기본 구조

■ 환경

'환경'은 기업이나 기관의 경영 과정에서 환경에 미치는 영향으로 사용한 자원, 에너지, 쓰레기나 폐기물, 기후변화의 주범인 온실가스, 탄소 배출량, 자원의 재활용 등을 포함한다. 최근 환경에서 핵심적 이슈는 기후변화, 환경오염, 그리고 친환경제품이라고 할 수 있다.

- 기후변화 : 기후변화는 범지구적 기후 시스템 또는 지역적 기후가 시간의 흐름에 따라 점진적으로 변화하는 것을 의미한다. 기업 및 기관들은 기후위기를 해결하기 위한 노력과 조치를 해야 한다.
- 환경오염 : 환경오염은 인간의 일상 및 경영활동으로 배출되는 매연, 분진, 소음, 폐기물 등으로 인해 건강, 생존, 활동에 장애가 발생하는 현상이다. 기업을 포함한 기관들은 환경오염과 자원위기를 해결하기 위한 방법과 정책을 고안하고 교육해야 한다. 이에 최근 환경오염 완화를 위한 자원 및 폐기물 관리, 에너지 효율화도 중요한 이슈로 떠오르고 있다.
- 친환경제품 : 기업은 소비자에게 해롭지 않고 환경을 오염시키지 않는 제품을 생산해야 하고, 소비자들은 친환경제품을 사용해야 한다.

■ 사회

'사회'는 기업이나 기관이 사회적 책임을 잘 수행하는지와 관련된 항목이다. 여기는 인적자원관리, 공정경쟁, 지역사회 기여, 노동자의 처우 등을 포괄한다. 이에 기업과 기관은 인권 보장과 개인정보 보호, 다양성의 고려, 지역사회와의 협력관계 구축에 힘써야 한다.

- 인적자원관리 : 기관과 기업의 목표를 실현하는데 있어 다양성과 인권을 고려한 인재를 확보해야 한다.
- 산업안전 : 기관과 기업은 일반 사업장에서 건설물, 장치, 기계, 재료 따위의 손상이나 파괴로 생길 수 있는 재해의 위험성들을 개선해야 한다.
- 제품·서비스의 안전성 : 기관과 기업은 안전한 제품과 안전한 서비스를 사회에 공급해야 한다.
- 공정경쟁 : 국제 무역에서 개방적이고 공정하며, 왜곡이 없는 경쟁을 위해 합리적 관세 체계를 만들고, 이를 따를 수 있도록 해야 한다.

■ 지배구조

'지배구조'는 경영의 투명성으로 의사결정 과정이나 기업구조, 인사 또는 경영정책 등이 민주적으로 책임성 있게 운영되는지 판단하는 요소이다. 즉, 지배구조란 누가 의사결정을 하더라도 자원을 비효율적으로 사용하는 비합리적인 의사결정을 하지 않도록 만드는 것이 지배구조인 것이다(대한상공회의소, 2022). 이에 투명하고 신뢰도 높은 이사회 구성과 감사위원회 구축, 뇌물이나 부패방지, 기업윤리를 준수함으로써 높은 지배구조 가치를 확보할 수 있다.

- 주주권리(구성원의 권리) : 주주 자격을 가진 사람의 권리를 보장해야 한다. 주주들은 의결권, 공익권, 신주인수권, 이익분배 청구권, 잔여 재산 분배 청구권 등 합리적 의사결정을 지원한다.
- 이사회 구성과 활동 : 기업과 기관은 올바른 ESG활동을 할 수 있도록 이사회를 구성하고 활동을 지원해야 한다.
- 감사제도 : 기업과 기관은 재무 건전성을 위해 감사를 두어 관리해야 한다.

- 보상 : 적정 수준의 이익이 최고 경영자뿐 아니라 임직원과 주주에게 돌아갈 수 있도록 한다(지속가능발전포털, 2019).

이에 기업과 기관의 ESG에 대한 평가를 위해 광범위한 비재무적 주제를 범주별로 정리해보면 다음과 같다.

〈표 5-12〉 ESG 평가 기관에서 다루는 비재무적 주제

환경 Environmental	사회 Social	지배구조 Governance
깨끗한 공기	인권	임원 보수
청정 기술 / 에너지 사용량 및 효율	아동/강제노동	이사회 다양성 및 독립성
물사용과 환경보존	인신매매 / 현대판 노예	주주권리
지속 가능한 천연 자원의 사용 / 농업	다양성 및 포용성	투명성 및 공개
그린빌딩 / 스마트성장	근무 조건/작업장 보건 및 안전	정보 거버넌스 및 사이버 보안
기후 변화 영향, 위험 및 기회	복리후생/생활임금, 성별 임금률	뇌물 수수 및 부패 방지
온실가스/탄소배출량 측정	차별 및 괴롭힘 / 직장 내 왕따	반경쟁/독점금지
생물다양성 보호	개인정보	회계 기준, 감사 독립성
동물복지/권리	원주민 권리	사기
전염병과 공중 보건에 대한 기타 위협	커뮤니티 관계	사업윤리
	담배 및 기타 유해한 제품 피하기	기업문화
	제품 무결성 및 안전성	공급업체 행동 강령 / 책임 있는 공급망
		규정준수
		기업의 정치적 기부
		이해상충

출처: ECI(2021). A Guide to ESG. 2021 ECI WHITE PAPER. p.3

현재 기업과 기관들은 왜 ESG를 이행해야 하는가? 그 이유는 도적적 의무, 지속가능성, 영업 및 운영을 위한 필요조건, 그리고 명성때문이다. 첫째, 도덕적 의무는 각 기관들은 한 사회의 건전한 시민으로서의 의무가 있으며, 옳은 일을 수행해야 하는 의미가 있다. 둘째, 지속가능성은 환경이나 지역사회 문제를 강조한다. 셋째, 영업 및 운영을 위한 필요조건은 기관들은 정보, 지역사회, 관련 이해관계자들로부터의 허가가 필요하다. 넷째, 명성은 ESG 이해이 기관의 이미지를 개선하고, 구성원들의 사기를 진작시키며, 대외적으로 기관의 가치를 제고 할 수 있도록 한다.

2. 공정무역(Fair Trade)

1) 공정무역의 의미와 가치

백인들이 원주민들의 값싼 노동력을 이용해 이익을 얻던 제국주의적 구조는 다국적기업들이 생산거점으로 저개발국가에 진출하고 직접 제품 생산에 기여한 저개발국가 노동자들의 정당한 대가 또는 권리를 인정해 주지 않는 등의 불공정한 거래 방식으로 그대로 이어졌다. 세계 무역시장의 발전은 많은 국가들의 경제성장에 상당한 기여를 해왔지만, 소수의 글로벌기업들의 지배하에 움직였고, 일부 글로벌기업들은 더 많은 이익을 추구하기 위해 생산자들에게 생산비용보다도 낮은 가격으로 공급하기를 강요하였다. 이로 인해 영세한 생산자와 노동자들은 낮은 임금과 노동착취 등의 문제로 더욱 어려움을 겪었다. 공정무역은 1940년대 유럽과 북미의 비영리단체들과 종교기관을 중심으로 한 대안무역(alternative trade)으로 시작되었으며, 1950년대에 세계 무역시장의 구조적 문제에 대한 인식이 확산되면서 생산자들을 보호하기 위해 '공정무역'이라는 전 세계적 운동이 전개되었다. 이처럼 공정무역은 세계 무역시장에서 공정하지 못한 무역 관행을 개선하고자 하는 노력에서 시작되었다. 공정무역 운동은 원조와 차관을 제공하는 위주였던 국제개발협력(international development cooperation) 논의에서도 공정한 무역의 중요성을 일깨우는 의미있는 계기가 되었다(김현승·안나, 2009). 또한 최근에 이르러 공정무역은 공정한 거래뿐 아니라 인권, 그리고 환경 등을 배려하는 무역의 형태로 그 영역이 확대되고 있다(최아라, 구혜경, 2019).

공정무역은 말 그대로 '공정한' 무역을 의미한다. 공정무역에 대한 정의를 구체적으로 살펴보면 공정무역은 소외된 생산자들과 노동자들의 권리를 보고하고, 저개발국가의 농민과 노동자들에게 더 나은 조건을 보장함으로써 지속가능한 개발(sustainable development)에 기여하고자 하는 무역이다. 즉, 기존의 무역 체계에서 소외되거나 불리한 위치에 놓여 있던 생산자들에게 지속가능하고 공평한 기회를 보장하고자 하는 무역을 공정무역이라고 할 수 있다(Redfern and Snedker, 2002). 공정무역이란 경제선진국과 개발도상국간 불공정 무역구조로 인해 발생하는 부의 편중, 환경 파괴, 노동력 착취, 인권 침해 등의 문제를 해결하기 위해 대두된 무역의 형태이자 사회운동이다(최아라, 구혜경, 2019). 이러한 측면에서 공정무역은 윤리적 소비(Ethical Consumption)라는 소비자 운동과 깊은 관련성을 갖는다. 윤리적 소비란 가난한 국가의 노동자들이 만든 제품을 공정한 가격에 구입하는 공정무역을 포함한 소비자 운동이다. '윤리적 소비'란 소비자가 상품이나 서비스를 구매할 때 윤리적인 가치 판단에 따라 의식적으로 선택하는 것을 말한다. 윤리적 소비는 인간, 동물, 환경에 해를 끼치는 상품을 구입하지 않고 더 나아가 공정무역을 통한 제품이 소비자에게 오기까지 노동자의 인권유린과 노동력 착취는 없었는지, 생산자들은 정당한 값을 받고 있는지 등을 소비의 최우선 가치로 고려한다. 이에 윤리적 소비에는 녹색소비, 로컬소비, 공정무역 제품 구매 운동, 그리고 아동·노예 노동이나 강제노동 등을 통해 생산되거나 동물 학대를 통해 생산된 비윤리적 상품에 대한 불매운동 등을 모두 포함한다. 최근 윤리적 소비의 증가원인을 살펴보면 다음과 같다. 첫째, 현대인의 의미(meaning)추구 경향이 소비 영역에서 윤리적 소비로 나타나고 있다. 둘째, 가격보다 가치에 중점을 두는 소비자들이 많아지고 있다. 셋째, 윤리적 소비가 쉽고 다양해졌다. 소비자들은 소비를 통해 자신의 윤리를 표현하고 자아 이미지 구축에 많은 관심을 갖기 때문이다.

공정무역은 2018년 새로운 국제공정무역헌장(International Fair Trade Charter)이 발표되면서 새로운 국면을 맞이한다. 사람과 지구를 위해 더 나은 미래를 추구하는 공통된 비전을 제시함으로써 공정무역에 대한 국제적 기준을 제시하였던 2009년 공정무역헌장(Fair Trade Charter)과 비교할 때 "공정무역단체(Fair Trade Organization)" 정의와 "공정무역의 비전"에 변화가 일어난다. 먼저 공정무역단체의 범위가 무역을 통해 빈곤과 불평등을 해결하려는 목표를 가진 모든 조직과 네트워크로 확장됨으로써 공정무역의 실천적 의미가 강조되었다. 공정무역단체들은 생산자와 노동자를 고려한 거래 조건을 통해 공정무역제품을 생산하고 유통하고 홍보한다. 또한 공정무역단체는 공정무역의 개념과 가치를 소개하고, 공정무역이 쉽게 인식되도록 노력한다. 다음으로 새롭게 발표된 공정무역헌장은 공정무역 비전에 공평(Equity)이라는 비전을 포함시킴으로써 정의(Justice), 공평(Equity), 그리고 지속가능한발전(Sustainable Development)으로 공정무역의 목표를 확장시켰다. 또한 새로운 공정무역헌장은 심화된 불평등, 빈곤, 생태 위기를 극복하기 위해 공정하고 지속가능한 무역모델의 필요성을 강조하고 있다. 이제 공정무역은 단순한 경제적 영역의 이슈가 아닌 전 영역에 걸친 이슈가 되었다고 할 수 있다.

공정무역의 기본 생각은 개발도상국의 가장 불리한 생산자들에게 극심한 가난에서 벗어날 기회를 제공하기 위해 착취가 아닌 생산자들의 권리를 보장하는 조건을 창출하는 것이다. 이를 위해 공정무역은 불합리한 국제 무역 시스템을 합리적이고 공정하게 변화하도록 하여 소외된 생산자와 노동자들의 생계유지, 자립능력, 그리고 더 나아가 각자의 잠재력을 최대한 개발할 수 있도록 하는 것을 목표로 한다. 개발도상국의 가난한 생산자들은 생산자 권한 부여, 합리적 임금, 공정한 가격 책정, 장기적 파트너십, 지속가능성 및 사회 정의에 중점을 두는 공정무역을 통해 자신들뿐 아니라 더 넓게는 지역사회를 개발(알렉스 니콜스·샬롯 오팔·휘트니 토마스, 2010)할 수 있는 기회를 부여받는다.

2) 공정무역의 원칙

공정무역은 실천해나가는 주체들의 관점에 따라 사업과 운동방향은 다양하지만 공정무역의 주요 원칙은 경제적으로 소외된 생산자들을 위한 기회 제공, 투명성과 기회, 공정한 무역 관행, 공정한 가격 지불, 아동 노동과 강제 노동 금지, 차별금지, 성평등, 결사의 자유보장, 양호한 노동조건 보장, 생산자 역량강화 지원, 공정무역 홍보, 그리고 환경 존중이다.

이상의 공정무역의 10가지 원칙을 구체적으로 살펴보면 다음과 같다(윤숙희·이선희·정선영, 2018).

첫째, 공정무역은 가난한 생산자들을 지원하여 희망과 기회를 제공해야 한다. 공정무역은 경제적으로 취약한 생산자 및 노동자들과 주로 거래하여 소득 불안정 개선, 빈곤 탈피, 더 나아가 사회적, 경제적인 권한을 갖추게 함으로써 저개발국 생산자들의 삶의 질을 개선하고 지속가능한 발전을 이룰 수 있도록 해야 한다.

둘째, 공정무역은 투명성과 책임성이라는 원칙을 지켜야 한다. 공정무역 단체들은 이해관계자들에게 정보를 투명하게 공개하고 연대를 강화하여 생산자와 노동자들 모두가 의사결정에 참여하도록 한다. 이는 공정무역 조직에 투명한 경영방식을 도입하는 것과 상호 공정한 관계를 유지한다는 것을 의미한다.

셋째, 공정무역 조직들은 상호신뢰와 존중하는 관계를 유지해야 한다. 공정무역 단체들은 단순히 이윤을 더 많이 내는 것 보다 생산자와 공정무역 조직들 간 연대와 신뢰, 상호존중이 쌓여 장기적·지속적 관계를 맺을 수 있도록 돕는 역할을 해야 한다.

넷째, 공정무역은 공정한 가격을 지불해야 한다. 공정한 가격이란 생산 원가를 비롯해 사회적으로나 환경적으로 유익한 생산을 할 때 필요한 비용까지를 모두 포함한다. 또한 공정한 가격은 성별과 인종에 따른 차별이 없어야 하는 것, 제품 구입비용을 미루지 않고 약속한 날짜에 지불하는 것, 수확과 생산 이전에 금융 지원을 받을 수 있는 것까지도 포함한다.

다섯째, 공정무역은 아동노동을 금지해야 한다. 아동은 노동의 대상이 아니라 안전한 환경에서 자유롭게 공부하고 성장할 수 있도록 복지와 안전, 교육적 요구 조건에 맞는 환경을 지원받아야 한다. 따라서 공정무역 단체들은 UN이 정한 '아동의 권리에 관한 협약'을 존중하고 이행해야 한다.

여섯째, 공정무역은 차별을 금지하고 성 평등의 실현으로 여성 생산자의 역할을 인정하고 정당한 지위와 임금을 보장하는 일을 실현해야 한다. 저개발국 국가일수록 여성 생산자의 수가 많고 여성 생산자가 가정경제에 일조하는 비율도 높다. 공정무역은 모든 남성과 여성의 노동에 있어서 정당한 평가를 하여야 하고, 보상을 제공해야 한다. 즉, 공정무역은 어느 사람이든 생산 과정에 그들의 기여만큼 임금을 지불받는 구조로 생산자를 위한 안전하고 건강한 노동 환경을 조성하는 것을 의미한다.

일곱째, 공정무역은 양호한 노동조건을 보장해야 한다. 공정무역은 올바른 노동조건을 지켜 작업자와 생산자를 위해 안전하고 건강한 작업 환경을 제공하고 유지하려는 노력을 지속해야 한다.

여덟째, 공정무역은 생산자의 능력을 증진시킬 수 있도록 노력해야 한다. 공적무역은 노동환경을 개선하여 생산자들의 역량을 키울 수 있도록 지원함으로써 생산자들이 경제적으로 독립할 수 있는 대안으로 기능해야 한다.

아홉째, 공정무역을 대중들에게 적극적으로 알려야 한다. 공정무역에 참여하고 있는 모든 조직들은 제품이 만들어지는 과정과 제품이 판매되는 과정 모두를 포함한 정보를 제공하고, 이를 통해 그동안 알려지지 않았던 국제무역 시장의 문제점을 알리고 공정무역의 투명성을 사람들에게 알리도록 한다.

마지막으로 공정무역은 환경을 보존하고 존중하여 자연환경의 지속가능성을 지켜야 한다. 공정무역은 환경과 생산자들을 보호하기 위한 책임있는 생산 방식인 유기농 생산 기술 등을 보급하고 생산자들이 이를 실천할 수 있도록 한다. 또한 CO2 배출을 감소시키고, 지속가능한 생산을 장려하며, 폐기물과 플라스틱 등을 줄이기 위한 노력을 강화하도록 노력한다.

3) 공정무역의 효과와 한계

현재 공정무역의 관심들은 지속 가능한 개발을 위한 교육, 경제 현지화, 환경과 기후 변화, 탈식민화, 사회적 경제와 사회적 기업, 인권 및 기후 규제에 대한 비즈니스 참여 등 다양한 분야와 영역에 이르고 있다. 즉, 공정무역은 경제적 영역뿐 아니라 사회 전분야에 걸친 영역으로 확대되었다고 할 수 있다,

이에 공정무역은 다양한 영역에 영향을 미치고 있으며 그 효과 또한 다양한 측면에서 나타나고 있다. 공정무역의 효과를 살펴보면 다음과 같다.

첫째, 경제적 효과이다. 공정무역의 가장 중요한 요소 중 하나는 공정가격(fair price)을 지불한다는 점이다. 농산물시장의 급격한 가격 변동에 무방비 상태로 노

출되어 있는 농민들에게 최소가격을 보장하는 것은 높은 가격 이상의 의미를 지닌다. 공정무역에서 최소가격이란 가격의 하한선을 말하는 것으로 실제 지불되는 가격은 이봐 높을 때가 많다. 시장 가격이 오를 때는 공정무역의 가격도 함께 오르지만, 시장가격이 내려갈 때 공정무역 제품의 가격은 기준선 이하로 내려가지 않는다. 이에 공정무역은 경제적인 측면에서 생산자들에 가계수입 증가, 생산성 향상 및 효율성과 같은 긍정적 효과가 높다고 할 수 있다.

둘째, 환경적 효과이다.

모든 공정무역단체는 사람과 환경을 우선으로 한다. 환경적 측면에서 인간과 지역 생태계를 해치지 않는 친환경 농법을 중시하고 환경 파괴를 최소화하기 위해 친환경적 기준을 도입하고 있다. 따라서 공정무역에 참여하는 상당수의 농민들은 재배 방식을 유기농으로 변경함으로써 환경오염을 줄이고 환경을 보존할 수 있다. 또한 공정무역단체들은 매해 발생하는 폐자원을 줄이기 위한 업사이클링 또는 리사이클링에 참여하고 있다.

셋째, 사회적 효과이다. 공정무역의 사회적 효과는 종종 공정무역에 직접적으로 참여하지 않는 주민들을 포함한 지역공동체 전체에 파급적으로 나타난다. 공정무역의 혜택은 공정무역 지원기금을 통한 사회인프라에 대한 개발 및 정책을 통하여 공정무역 참여 여부에 관계 없이 공동체 전체에 돌아가는 경우가 많다. 특히, 공정무역은 여성인권신장이라는 측면에서 사회적 효과가 더욱 부각되고 있다. 공정무역은 여성 생산자들과의 연대를 통해 여성의 개발 및 권리 신장을 적극 모색하고 주요 의사결정에 여성이 참여할 기회를 넓히고 있다.

공정무역은 경제적 영역뿐 아니라 최근에는 사회문제 참여와 해결 측면에서 주목받고 있으나 공정무역에 대한 비판도 공존하고 있다. 공정무역에 대한 비판을 살펴보면 다음과 같다.

우선 세계 무역구조는 오늘날에도 서구의 대기업과 제3세계의 생산자에게로 이어지고 있으며, 제3세계의 생산자들은 필연적으로 무역 관계에서 불리한 위치에 설 수밖에 없다. 즉, 공정무역을 실행한다고는 하지만 정확히 어느 정도의 가격이 '공정한' 가격인지, 어떤 조건에서 거래가 이루어져야 공정한 것인지 등을 결정하는 과정에서 여전히 공정무역의 생산자와 소비자는 동등한 위치에 서 있기 어렵다. 때문에 기존의 제국주의적 권력관계가 현대에 와서 공정무역이라는 틀을 통해 재생산될 뿐이라는 비판도 제기되고 있다(김성은, 2013).

다음으로 최근 소비자 인식의 변화와 함께 공정무역에 대한 관심이 증가하면서 여러 기업들은 공정무역 제품을 자사의 이익을 극대화하기 위한 산업 전략의 대상으로 활용하고 있다. 이는 항상 권력적으로 우위에 있는 기업들은 소외된 생산자들의 이익 보장과 지속가능한 역량 개발이라는 공정무역의 목적 달성은 물론 공정무역 생산자들의 생산 환경을 실질적으로 개선하려 하지 않고, 공정무역을 단순한 마케팅 전략으로만 활용하려는 경향을 보인다는 한계가 지적되고 있다.

5 평생학습사회와 교육

20세기 이후 교육에 대한 관심이 급증하였으며, 이러한 교육의 요구는 공교육이라는 체제를 통하여 충족되었다. 그러나 21세기에 들어서면서 평균수명의 연장, 직업의 전문성 강화와 고용정책 변화, 여가 및 삶의 질에 대한 인식 변화와 요구 등은 인간으로 하여금 전생에 걸쳐 무엇인가 배울 수밖에 없는 사회구조를 만들어 내고 있다. 즉, 지속적으로 학습과 교육의 필요성을 인식하고 강요받고 있어 평생에 걸친 교육의 필요성이 제기되고 있다.

이 장에서는 평생학습사회의 출현과 배경, 개념 등을 살펴보고, 현대사회에서 평생학습과 평생교육의 과제 등에 대하여 살펴보고자 한다.

1. 평생학습사회의 출현

삶의 측면에서 볼 때, 21세기는 20세기와는 질적으로 다른 특징을 갖는다. 가정에 대한 개념, 직업에 대한 개념, 인간 삶의 주기에 대한 변화 등 이전 역사 속에서는 경험하지 못했던 다양하면서도 급격한 변화를 요구하고 있다. 이러한 변화 요구는 개인으로 하여금 가치관의 혼란과 위기의식을 갖게 하고 있다.

이에 평생교육과 평생학습 시대의 도래와 사회적 배경을 첫째, 지식기반사회로 특징지어지는 현대사회변화와 교육의 변화, 둘째, 직업 및 직장의 개념변화에 따른 직업세계의 변화와 계속교육, 셋째, 인간수명 연장에 따른 고령화 사회와 평생학습, 넷째, 현대인의 정신적 위기와 가치관재정립을 위한 평생교육의 필요성으로 정리하였다.

1) 교육패러다임의 변화와 평생학습사회

사회의 변화에 따라 교육의 개념과 시스템도 변화한다. 세계는 17세기 산업혁명 이후 성장과 발전이라는 증기기관차를 통해, 20세기에는 컴퓨터라는 블랙박스를 통해 삶의 패턴까지도 변화시켰다. 이러한 사회변화는 교육환경, 제도, 방법 등 모든 분야에 걸쳐 커다란 영향을 미쳤다.

물리적 변화는 심리적 변화를 가져온다. 물리적 환경변화는 개개인의 인식, 사고, 관념, 가치관에 영향을 주어 사회변화를 이끌어 낸다. 이러한 사회변화의 흐름을 Kuhn은 패러다임(paradigm)이라고 표현하였다. 패러다임이란 한 시대의 사회 전체가 공유하는 이론이나 방법, 문제의식 등의 체계를 뜻한다. 패러다임은 패턴(pattern), 예시(example), 모형(model) 등을 의미하는 라틴어의 'paradigma'와 그리스어의 'pardeigma'에서 기원을 두고 있다. 즉, 패러다임은 한 시대 사람들의 견해나 사고를 근본적으로 규정하고 있는 테두리로서의 인식의 체계, 또는 사물에 대한 이론적인 틀이나 체계를 의미하는 개념으로 문제해결과 통제의 수단이 될 수도 있고, 적응을 위한 여과장치로서의 역할을 한다.

교육환경에서의 패러다임의 변화는 교육대상, 교육시간 및 장소, 교육의 방법, 교수·학습자의 역할의 변화로 요약될 수 있다(김종표·이복희, 2006).

첫째, 학습대상이 확대되었다. 정보의 양이 증가하고 사회체제의 변화가 가속화되면서 학습 대상은 학교를 다니는 학생뿐만 아니라 사회 속에서 생활하는 모든 사람에게로 확대되어 평생학습의 시대가 되었다.

둘째, 학습의 장소와 학습의 시간 개념이 변화되었다. 전통적 교육 측면에서의 학습은 정해진 시간과 장소에서 이루어졌다. 정보통신기술의 발달로 인하여 학습의 시간과 장소는 학습하기 원하는 내용을 학습자가 원하는 장소, 원하는 시간으로 확대되었다.

셋째, 교수자 중심 교육에서 학습자 중심 교육으로 변화되었다. 전통적인 교육현장에서 학습자는 백지(tabla rasa)이며, 학습을 이해하는 수동적 입장에 있다. 그러나 구성주의에 입각한 현대 학습자관은 학습자를 능동적 정보탐색 및 창출자의 역할을 강조한다. 교수자는 학습자의 특성과 요구를 이해하고 학습자들이 스스로 지식을 형성하고 습득할 수 있도록 촉진하는 역할을 수행하게 된다.

용어 해설 **백지설(tabla rasa)**
백지설은 인간에 대한 본유관념에 대한 문제인 성선설과 성악설에 대한 제3의 관점으로 성무선악 선(性無善惡說)이라고도 한다. 백지설은 Locke의 학설로 인간에게는 천부적으로 주어진 본성이 존 재하는 것이 아니다. 더 나아가 모든 관념은 선천적(先天的, a priori)인 인식론에 의한 것이 아니라 후천적(後天的, a posteriori)인 경험을 통해서 이루어진다. 인간의 마음은 태어날 때 백지(白紙)와 같이 아무런 관념도 없다. 우리가 알거나 혹은 생각하는 모 든 사물은 우리의 경험을 통해서 얻어진 것이다. 우리의 지식도 감각적 경험을 통하거나 아니면 마 음에 반영된 것을 반성함으로써 얻어진 것이다. 따라서 지식의 원천은 감각(sensation)과 반성(re– flection)이다. 성선설 : 맹자(孟子)의 주장으로 사람의 본성은 선(善)이라는 학설. 성악설 : 인간의 성품이 본래부터 악(惡)한 것이라고 보는 순자(荀子)의 학설.

출처: 서울대학교 교육연구소(1995). 『교육학용어사전』.

넷째, 훈련(training)에서 학습(learning)으로 변화되었다. 전통적 훈련은 교재 및 교수자 주도형의 주입식 교육 형태로 이론을 중심으로 한 강의실 교육이 주를 이루었다. 반면 현대 교육은 문제 및 과제 해결을 목적으로 현장 중심적이고, 학습자 중심의 교육으로 변화하였다.

용어 해설 구성주의(constructivism)
구성주의는 지식의 주요 원천은 이성이고 실재는 발견되는 것이 아니라 구성된다는 것을 강조한다. 즉, 지식은 고정불변의 것으로 전수되는 것이 아니라 끊임없이 구성되는 것이다. 따라서 구성주의 자들은 사람들이 발견해야 하는 유일한 실재는 존재하는 것이 아니며, 각각의 개인이 개별적으로, 사회적으로 실재를 구성해 나가야 한다고 주장한다. 구성주의에 대한 가장 일반적 분류는 개인적 구성주의와 사회적 구성주의이다. 개인적 구성주의는 지식은 개인의 경험에 의해서 구성되며, 학습 은 개인의 경험에 기반하며 의미를 개발하는 능동적 과정이다. 반면 사회적 구성주의는 학습을 개 인들 간 다양한 관점을 타협과 협력의 과정으로 본다. 정리하면 구성주의에서 학습은 의미 있는 경 험을 토대로 발전해 나가는 구성과정으로 실재세계를 반영하는 맥락 속에서 상황화되어야 한다.

출처: 고려대학교 교육문제연구소(2007). 『교육학용어사전』; 서울대학교 교육연구소(1995). 『교육학용어사전』.

2) 직업세계의 변화와 계속교육

산업혁명은 농업을 기반으로 한 1차 산업 중심의 경제기반을 제조업 중심의 경제구조로 바꾸어 놓았다. 이러한 제조업기반의 경제구조도 정보사회가 되면서 서비스산업 중심의 새로운 경제체제로 변화되었다. 특히, 인터넷 혁명과 더불어 디지털시대라고 할 수 있는 21세기에 들어서면서 현대사회는 산업의 구조적 변동이 심화될 뿐만 아니라 기업의 구조, 기업문화, 직업관 등을 변화시키고 있다.

디지털시대에서 직업세계는 끊임없이 변화한다. 현대사회의 직업변화는 갈수록 그 속도가 빨라지고 있는데, 그것은 IT를 포함한 기술 발전, 저출산, 고령화, 다인종화로 대표되는 인구구조의 변화, 소비자의 고급 서비스에 대한 요구 증가, 웰빙으로 대변되는 가치관의 변화, 소득 증대에 따른 소비패턴의 변화 등에 기인한다(이용행, 2011).

이용행(2011: 61-62)에 다르면 디지털시대 직업세계의 변화는 다음과 같은 요인에 의해 결정된다.

첫째, 산업구조의 변화이다.

둘째, 신기술의 출현과 발전이다.

셋째, 사회 문화적 가치관의 변화이다.

넷째, 개인적 요구의 다양성이다.

다섯째, 정부정책이다.

여섯째, 생활방식의 변화이다.

일곱째, 인구구조의 고령화, 다인종화이다.

특히, 디지털시대의 산업구조 변화는 사람과 기업들의 일상생활과 경제활동, 가치관 등 인간과 사회 전반에 걸친 패러다임의 변화를 예고하고 있다(이영호, 2004). 정보통신기술의 발달로 인한 지식과 정보가 경제활동의 핵심이 되면서 이를 활용하고 창출하는 직업군의 증가가 두드러지고 있다.

현대사회 직업세계의 일반적 변화의 방향은 첫째, 농림어업과 제조업의 일자리는 감소하고 서비스 분야에서 대부분의 일자리가 생성될 것이다. 둘째, 학문 간·영역 간의 융합이 가속화될 것이다. 셋째, 지식기반 전문직의 비중이 커질 것이다(이용행, 2011). 이러한 변화의 핵심은 정보와 지식이다. 정보와 지식은 갈수록 경제적 경쟁우위의 원천이 될 뿐만 아니라 그 자체가 경제과정의 중심대상이 될 것이다. 정보와 지식은 인류의 경제발전에서 항상 중요한 역할을 해왔으며, 정보와 지식에 기초한 노동도 언제나 있었다. 이렇듯 지식노동과 지식노동자는 초역사적이지만 역사적으로 지식노동자의 확대와 다양화는 서비스부문의 활동이 증가함에 따라 지식노동자의 수와 종류도 증가했다. 지식노동과 지식노동자의 이러한 초역사적 성격에도 불구하고 정보사회는 지식노동을 요구하는 일자리가 급증하고 있다(김호균, 2000).

또한 정보통신산업의 발달은 관련 산업의 발달에 영향을 미쳐 우리나라 전체 산업의 성장을 가져오는 데 일조하고 있다. 지식경제부의 자료에 의하면 정보통신산업 생산액은 2003년 이후 연평균 6.5%로 증가하여 2009년에 약 311조 원을 기록하였고, 하드웨어 관련 정보통신기기 및 응용기반 분야도 연평균 6.7%로 증가하여 2009년에 약 228조 원을 기록하였다(이만기 외, 2011).

정보화에 따른 직업구조의 변화는 산업구조의 양극화를 수반하고 있다(이영호, 2004). 즉, 정보와 지식의 양과 수준에 따라 직업구조가 양분되고 있다. 정보와 지식의 소유와 생산성 문제는 직업구조를 통한 경제구조의 불평등 현상을 초래할 수 있다. 디지털시대의 산업구조 재편과 기술혁신, 노동속성변화, 기업 구조조정의 상호작용으로 직업세계의 변화는 가속화되고 있으며, 평생교육에 대한 요구는 증가하고 있다. 디지털시대에서 직업 및 직장은 평생직업 또는 평생직장의 개념이 아니다. 경제개발협력기구(OECD)의 연구에 따르면 한 사람이 30년의 직업생활을 한다고 할 때 일생동안 직업을 평균 5~6번 바꾸게 된다. 산업사회에서 지식과 기술의 변화가 느렸던 만큼 직업에 대한 인식은 장기근속이 가능한 안정성을 추구하였다. 이에 학교교육만으로도 직업생활을 유지하는 데 큰 어려움이 없었다. 그러나 지식과 정보의 생성과 변화가 단기간에 이루어지는 현대사회에서는 새로운 기술과 변화에 대응하지 못하면 경쟁력을 잃게 된다. 반복과 숙련을 요구하는 기계적인 일들은 기계들에 의해 대체되고 있으며, 노동자들에게는 창조적이고 창의적인 과제 수행이 요구되고 있다.

3) 고령화 사회(aging society)와 평생학습

현대사회에서 고령이란 다양한 의미를 지닌다. 먼저 '노(老)'란 의미를 갖는다. '노(老)'의 의미는 '늙은 사람'을 의미한다. 고령은 육체적 노화와 함께 사회적, 정서적으로 큰 변화를 수반한다. 현대사회의 의학과 문명의 발달은 인간 평균수명 연장으로 고령인구가 증가하고 있다. 노인들은 존경과 공경의 대상이지만 산업화와 정보화가 진행되면서 노인들의 역할상실, 빈곤, 고독, 소외, 연령증가에 따른 질병 등의 문제에 시달리는 것이 현실이다.

사회가 노령화된다는 것은 개인의 문제뿐만 아니라 사회 전체의 문제이다. 단순히 노인이 많다는 의미를 넘어 노인인구의 비율이 증가하면서 사회적·경제적 구조에 변화를 가져오는 것을 의미한다.

UN에서는 연령구조에 따라 인구유형을 세 가지로 분류한다. 65세 이상의 노령 인구가 전체 인구의 4% 미만인 국가를 유년인구국(young population), 4~7%인 국가를 성년인구국(mature population), 7% 이상인 국가를 노년인구국(aged population)이라고 한다. 노년인구국은 65세 이상 노령 인구비율에 따라 고령화 사회(7% 이상), 고령 사회(14% 이상), 초고령 사회(20% 이상)로 구분된다.

〈표 5-13〉 연령구조에 따라 인구유형 구분

노령 인구 비율(65세 이상)	구분
4% 미만 유년인구국(young population)	
4~7% 미만 성년인구국(mature population)	
7% 이상 노년인구국(aged population)	고령화 사회 (7% 이상)
	고령 사회 (14% 이상)
	초고령 사회 (20% 이상)

우리나라는 지난 20년 동안 전체 인구에서 노령 인구가 차지하는 비율이 꾸준히 증가하고 있다.

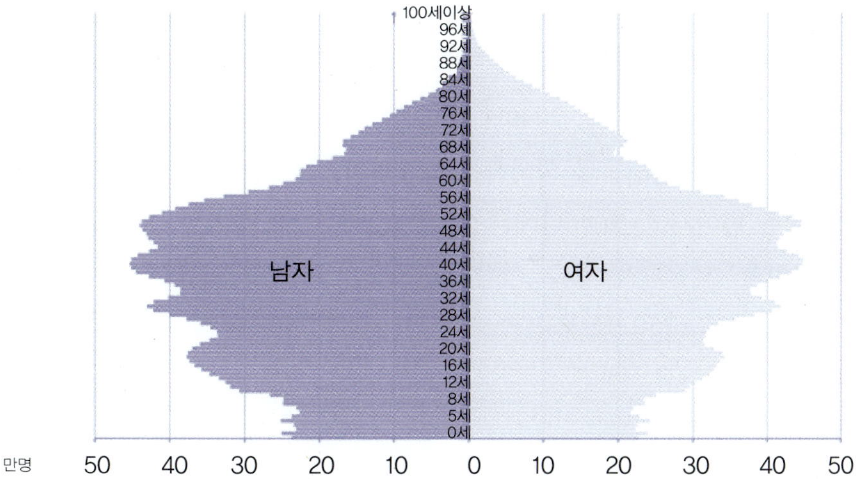

[그림 5-8] 우리나라 연령별 인구 구성 (출처: 통계청. 2012; 한국의 사회지표. 2013.)

우리나라는 2000년에 이미 노령인구비율이 340만 명으로 전체 인구의 7%를 넘어 '고령화 사회'에 진입하였고, 2010년에는 545만 명으로 11.0%에 도달하였다. 오는 2019년에는 '고령화 사회'를 넘어 '고령 사회'(14% 이상)에 진입할 예정이다. 그 후 7년 뒤인 2026년에는 고령인구 비율이 20%를 넘는 '초고령 사회'가 될 것이라고 전망된다(이현승·김현진, 2003).

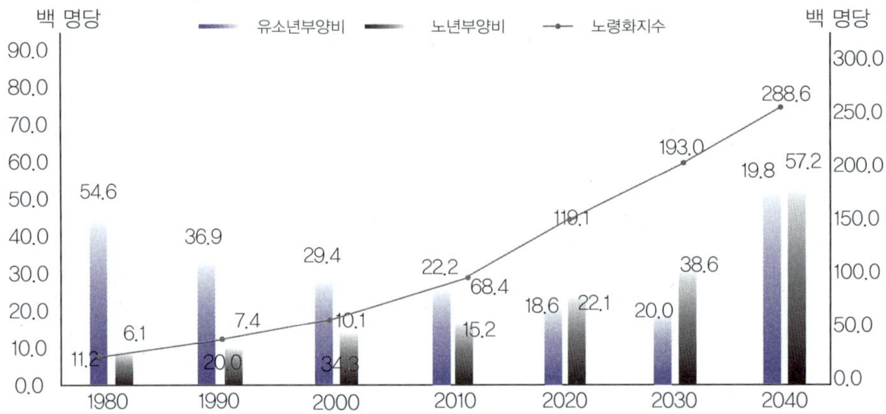

[그림 5-9] 노령화지수 (출처: 통계청. 2012; 한국의 사회지표. 2013.)

우리나라는 65세 이상 고령자가 가구주인 고령 가구의 비율은 2000년 11.9%, 2010년 17.4%였다. 전국적으로 65세 이상 고령인구에 대한 예측을 살펴보면 2030년 1,269만 명으로 24.3%, 2040년 1,650만 명(32.3%)에 이를 전망이다. 유소년 인구 1백 명당 고령인구를 의미하는 노령화지수는 2010년 68.4명에서 2017년에는 100명을 넘어서고, 2040년에는 288.6명으로 3.2배 증가할 것으로 예측된다(통계청, 2012).

용어 해설 **노령화지수**
노령화지수는 한 사회의 15세 미만 인구 대비 65세 이상 인구 비율이다. 즉, 유소년층 인구(0~14세)에 대한 노년층 인구(65세 이상)의 비율로서 인구의 노령화 정도를 나타내는 지표를 말한다. 노 령화지수가 높아진다는 것은 장래에 생산 연령에 유입되는 인구에 비하여 부양해야 할 노년 인구 가 상대적으로 많아진다는 것을 의미한다. 통상적으로 노령화지수가 30을 넘어가면 노령화 사회로 분류된다. 노령화지수 = (노년층 인구/유년층 인구) × 100 ※ 노년층 인구 : 65세 이상 인구 / ※ 유년층 인구 : 15세 미만 인구

출처: pmg 지식엔진연구소(2013). 『시사상식사전』: 미래와경영연구소(2006). 『NEW 경제용어사전』.

고령화 사회의 주요 원인을 살펴보면 첫째, 출산율 감소와 평균수명 연장이다. 고령화의 근본적 문제는 저출산 사회(low fertility society)이다. 출산율 감소는 산업화에 따른 도시화, 핵가족화, 독신 및 이혼의 증가, 여성들의 사회생활 참여가 확대됨에 따라 더욱 심각해질 것으로 예상된다. 둘째, 고령화 사회는 의학 발달로 인한 평균수명 연장과 사망률 감소에 원인이 있다. 현대의학은 과학 기술의 발달로 인하여 20세기 난치병, 불치병으로 불리던 많은 질병의 문제를 해결하였다. 또한 경제발전과 농업기술의 발달로 인한 식생활 개선과 환경개선, 건강에 대한 인식변화 등은 개인들로 하여금 건강에 대한 관심을 증가시켰고, 사회적으로 보건의료 여건을 개선하도록 만들었다. 셋째, 급격한 경제성장을 통한 산업화와 근대화로 인한 사회구조적 변화는 고령화 사회를 더욱 빠르게 다가오게 만들 것으로 예상된다.

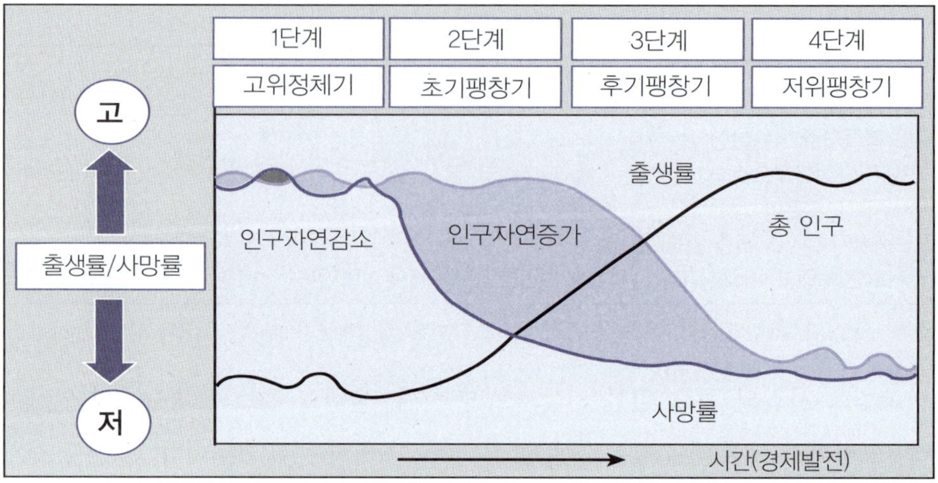

[그림 5-10] 인구변이모형

인구는 항상 고정된 것이 아니라 변하기 마련이다. 인구의 변화는 자연적 증감과 사회적 증감의 합이다. 자연적 증감은 사람이 얼마나 태어나고 죽느냐, 즉, 출생률과 사망률에 따라 인구가 변하는 것이다. 사회적 증감은 전입과 전출에 다른 인구 변화를 말한다. 자연적 증감률은 국가의 경제 발전 정도에 따라 일정한 변화를 보이기 때문에 모형으로 만들 수 있다. 이 모형을 인구변이모형이라고 한다. 인구변이모형은 4단계로 구성된다.

- **제1단계 : 고위 정체기이다.** 근대 이전 사회나 저개발국가들은 출생률과 사망률이 모두 높게 나타나는 다산다사형을 보인다. 농업중심의 사회에서 노동력은 중요한 의미를 갖기 때문에 자녀를 많이 낳는 경향을 보이지만 자연재해, 기근, 각종 전염병, 낮은 인구 부양력, 부족한 의료 혜택 등은 사망률을 높이고, 특히 유아 사망률이 높아 총 인구는 점진적으로는 증가하나, 대체로 인구는 안정되어 있다. 인구 탑은 키가 작은 피라미드형으로 나타난다.

- **제2단계 : 초기 팽창기이다.** 제2단계는 경제가 발전하면서 인구 부양력이 증대되어 출생률은 높으나, 사망률이 낮은 다산감사형으로 인구가 팽창하

는 시기이다. 이 단계는 출생률과 사망률의 변화 추이에 따라 다시 초기 팽창기와 후기 팽창기로 구분한다.

- **제3단계 : 후기 팽창기이다.** 제3단계는 경제가 더욱 발전하여 여성의 사회 진출이 증가함에 따라 출산율이 감소하는 단계이다. 즉, 인구가 팽창하기는 하지만 인구 증가율은 둔화되는 감산소사형이다. 높은 수준의 의료 시설과 건강을 최대한 고려한 영양 공급 등으로 평균수명은 지속적으로 높아지고, 경제 발전에 따른 가족 구성이나 가족 및 생에 대한 가치관의 변화로 사망률과 출생률은 모두 낮아지기 때문에 인구증가는 거의 제자리걸음을 하게 된다. 경제 개발이 진행되고 있는 개발도상국들이 이에 해당된다.

- **제4단계 : 저위정체기이다.** 경제가 고도로 발달한 국가에서는 여성의 경제활동 참가율이 매우 높고 결혼 연령대도 점점 늦어져서 출산율이 매우 낮아진 소산소사형이 된다. 이 시기는 인구의 수가 일정하게 유지되는데 이를 저위 정체기라고 한다. 이때는 의학의 발달로 평균 수명도 크게 늘어 고령화 현상이 나타난단다. 이 사회는 고령화 사회로 노년층에 대한 부양비 부담이 증가하고, 노인복지정책, 실버산업 등 노인문제가 중요한 사회 문제로 자리 잡게 된다. 인구 탑은 방추형구조에서 종형으로 바뀌게 된다. 자연적·사회적 인구변화로 고령화 사회가 되면 다음과 같은 몇몇 문제들이 발생한다. 첫째, 노인부양에 대한 국민 부담이 증가한다. 둘째, 장기요양시설의 부족현상이 나타난다. 셋째, 국가 경제 성장률이 둔화된다. 넷째, 노인 일자리 부족현상이 나타난다. 다섯째, 사회와 가족으로부터의 소외현상이 증가한다.

4) 현대인의 정신적 위기와 가치관 재정립

현대사회에서 평생교육의 필요성의 또 다른 주요 요인은 정신과 육체의 불일치로 인한 정신적 위기이다. 급격하게 변화하는 사회는 인간 소외현상, 사회병리

현상 등으로 인하여 '정신적 사막'으로 변화하고 있다. 이러한 정신적 사막화는 전통적 도덕관과 윤리적 가치의 혼돈, 개인주의의 팽배와 사회적 관계의 약화, 미래에 대한 불확실성 증가에 대한 불안을 가중시키는 악순환을 야기시키고 있다. 정보사회로의 전환은 인간사회의 효율성을 극대화, 새로운 산업의 증가, 일자리 창출 등의 긍정적 효과를 가져다주었지만 개인주의 및 이기주의의 팽배, 인간 소외라는 부정적 측면을 수반하였다.

특히 사회의 가장 기반이 되는 가정의 변화는 이상의 문제들을 더욱 가속시키고 있다. 현대사회에서 가정은 대가족에서 핵가족으로, 핵가족에서 1인 가구로 가족이기주의화 및 개인주의화로 치닫고 있으며, 이혼 등으로 인한 가정의 붕괴 현상이 증가하고 있다. 또한 맞벌이 부부의 증가로 인한 부모와 자녀 간 단절의 시간 증가, 세대 간 의사소통의 괴리현상이 증가되어 부모로부터 자녀에게 전달 및 전수되는 다음 세대로 사회화 과정이 정상적으로 이루어지지 않고 있다.

가정환경의 변화는 청소년에게 학교수업 이외의 다양한 교육 활동의 필요성을, 부모에게는 다음 세대에 대한 이해와 소통 및 공감에 대한 교육을 필요로 한다.

2. 평생교육체제에 대한 이해

교육은 사회의 한 영역으로 합목적성에 근거해 볼 때 전체 사회가 필요로 하는 기능을 수행한다. 사회변화는 사회가 필요로 하는 교육 기능의 변화를 요청하며, 교육은 이러한 변화 요구에 대응하면서 변화해 왔다. 교육 영역은 개인의 사적 영역으로부터 출발하였지만 점차 공적 영역이 확장되어 공적 영역과 사적 영역이 공존해 왔다. 교육의 공적 영역이 가장 활성화된 시기는 산업혁명 이후의 시기이다. 오늘날에도 여전히 교육의 공적 영역인 공교육 영역은 교육계의 대부분을 점유하고 있으며, 현대사회 이후에 교육의 사적 영역의 확장이 이루어지고 있는 추세이다. 지식기반사회로 진입하면서 학교교육의 교육독점 현상에 대한 비판과 변화가 나타나고 있지만 여전히 학교라는 공교육 제도는 교육의 본령을 점하고 있다(양흥권, 2010).

학교교육제도는 교육학이라는 학문의 정체성 부족, 교육제도의 경직성과 폐쇄성, 획일성, 학습자의 수동성 조장 등의 문제가 지적되고 있다. 지적되는 문제들을 분류해 보면 오늘날 학교교육의 대표적 문제는 제도적 폐쇄성과 경직성으로 대표되는 교육제도의 민주화와 교육기회 균등의 문제, 그리고 교육의 수단화와 비인간화로 대표되는 교육의 획일화, 인간의 도구화 문제이다. 먼저 교육기회 균등의 차원에서 현재 학교교육 제도는 교육대상, 교육의 장(場), 교육시간의 고정화, 교육내용의 획일화, 각급 학교의 엄격한 분리화 등 수평적·수직적 차원에서 교육의 기회균등을 실현하기에 너무나 경직되어 있으며 폐쇄적이라고 할 수 있다. 다음으로 교육의 수단화 및 비인간화 문제는 학교교육이 사회적 지위상승의 통로의 수단이며, 졸업장이 사회적 지위를 결정하는 학력주의를 조장한다는 것이다.

현재 우리 교육계 주요 관심사 중 하나는 여러 문제점이 지적되고 있는 학교교육 중심 체제에서 발전하여 새로운 종합적인 평생교육 시스템을 구축하는 것이다. 전통적인 학교교육 중심의 교육 체제는 급격한 사회 변화에 적절히 대처하기 힘든 구조를 가지고 있다. 이에 평생교육은 현장중심, 문제중심, 학습자중심의 교육체제로서 구축되어야 하고, 실천적 교육체제로 구조화되어야 한다.

〈표 5-14〉 전통적 학교교육과 평생교육의 교육체제 비교

전통적 학교교육 시스템	구분	평생교육 시스템
형식적 학교교육	범위	모든 영역에 걸친 학습 : 학교, 직장, 지역 등
지식내용의 습득과 반복 교육과정중심	내용	지식의 습득, 적용, 창조 학습자 주변의 문제 중심
형식적 교육기관 제한된 학습방식 교육공급자중심	전달	다양한 기관 학습방식의 다양성 학습자 중심

학교교육중심의 교육체제에서 평생교육 지원체제로의 전환은 평생교육에 대한 종합적이고 시스템적 접근을 기반으로 한다. 평생교육 지원체제로의 전환의 기본 방향은 평생교육의 원리에 입각한 전체적 교육구조의 혁신적 변화, 즉, 지금까지의 전통적인 교육의 목표, 내용, 방법 및 제도 등에 대한 전체적인 변화를 의미한다. 이에 평생교육은 학교교육의 지식중심 교육을 탈피할 수 있도록 기존의 다양한 체제를 통합하는 과정이 필요하다.

평생교육체제는 공통목표를 달성하기 위한 여러 부분·요소로 구성되어야 하며, 목표 달성을 위한 부분·요소들의 상호관련성 및 통합체로 정의될 수 있다. 또한 평생교육의 체제적 성격은 시스템 이론적인 측면에서 개방적이다.

평생교육 체제의 최종 목표는 모든 사람이 빠짐없이 학습망에 포함되어 각자의 개성과 능력에 적합한 교육을 받는 것이다. 현재 우리나라 사회구조에서 교육체제는 사교육, 공교육, 기업교육, 각종 사회단체, 문화단체 교육 등으로 분화되어 있다. 평생교육체제는 이들 하위체제가 개인의 학습권을 보장하는 공통의 목표를 달성하기 위하여 네트워크를 형성하고 상호 결합할 때 안정적으로 체제화된다.

3. 현대사회에서 평생교육의 쟁점과 과제

현대사회에서 평생교육은 국가경쟁력강화와 교육의 새로운 패러다임 실현을 위한 대안으로 불릴 만큼 그 중요성이 높아지고 있다. 새로운 교육 대안으로 받아들여지는 평생교육을 어떻게 구현할 것인가는 우리가 직면한 시대적, 현실적 과제이며, 우리나라 평생교육이 발전하는 데 있어 다음과 같은 문제들이 지적된다.

첫째, 평생 학습권에 대한 인식 부족이다. 학습권은 아동·청소년에게만 한정되는 권리가 아니라 인간의 전 생애에 걸친 평생의 권리이다. 전통적으로 학습권은 학교를 중심으로 아동·청소년기 교육에 한정된 권리로 인식되었지만 오늘날에는 인간의 전 생애에 걸친 평생학습에 대한 보장으로 개념의 확장이 이루어지고 있으며, 그를 보장하기 위한 평생학습 체제를 구축하고 수요자 중심의 교육체제 개편이 요구되고 있다.

둘째, 평생교육 기회 확대와 구심체 형성의 미흡이다. 평생교육이 학령기 학습자를 포함한 남녀노소 전체 국민을 위한 교육으로 활성화되기 위해서는 절대부족 상태에 있는 평생교육 기회를 확대해 나가야 한다. 평생교육은 지역사회를 중심으로 이루어지므로 이를 위해 지역마다 종합적인 평생교육 전담 시설을 마련하여 평생교육의 구심체를 형성하여야 한다. 지역사회마다 평생교육 시설을 설치·운영하고, 평생교육 편의 시설을 확대하며, 지역주민의 요구를 수용할 수 있는 프로그램과 지역사회의 특색을 살릴 수 있는 지역중심의 교육 프로그램을 제공함으로써 평생교육의 기회를 확대해 나가야 할 것이다.

셋째, 평생교육 전담인력의 부재와 자율성 부족이다. 평생교육 활성화는 평생교육에 대한 지원 재정적 지원과 더불어 평생교육을 위한 전담인력을 확보하고 해당 전문 인력이 평생교육 관련 업무를 효과적으로 수행할 때 가능하다. 또한 평생교육 전담 인력의 질적 개선을 위해서는 평생교육관련 우수 인재를 관련 부서에 배치하는 것은 물론 연수·교육 등 해당 인력의 자기 개발을 유도하고 교육과정 개발과 전개 등 교육 진행에 대한 자율성도 크게 보장할 필요성이 있다.

넷째, 평생교육에 대한 체계적이고 지속적인 홍보와 예산 부족이다. 좋은 프로그램을 제공하기 위해서는 인적·물적 자원의 제공이 요구되며, 이는 평생교육에 대한 예산의 문제와 직결된다. 평생교육의 개념적 확대와 발전에 따른 각종 과제 수행과 프로그램 개발에 대한 요구가 지속적으로 증가하고 있으므로 이에 대한 예산 확보는 필수적이나 아직도 기초적인 수준을 벗어나지 못하고 있음은 신중히 검토되어야 할 문제이다. 또한 좋은 프로그램을 개발하여도 해당 프로그램에 대한 홍보 없이는 주민들의 참여를 보장하기 어렵다. 다양한 홍보매체를 이용하여 체계적이고 지속적인 홍보를 통하여 지역주민이 폭넓게 참여할 수 있는 계기를 마련해야 한다.

이러한 문제를 해결하고 평생교육 활성화와 평생 학습사회 건설을 위해서는 평생교육의 이념적 측면과 실제적 측면을 고루 배려하고 다음과 같은 평생교육 과제가 우선적으로 실현되어야 한다.

첫째, 국가 수준의 평생교육 중장기 마스터플랜의 작성이다. 평생교육의 종합적인 발전과 총체적 활성화를 위해서는 국가적 차원에서 평생교육 발전을 위한 평생교육 마스터플랜이 구축되어야 한다. 마스터플랜에 포함되어야 할 내용은 ① 전반적인 평생교육의 배경과 수요 전망 및 변화 동향, ② 평생교육 발전 계획 수립의 배경 분석, ③ 평생교육 성장 발전 과정 분석, ④ 평생교육의 현황과 문제 분석, ⑤ 평생교육 대상 중점 집단별 분석, ⑥ 영역별 평생교육 발전방향과 발전 지표, ⑦ 영역별 평생교육 발전 중심 과제, ⑧ 영역별·연도별 평생교육 발전 과제 추진 전략, ⑨ 영역별 평생교육 발전과제 추진 지원체제, 그리고 ⑩ 영역별 평생교육 발전과제 추진 예산 소요 및 확보방안 등이 포함되어야 한다(김병희 외, 2009).

둘째, 평생교육 추진 체제 구축 및 정비이다. 평생교육 사회의 실현을 위해서는 체계화된 평생교육 추진 체계를 통하여 국민 개개인의 평생교육을 활성화시키는 것이 중요하다. 이를 위해서는 국가, 광역 및 지역 자치단체, 그리고 단위 기관들이 제 역할을 수행하도록 체계적인 조정과 연계할 수 있는 네트워크 구축이 요구된다. 평생학습 관련 업무를 총괄할 평생학습 전담 기구를 설치함으로써 평생교육에 관한 전문적 업무수행이 가능하며, 관련 기관 간에 통합적인 협력체계가 구축되도록 하는 것이 중요하다. 특히 주민들의 평생학습 기회에의 접근가능성을 높이며, 동시에 평생학습 참여노력을 지원할 수 있도록 지역사회를 중심으로 한 평생교육 담당 조직의 설치가 요구된다.

셋째, 평생교육기관, 학교, 사회, 가정이 공동으로 교육목적을 달성할 수 있도록 교육자원활용 및 네트워크가 구축되어야 한다. 평생교육의 공공성 이념을 실현하고 평생교육의 목적인 삶의 질을 향상을 달성하기 위해서는 학교중심의 교육관에서 벗어나 평생교육 시설과 학습자 사이의 네트워크 구축을 통한 평생학습체제로의 이행을 도모할 필요성이 제기된다. 평생교육 활성화 측면에서도 지역사회 및 단위 기관들이 어떤 교육자원을 보유하고 있는지 조사·발굴할 필요가 있고, 서로 공유할 수 있는 '교육자원 공동 활용 네트워크'를 구축하여 공동 활용과 교류를 극대화하여야 한다. 특히, 지역 평생학습 공동체 교육은 학교교육의 교육처럼 전일제 학습을 강조하거나 학위취득, 자격증 취득에만 교육과정의 선택을 두지 않는다. 열린 지역 평생학습 공동체 교육은 학습장소의 다양화와 평생학습자들의 직업세계, 그리고 지역사회라는 학습공동체 조직을 통한 평생학습을 강조한다. 평생교육 학습의 이념, 목적과 내용은 주민 행복권 보장과 직결되는바 학습자들의 교육적 행복추구권을 보장하기 위해서라도 평생교육 자원의 원활한 활용이 가능하도록 하는 평생교육 네트워크를 구축하여야 한다.

넷째, 평생교육사회 활성화를 위한 다양한 학습제도 개발이 요구된다. 평생교육 프로그램의 개발과 다양한 형태의 학습제도의 고안이다. 평생교육은 다양하고 비획일적 방법으로 교육할 수 있는 특성을 가지고 있는바 교육의 내용, 대상은 물론 교수학습방법에 있어서도 다양하고 입체적인 방법의 활용이 가능하다. 이러한 다양성과 포괄성, 비획일성 등을 최대한 활용할 수 있는 제도적 특성을 최대한 활용하여 보다 많은 사람이 참여할 수 있고 만족할 만한 평생교육체제를 구축할 필요성이 있다.

참고문헌

강동효(2009). Basic 고교생을 위한 윤리 용어사전. 서울: 신원문화사.

강순원(1984). 인간자본론과 제3세계 국가의 과잉교육화. 한국교육학회 학술대회논문집. 1-7.

강영선(2012). 자유와 배려. 고려대학교 대학원 석사학위논문.

강창동(1996). “한국교육열의 사회화 특성에 관한 연구”. 교육문제연구 8(1).

강창동(2009). 교육사회학의 이해. 서울: 학지사.

강휘원(2006). “한국 다문화사회의 형성 요인과 통합 정책”. 국가정책연구. 20(2). 5-34.

고정민·정연승(2002). 고령화사회의 도래에 따른 기회와 위협. SERI ISSUE Paper.

고창균(2012). 드림스타트 사업 담당 공무원 국외연수 보고서.

공영석 외(2002). 현대교육학. 서울: 동아문화사.

곽효문(2014). 사회복지이념과 교육기회평등에 관한 연구. 인권복지연구, 16. pp.1-30.

교육부(1999). 양성평등학교문화 선생님이 만듭니다. 학교의 성차별개선을 위한 연수자료.

구견서(2004). “다문화주의 이론과 색채”. 현상과 인식, 90. 29-52.

권태환·홍두승·설동훈(2009). 사회학의 이해. 서울: 다산출판사.

금혜성·임지혜(2010). “독일·영국·한국의 다문화 사회로의 이행과정 국제비교”. 다문화사회연구. 3(2). 33-70.

김근수(2008). 지역사회의 교육 거버넌스 구축방안: 대전지역 고등학교 교육 문제에 대한 인식조사 분석을 중심으로. 박사학위논문. 배재대학교 대학원.

김기곤 외(2015). 참여·소통을 위한 거버넌스 구축과 활성화 방안 연구.

광주발전연구원.
김남국(2005). “다문화 시대의 시민: 한국사회에 대한 시론”. 국제정치논총, 45(4). 97-121.
김동엽(2012). 로컬 거버넌스적 참여와 시민교육의 유용성 연구. 박사학위논문. 경기대학교 정치전문대학원.
김문준 외(2016). 대전지역 인성교육 거버넌스 구축 및 운영방안. 대전광역시교육청.
김미숙·배화옥(2006). 빈곤아동을 위한 미국 Head Start와 영국 Sure Start 고찰. 국제사회보장동향 2006년 겨울호. 129-139.
김민희(2018). “사회적 가치의 시대: CSR에서 CSV로”. 공학교육 25(4). pp. 25-26.
김병성(2002). 교육사회학이론신강. 서울: 학지사.
김병성(2006). 교육사회학. 서울: 학지사.
김병욱(2012). 교육사회학(제2판). 서울: 학지사.
김봉석 외(2004). 현대교육의 이해. 서울: 양서원.
김선정(2005). 양성평등 교원연수 프로그램 분석. 숙명여자대학교 대학원 석사학위논문.
김성은(2013). “공정무역과 기업의 결합 : 딜레마와 가능성. 연세유럽연구” 1(2). pp. 100-112.
김신일(1993). 교육사회학. 서울: 교육과학사.
김신일(2011). 교육사회학(제4판). 서울: 교육과학사
김영찬(1980). 생활·문화·교육. 서울: 교육과학사.
김영철(2005). “라틴아메리카의 다문화주의와 흑인 인권”. 라틴아메리카연구 18(4). 71-103.
김영화(1992). “학부모의 교육열: 사회계층 간 비교를 중심으로”. 교육학연구. 30(4). 173-197.
김영희(2005). 교육의 성불평등 문제와 그 대안 탐색. 한국교원대학교 대학원 석사학위논문.
김윤섭(2000). 교육학 강의. 서울: 한올출판사.

김점석(2004). 교육의 민주화와 엘리트 양성, 프랑스 하나 그리고 여럿. 서울대학교 불어문화권연구소. 서울: 도서출판 강.

김정연(2009). 중소도시 중등학교 학부모의 교육열 연구. 전남대학교 대학원 석사학위논문.

김종서 외(1990). 지역사회학교의 이론과 실제. 서울: 교육과학사.

김종표·이복희(2006). 평생교육방법론. 서울: 양서원.

김진규(2000). 교육학개론. 서울: 재동문화사.

김진이(2008). 적극적 양성고용평등실현 조치의 헌법적 근거 조항 도입에 관한 연구. 충남대학교 대학원 석사학위논문.

김천기(1998). 교육의 사회학적 이해. 서울: 학지사.

김학영(2014). 지역사회의 정체성과 문화적 갈등에 관한 연구. 공주대학교 석사학위논문.

김학주(2001). 순자. 서울: 을유문화사.

김현승·안나(2009). "공정무역(Fair Trade) 운동과 국제개발협력". 국제개발협력1. pp. 29-40.

김호균·(2000). "지식노동자의 생산성에 관한 연구". 경상논총 19(1). 17-51.

김희복(1991). "한국인의 교육열 탐색". 경성대학교 학술저널. 11(3). 289-331.

대한상공회의소(2022). 지속가능경영을 위한 기업가이드 ESG A to Z.

라미경(2009). 거버넌스 연구의 현재적 쟁점. 한국거버넌스학회보, 16(3), 91-107.

로랑 캉테의 클래스(Class)(프랑스 영화)

마빈토케어. 김한성 역(1989). 탈무드. 예지원.

민문홍(2008), 뒤르케임 탄생 150주년에 다시 읽는 에밀 뒤르케임의 사회학, 사회이론, 34호, 한국사회이론학회, 83-123.

박도순 외(1994). 신교육학개론. 서울: 문음사.

박문각(2013). 시사상식사전. 서울: 박문각.

박상호·김경희(1995). 교육학개론. 서울: 집문당.

박세운 외(2010). 교육행정 및 교육경영. 서울: 학지사.

박승배(1999). "교육정보화가 교사 및 학생에게 미칠 영향에 관한 비판적 검토". 한국교육. 26(2). 4–15.

박영도 외(2008). 다문화사회 문화적 지원을 위한 법률제정안 연구. 문화체육관광부 연구보고서.

박이문(2002). "문화다원주의". 철학과 현실, 봄호. 22–38.

변원정(2014). 지속가능한 발전을 위한 교육 거버넌스. 석사학위논문. 서울대학교 대학원.

봉준호 감독의 설국열차(한국영화)

서울대학교 교육연구소(1995). 교육학용어사전. 서울: 하우동설.

서울대학교교육연구소(1981). 교육학용어사전. 대구: 배영사.

서정화(2007). 한국의 교육 거버넌스와 권한 배분. 제143차 학술대회 자료집, 한국교육행정학회, 11–16.

서종남(2008). 다문화교육의 필요성 및 다문화가정자녀교육 지원방안. 강원도교육청 연구보고서.

서종남(2011). "다문화교육의 필요성과 방향". 배움학연구. 13(2). 23–40.

석태종(1996). 교육사회학. 서울: 교육과학사.

성낙돈·안병환·가영희·노재화(2012). 교육사회학. 서울: 동문사.

성수자(2011). 지방교육 거버넌스 구축 방안에 관한 연구: 교육자치와 지방자치의 연계성 확보를 중심으로. 박사학위논문. 대전대학교 대학원.

세계일보, '불평등의 그림자' 짙어진 대한민국(2016. 9. 3.)

손우정(2004). '배움의 공동체'를 기반으로 한 수업개혁에 관한 연구: 일본 '하마노고 소학교'의 실천을 중심으로. 교육학연구, 42(3), 375–396.

송병순(1987). 교육사회학. 서울: 문음사.

시사인, 명문대 나오면 뭐해, 절반이 백수인데(2016. 6. 25.)

신기현(2009). 교육열 개념의 유형화 및 비판적 검토. 교육원리연구. 14(1). 57–82.

안기성(1997). 교육에서의 '거버넌스(Governance)'의 문제와 그의 장래. 교육정치학연구, 18(4), 159–172.

안병환(2012). 교육사회학의 이해. 경기: 공동체.

알렉스 니콜스·샬롯 오팔, 휘트니 토마스(2010). 공정무역 시장이 이끄는 윤리적 소비(한국공정무역연합 역), 책보세.

양계민 외(2008). 사회통합을 위한 청소년 다문화교육 활성화방안 연구. 한국청소년정책연구원.

양흥권(2010). "학교교육 패러다임 대안으로서의 평생교육 패러다임". 교육발전연구. 26(1). 27-48.

연합뉴스, 행복의 조건? 초중생 '화목한 가정' 고교생 '돈'(2014. 6. 1.)

염민호(2012). 용감하고 창의적이며 성실한 사회과학자의 삶. 교육행정학연구 30(3). 321-333.

오명근 외(1999). 사회학. 한국사회학연구소.

오성삼 외(1998). 교육학의 이해. 서울: 양서원.

오욱환(1987). "문화실조이론의 교육사회학적 반성". 韓國文化研究院論叢. 52. 257-281.

오욱환(2000). 학교교육과 불평등. 서울: 교육과학사.

유선미(2015). 교육청과 지자체의 협력적 교육 거버넌스 모델에 관한 연구-K혁신교육지구를 중심으로-. 석사학위논문. 한국교원대학교 교육대학원.

윤숙희 · 이선희 · 정선영(2018). 구로구와 함께하는 공정무역 이야기. 구로사회적경제사회적협동조합

윤정일 외 역(1986). 교육과 사회발전. 서울: 대영문화사.

이건만(1994). 마르크스주의 교육사회학. 서울: 교육과학사.

이건만(2011). 교육사회학 이론의 근원과 흐름의 심층적 이해와 실제적 과제 탐구. 서울: 양서원.

이규환(1988). 비판적 교육사회학. 서울: 한울출판사.

이기현(2003). 유아교육과정. 서울: 정민사.

이라영(2013). 양성 평등 의식 교육에서의 남녀 공학의 효과성 분석. 이화여자대학교 대학원 석사학위논문.

이만기 외(2011). 정보통신분야 직업전망. 한국고용정보원.

이민희(2008). "비교교육학적 고찰을 통한 한국의 다문화 교육 방향 탐색에 관한

연구". 청소년보호지도연구. 12. 49-59.

이성회(2013). 부르디외의 '아비투스'·장·자본의 상호형성 메커니즘 : 이론적 고찰과 경험적 연구의 활성화 방안. 교육사회학 연구, 23(2). 151-171

이영범·남승연(2011). "다문화주의 유형화에 관한 연구". 한국정책학회보. 20(2). 143-174.

이용승(2004). "호주의 다문화주의". 동아시아연구, 18. 177-205.

이용재(2012). "다문화사회 개념에 대한 고찰". 다문화와 인간, 1(1). 35-61.

이용행(2011). "직업세계의 변화와 직업진로교육". 교육연구정보, 58. 61-71.

이익섭 외(2007). "장애 정체감 척도의 Rash 모형 적용". 한국사회복지학. 59(4). 273-296.

이인숙(2001). 교육본위론 관점에서의 교육열 재개념화. 숙명여자대학교 석사학위논문.

이종각(1996). 교육사회학총론. 서울: 동문사.

이종각(2008). 새로운 교육사회학 총론. 서울: 동문사.

이종각(2012). Basic+교육사회학. 서울: 태영출판사.

이종재(2006). 교육정책의 탐구를 위한 지식구조와 범위. 한국교육행정학회 제34차 연차대회 및 제142차 학술대회. pp. 43-72.

이태신(2000). 체육학대사전. 서울: 민중서관

이현승·김현진(2003). 늙어가는 대한민국. SERI.

이훈병 외(2004). 현대교육의 이해. 서울: 양서원.

임석진감수(1985). 철학사전. 서울: 이삭.

임영언·이화정(2013). "한국거주 일본인의 문화적응 모형과 다문화적 수용태도 연구". 화학연구, 14(4). 187-205.

임창재(1993). 우리나라 교육선발의 이론적 모형과 과제. 배화논총, 11-12. 257-280.

임호(2004). 분권적 참여시정의 활성화 방안에 관한 연구. 부산발전연구원.

장석권(2011). 정보통신의 미래지향적 시장구조와 정책방안 연구. 디지털융합연구원.

장인경(2001). 양성평등교육을 위한 과학교육의 방향. 연세대학교 대학원 석사학위논문.

정용교(2001). "문화기술지의 의의와 교육적 함의", 대구교육대학교. 초등교육연구논총. 17(2). 331-356.

정지현(2007). 중학교 양성평등교육 개선 방안 연구. 제주대학교 대학원 석사학위논문.

정해숙·김연(2002). 초·중등 교육과정의 성인지적 개편을 위한 양성평등교육내용 개발. 한국여성개발원.

전석호(2002). 정보사회론. 서울: 나남.

조석주(2007). "다문화공생을 위한 지방자치단체의 기능 강화방안". 지방행정연구. 21(3). 3-46.

조선일보, 학교 밖으로 사라진 아이들(2013. 8. 8)

조성인(2001). 교육열의 내재적·외재적 동기와 학부모의 교육에 대한 태도. ㅍ한양대학교 대학원 석사학위논문.

주동범, 김정희, 정일환(2013). 교육사회학. 서울: 동문사

주삼환(2007). "교육 거버넌스: 지방정부의 권한과 역할". 한국의 교육 거버넌스와 권한 배분. 제143차 학술대회 자료집, 한국교육행정학회, 17-45.

주삼환 외(2010). 교육행정 및 교육경영. 서울: 학지사.

중소기업벤처기업부(2021).중소벤처기업을 위한 ESG경영안내서.

중앙일보, 방과 후 아이들(2013. 8. 12.)

지속발전가능포털(2019). ESG란 무엇인가. 지속발전 교육자료 9호.

차경수(1985). "교육사회학의 연구". 한국교육학의 탐색: 한기언 박사회갑기념집. 능력개발사.

차경수·최충옥·이미나(2002). 교육사회학의 이해. 서울: 양서원

최기영(2006). 현대사회와 유아교육. 경기: 교문사.

최동수(2011). 정보사회. 서울: 나남.

최봉기(2014). 지방정부의 자치역량 강화. 계명대학교 출판부.

최선경(2011). 양성평등을 위한 도덕적 윤리교육 지도방안연구. 이화여자대학교

대학원 석사학위논문.
최아라·구혜경(2019). “대학생의 공정무역에 대한 인식과 구매행동 유형에 관한 연구”. 한국콘텐츠학회논문집 19(1). pp. 304-315.
최정숙·박용헌(1999). 교육사회학. 한국방송통신대학출판부.
추병완(2007). “다문화 사회에 필요한 한국인의 새로운 가치관”. 도덕윤리과교육연구, 24. 117-140.
충북개발원(2009). 충북지역 평생학습 추진체계구축 및 활성화방안.
켄 로치의 나, 다니엘 블레이크(영국영화).
통계청(2012). 장래인구추계 시도편: 2010-2040. 통계청보도자료.
한건수(2012). “한국사회의 다문화주의 혐오증과 실패론”. 다문화와 인간, 1(1). 113-143
한국교육과정평가원(1999). 제7차 교육과정에서의 양성평등교육 실현방안연구: 5개 교과 양성평등수업 지도방안 개발을 중심으로. 한국교육과정평가원.
한국교육행정학회(1996). 교육정책론. 교육행정학 전문서 1. 하우.
한국교육행정학회(1996). 교육제도론. 교육행정학 전문서 2. 하우.
한국양성평등교육진흥원(2012). 생애주기별 양성평등의식교육.
한국일보 2001년 11월 13일자 신문.
한국전파진흥원(2009). 미디어교육연구.
한균자·한완상(2002). 인간과 사회. 한국방송통신대학출판부.
한승완(2008). 민족주의와 다문화주의 담론. 2008년 대한철학회봄학술대회 발표자료.
한승준(2008), “다문화사회 이행단계별 거버넌스 전략에 관한 연구”. 국정관리연구, 3(2). 99-122.
한정신(1998). “한국여성의 교육열 탐구”. 아세아교육연구, 37. 67-99.
한준상(1982). 새로운 교육학 : 교육사회학 이론의 전개. 서울: 한길사.
한진상(2016). 교육사회학. 경기: 공동체
허은주·유현정·이수진·안영화·배석영(2012). 현대 교육사회학. 서울: 양서원.
헤럴드경제, '수저계급론'이 자조일 뿐이라고요?(2015. 11. 21.)

홍기원(2006). 다문화정책의 방향과 문화적 지원방안 연구. 한국문화관광정책연구원.

홍명희(2002). 사회계층에 따른 학부모의 교육열과 교육행위에 관한 연구. 인하대학교 대학원 석사학위논문.

홍정희(1996). 지역사회의 문화발전을 위한 사회교육 프로그램 활성화 방안. 이화여자대학교 석사학위논문.

황성원(1997). 프레네(C. Freinet) 교육에 대한 사회학적 고찰. 교육사회학연구. 7(3). 159-176.

Abraham, M(1978). *Functionalism*. New Jersey : Prentice Hall.

Banks, J. A(1994). Approaches to multicultural curriculum reform in J. A. Banks & C.A.M. Banks (eds.), Multicultural education: Issues and perspective. pp.3-28. New York: Allyn & Bacon

Banks, J. A(2004). *An Introduction to multicultural education*. New York: Allyn & Bacon.

Banks, J. A(2008). *An introduction to multicultural education*(4th ed.). Boston & London: Pearson Education, Inc.

Barry, B(2001). *Culture and Equality: An egalitarian critique of multiculturalism*. Harvard University Press.

Bennett, C. I(2007). *Comprehensive multicultural education: Theory and practice*(6th ed). 김옥순·김진호·신인순·안선영·이경화·이채식·전성민·조아미·최상호·최순종 공역(2009). 다문화교육-이론과 실제. 학지사.

Bernstein, B(1973). A brief account of the theory of codes. In V. Lee(ed.). *Social relationships and language*. UK: Open University Press.

Bernstein, B(1975). *Class, codes and control: Towards a theory of educational transmissions*. London: Routledge and Kegan Paul.

Berry, J. W(1997). "Immigration, Acculturation, and Adaptation," *Applied psychology: An International Review, 46*(1), pp. 5-68.

Blackledge, D. & Hunt, B(1985). *Sociological interpretations of education*. London : Croom Helm. 최정웅 편역(1993). *교육의 사회학적 이해*. 서울: 교육과학사.

Blumer, H(1969). *Symbolic interationism: Perspective and method. Englewood-Cliffs*. New Jersey : Prentic-Hall.

Bourdieu, P(1995). *Distinction: A social critique of the judgement of taste*. 최종철(역). *구별짓기: 취향의 사회학*. 새물결(원전 1984년 출판).

Bourdieu, P. & Passeron, J. C(2000). *Reproduction in education, society and culture*(2nd ed.). London : Sage.

Bowles, S. & Gintis, H(1976). *Schooling in capitalist America : Education reform and the contradictions of economic life*. New York: Basic Books.

Campbell, D. E(2004). *Choosing democracy : A practical guide to multicultural education*. New Jersey: Pearson Education. Inc. Castaneda v. Pickard, 648 F.2d 989(1981).

Collins, R(1985). *The sociological tradition*. London: Oxford University Press.

Dahrendorf. R(1959). *Class and class conflict in industrial society*. Stanford University Press.

DeLarge, P. F(1989). "Public Schools and Community Education". in S. B. Merriam & P. M. Cunningham (eds). *Handbook of adult and ontinuing education*. San Francisco : Jossey Bass.

Dreeben, R(1968). *On what is learned in school*. Boston. MA : Addison-Wesley Publishing Company.

Durkheim, E(1922). *Education and sociology*. Paris: PUF.

ECI(2021). A Guide to ESG. 2021 ECI WHITE PAPER.

Elkind, D(1987). *쫓기는 아이들*(*The hurried child*). 강문희·김매희 역. 교문사(원전은 1981년 출판).

Fiske. J(1982). *Introduction to communication studies*. Metuen, London: Routledge.

Freire, P(1973). *Education for critical consciousness*. 채광석 역(1988). *교육과 의식화*. 중원문화.

Goodenough, W(1963). *Cooperation in change*. New York : Russell Sage Foundation.

Henslin, J. M(2009). *Sociology*. Boston: Pearson International Edition.

Horton, P. B., & Hunt, C. L(1980). *Sociology*. Tokyo: McGraw-Hill, Ltd.

Houssaye, J(2005). *C'est beau comme une colo: la socialisation au centre de vacances*. Vigneux: Matrice.

Houston, B(1985) Gender Freedom and the Subtleties of Sexist Education. *Educational Theory*, *35*(4). 359-369.

Hurn, C. J(1978). *The limits and possibility of school: An introduction to the sociology of education*. Boston: Allen and Bacon.

Hwang, S. W(1996). Socialisation scolaire et Èducation nouvelle: Ètude comparative entre Travail de group(R. Cousinet) et Pédagogie Freinet. Thèse Université de Rouen.

Illich, I(1971). *Deschooling society*. New York: Harper & Row. 김광한 역(1984). 탈학교논쟁. 한마당.

Kluckhohn. C(1958). *The scientific study of values, university of toronto installation lecture*. University of Toronto Press.

Kooiman, J(2003). *Governing as governance*. London: Sage.

Kymlicka, W(1989). *Liberalism, community, and culture*. Oxford University Press.

Kymlicka, W(ed)(2005a). *The rights of minority culture*. Oxford University Press.

Kymlicka, W(ed)(2005b). *Multicultural citizenship*.

Malinowski, B(1961). *Angonavl of the Western pacific*. New York : E. P. Dutton.

McLaren, P., White T., Oppositional A(1994). Towards a Critical Multiculturalism in

David T. Goldberg (ed.), Multiculturalism: A Critical Reader. *Oxford: Basil Blackwell*.

45-74.

Miller, C(2004). *Producing welfare*. New Yor : Palgrave

Moore. J. D(김우영 역, 2002), *Version of culture: An introuction to anthropological theories and theorists* 인류학의 거장들. 한길사.

Morrison, G. S(1998). *Early childhood education today*. New Jersey : Prentice Hall.

Nicholls, A., "Strategic Options in fair trade retailing", *International Journal of Retail and Distribution Management*, 30, 2002, pp. 6-17.

Parson, T(1959). *The school class as a social system: Some of its function in American society*. New Yor : The Free Press. 이인효 외 역(1991). 사회체제로서의 학급: 교육과 사회. 서울: 교육과학사.

Patterson, C. H(2004). Do We Need Multicultural Counseling Competencies? *Journal of Mental Health Counseling. 26*(1). 67-73.

pmg 지식엔진연구소(2013). 시사상식사전. 서울: 박문각.

Redfern, A. and Snedker, P.(2002). Creating Market Opportunities for Small Enterprises : Experiences of the Fair Trade Movement. SEED Working Paper No.30, Geneva : International Labour Organization.

Reimer, E(1971). *School is dead*. 김석원 역(1979). 학교는 죽었다. 서울: 한마당.

Rhodes(1996). "From Institutions to Dogma, Tradition, Electicism, and Ideology in the Study of British Public Administration," Public Administration Review.

Stoker, Gerry(1998). "Public-Private Partnership and Urban Governance," in Jon Pierre(ed.), Partnership in Urban Governance. London: Macmillan Press Ltd.

Sue, D. W. & Sue, D(1981). Counseling the culturally different: theory and practice. John Willy and Sons, Inc.

Taylor, C(1994). "The Politics of Recognition". in A. Cutmann ed. Multiculturalism: Examining the Politics of Recognition. Princeton University Press.

Thio, A(2007). *Sociology: Concept and application in a diverse world*. New Yor: Vango books.

Tyler S. A(ed.)(1969). *Cognitive a--nthropology*. New York : Holt, Rinehart and Winston.

ESG발전과정 : https://www.clickesg.co.kr/ui/overview/descriptionEsg.html.

저자 소개

이훈병

성균관대학교 교육학 박사
현)안양대학교 교양대학, 교육품질관리센터장, ACE사업단 부단장
전)건양대학교 기초교양교육대학, ACE교육력강화센터장

〈저서〉 현대 교육의 이해(2004, 공저)
수업방법의 이론과 실제(2004, 공저)
교육학의 이해(2016, 공저)

〈논문〉 대학에서 학습부진 학습자 진단을 위한 주요인 분석(2016)
여성 결혼이민자 지원정책 및 교육프로그램의 우선순위 분석(2015) 외

황성원

프랑스 국립 루앙(Rouen)대학교 교육학 박사
현)건양대학교 아동교육학과 교수

〈저서〉 새로운 학교교육문화운동(2006, 공저)
표현과 소통의 교육, 셀레스탱 프레네(2010)
표현 · 소통 · 협력의 교육, 프레네교육(2016) 외

〈논문〉 개방형 공립학교 모델–프랑스의 프레네 학교(2009)
프랑스 시민대학, "대학 밖 대학" 특성과 운영(2011) 외

개정증보
예비교사를 위한
교육사회

초　판 1쇄 발행　2014년 9월 10일
개　정 2쇄 발행　2022년 2월　4일
개정증보 1쇄 발행　2023년 2월　8일

지 은 이 | 이훈병 · 황성원
펴 낸 이 | 김기섭
편 집 인 | 이윤미 · 오선율
펴 낸 곳 | 창지사 www.changjisa.com
08589 서울시 금천구 가산디지털 1로 83 파트너스타워 1차 9층
전화 (02)719-2211~3
팩스 (02)701-9386
등　록 | 1977년 4월 28일 · 제1-421호

ISBN 978-89-426-1580-3 (93370)

값 17,000원